U0865631

中华人民共和国民法典婚姻家庭编

注释本

法律出版社法规中心　编

法律出版社
LAW PRESS CHINA
·北　京·

图书在版编目(CIP)数据

中华人民共和国民法典婚姻家庭编注释本 / 法律出版社法规中心编. -- 北京 : 法律出版社, 2020(2025.2 重印)
(法律单行本注释本系列)
ISBN 978-7-5197-4586-8

Ⅰ. ①中… Ⅱ. ①法… Ⅲ. ①婚姻法-法律解释-中国 Ⅳ. ①D923.905

中国版本图书馆 CIP 数据核字(2020)第 088806 号

中华人民共和国民法典婚姻家庭编注释本
ZHONGHUA RENMIN GONGHEGUO MINFADIAN HUNYIN JIATINGBIAN ZHUSHIBEN

法律出版社法规中心 编

责任编辑 李争春
装帧设计 李 瞻

出版发行 法律出版社
编辑统筹 法规出版分社
责任校对 张红蕊
责任印制 耿润瑜
经 销 新华书店

开本 850 毫米×1168 毫米 1/32
印张 9.25 字数 266 千
版本 2020 年 8 月第 1 版
印次 2025 年 2 月第 6 次印刷
印刷 三河市兴达印务有限公司

地址:北京市丰台区莲花池西里 7 号(100073)
网址:www.lawpress.com.cn
投稿邮箱:info@lawpress.com.cn
举报盗版邮箱:jbwq@lawpress.com.cn
销售电话:010-83938349
客服电话:010-83938350
咨询电话:010-63939796

书号:ISBN 978-7-5197-4586-8
定价:28.00 元
凡购买本社图书,如有印装错误,我社负责退换。电话:010-83938349

编辑出版说明

现代社会是法治社会，社会发展离不开法治护航，百姓福祉少不了法律保障。遇到问题依法解决，已经成为人们处理矛盾、解决纠纷的不二之选。然而，面对纷繁复杂的法律问题，如何精准、高效地找到法律依据，如何完整、准确地理解和运用法律，日益成为人们"学法、用法"的关键所在。

为了帮助读者快速准确地掌握"学法、用法"的本领，我社开创性地推出了"法律单行本注释本系列"丛书，至今已十余年。本丛书历经多次修订完善，现已出版近百个品种，涵盖了社会生活的重要领域，已经成为广大读者学习法律、应用法律之必选图书。

本丛书具有以下特点：

1. 出版机构权威。成立于1954年的法律出版社，是全国首家法律专业出版机构，始终秉承"为人民传播法律"的宗旨，完整记录了中国法治建设发展的全过程，享有"社会科学类全国一级出版社"等荣誉称号，入选"全国百佳图书出版单位"。

2. 编写人员专业。本丛书皆由相关法律领域内的专业人士编写，确保图书内容始终紧跟法治进程，反映最新立法动态，体现条文内涵。

3. 法律文本标准。作为专业的法律出版机构，多年来，我社始终使用全国人民代表大会常务委员会公报刊登的法律文本，积淀了丰富的标准法律文本资源，并根据立法进度及时更新相关内容。

4. 条文注解精准。本丛书以立法机关的解读为蓝本，给每个条文提炼出条文主旨，并对重点条文进行注释，使读者能精准掌握立法意图，轻松理解条文内容。

5. 配套附录实用。书末“附录”部分收录的均为重要的相关法律、法规和司法解释，有的分册还附有典型案例，使读者在使用中更为便捷，使全书更为实用。

需要说明的是，本丛书中“适用提要”“条文主旨”“条文注释”等内容皆是编者为方便读者阅读、理解而编写，不同于国家正式通过、颁布的法律文本，不具有法律效力。本丛书不足之处，恳请读者批评指正。

我们用心打磨本丛书，以期待为法律相关专业的学生释法解疑，致力于为每个公民的合法权益撑起法律的保护伞。

法律出版社法规中心

2025 年 2 月

目 录

《中华人民共和国民法典》婚姻家庭编适用提要 ………… 1

第五编 婚 姻 家 庭

第一章 一般规定……………………………………… 5
第一千零四十条 婚姻家庭编的调整范围………… 5
第一千零四十一条 基本原则……………………… 5
第一千零四十二条 婚姻家庭的禁止性规定……… 7
第一千零四十三条 婚姻家庭道德规范…………… 9
第一千零四十四条 收养原则……………………… 10
第一千零四十五条 亲属、近亲属及家庭成员 ……… 11
第二章 结婚……………………………………………… 13
第一千零四十六条 结婚自愿……………………… 13
第一千零四十七条 法定结婚年龄………………… 14
第一千零四十八条 禁止结婚的情形……………… 15
第一千零四十九条 结婚登记……………………… 15
第一千零五十条 婚后组成家庭…………………… 17
第一千零五十一条 无效婚姻……………………… 17
第一千零五十二条 胁迫的可撤销婚姻…………… 18
第一千零五十三条 隐瞒疾病的可撤销婚姻……… 21
第一千零五十四条 婚姻无效或者被撤销的法律后果…… 22
第三章 家庭关系……………………………………… 24
第一节 夫妻关系……………………………………… 24
第一千零五十五条 夫妻地位平等………………… 24

第一千零五十六条 夫妻姓名权…………………… 25
第一千零五十七条 夫妻人身自由权………………… 26
第一千零五十八条 夫妻抚养、教育和保护子女的权利义务平等 …………………… 27
第一千零五十九条 夫妻相互扶养义务……………… 27
第一千零六十条 日常家事代理权…………………… 28
第一千零六十一条 夫妻相互继承权………………… 30
第一千零六十二条 夫妻共同财产…………………… 32
第一千零六十三条 夫妻个人财产…………………… 34
第一千零六十四条 夫妻共同债务…………………… 36
第一千零六十五条 夫妻约定财产制………………… 38
第一千零六十六条 婚姻关系存续期间夫妻共同财产的分割……………………………… 42
第二节 父母子女关系和其他近亲属关系………………… 44
第一千零六十七条 父母的抚养义务和子女的赡养义务………………………………… 44
第一千零六十八条 父母教育、保护未成年子女的权利义务 ………………………… 47
第一千零六十九条 子女应尊重父母的婚姻权利……… 48
第一千零七十条 父母子女相互继承权……………… 49
第一千零七十一条 非婚生子女的权利……………… 51
第一千零七十二条 继父母与继子女间的权利义务关系……………………………… 52
第一千零七十三条 亲子关系异议之诉……………… 54
第一千零七十四条 祖孙之间的抚养、赡养义务 ……… 55
第一千零七十五条 兄弟姐妹间的扶养义务…………… 57
第四章 离婚……………………………………………… 59
第一千零七十六条 协议离婚………………………… 59

第一千零七十七条　离婚冷静期………………………… 62
第一千零七十八条　协议离婚登记……………………… 62
第一千零七十九条　诉讼离婚…………………………… 64
第一千零八十条　婚姻关系解除时间…………………… 71
第一千零八十一条　军婚的保护………………………… 72
第一千零八十二条　男方离婚诉权的限制……………… 73
第一千零八十三条　复婚登记…………………………… 74
第一千零八十四条　离婚后的父母子女关系及子女抚养…………………………… 74
第一千零八十五条　离婚后子女抚养费的负担………… 78
第一千零八十六条　父母的探望权……………………… 80
第一千零八十七条　离婚时夫妻共同财产的处理……… 83
第一千零八十八条　离婚经济补偿……………………… 85
第一千零八十九条　离婚时夫妻共同债务清偿………… 86
第一千零九十条　离婚经济帮助………………………… 86
第一千零九十一条　离婚过错赔偿……………………… 87
第一千零九十二条　一方侵害夫妻共同财产的法律后果…………………………… 89
第五章　收养……………………………………………… 92
第一节　收养关系的成立……………………………… 92
第一千零九十三条　被收养人的条件…………………… 92
第一千零九十四条　送养人的条件……………………… 93
第一千零九十五条　监护人送养未成年人的特殊规定　…………………………… 95
第一千零九十六条　监护人送养孤儿的特殊规定……… 96
第一千零九十七条　生父母送养………………………… 97
第一千零九十八条　收养人的条件……………………… 97
第一千零九十九条　收养三代以内旁系同辈血亲子

女的特殊规定…………………… 99
第一千一百条 收养子女的数量…………………… 100
第一千一百零一条 共同收养…………………… 101
第一千一百零二条 无配偶者收养异性子女…………… 102
第一千一百零三条 继父母收养继子女的特殊规定…… 102
第一千一百零四条 收养、送养自愿 ……………… 103
第一千一百零五条 收养登记、收养公告、收养协议、收养公证、收养评估 ………… 104
第一千一百零六条 被收养人户口登记……………… 106
第一千一百零七条 生父母的亲属、朋友抚养不适用收养 ………………… 106
第一千一百零八条 优先抚养权…………………… 107
第一千一百零九条 涉外收养…………………… 108
第一千一百一十条 收养保密义务………………… 109
第二节 收养的效力……………………………… 110
第一千一百一十一条 收养拟制效力……………… 110
第一千一百一十二条 养子女的姓氏……………… 110
第一千一百一十三条 无效收养行为……………… 111
第三节 收养关系的解除………………………… 112
第一千一百一十四条 协议解除及诉讼解除收养关系………………… 112
第一千一百一十五条 养父母与成年养子女解除收养关系……………… 113
第一千一百一十六条 解除收养关系登记………… 114
第一千一百一十七条 收养关系解除的法律后果……… 115
第一千一百一十八条 收养关系解除后生活费、抚养费支付 ……………… 115

附录一　条文对照

《婚姻法》《收养法》与《民法典》婚姻家庭编对照表 ………… 117

附录二　相关法规

中华人民共和国反家庭暴力法(2015.12.27) …………… 138
中华人民共和国未成年人保护法(2024.4.26 修正)………… 144
中华人民共和国老年人权益保障法(2018.12.29 修正) …… 168
中华人民共和国妇女权益保障法(2022.10.30 修订) ……… 181
中华人民共和国母婴保健法(2017.11.4 修正)…………… 195
婚姻登记条例(2024.12.6 修订)………………………… 201
中国公民收养子女登记办法(2023.7.20 修订)…………… 205
外国人在中华人民共和国收养子女登记办法(2024.12.6 修订)…………………………………………………… 208
中华人民共和国户口登记条例(1958.1.9) ……………… 212
最高人民法院关于适用《中华人民共和国民法典》婚姻家庭编的解释(一)(2020.12.29) ……………………… 216
最高人民法院关于适用《中华人民共和国民法典》婚姻家庭编的解释(二)(2025.1.15) ……………………… 229
婚姻登记工作规范(2015.12.8 修订)…………………… 234
家庭寄养管理办法(2014.9.24) ………………………… 250
中国边民与毗邻国边民婚姻登记办法(2012.8.8) ……… 256
婚姻登记档案管理办法(2006.1.23)……………………… 259
收养登记档案管理暂行办法(2020.10.20 修正) ………… 263

附录三　典型案例

一方在结婚后将其婚前房产为另一方"加名",离婚分割夫妻共同财产时,人民法院可以判决房屋归给予方所有,并综合考虑共同生活情况等因素合理补偿对方

——崔某某与陈某某离婚纠纷案…………………………………… 267
婚姻关系存续期间，一方父母将其房产转移登记至夫妻双方名下，离婚分割夫妻共同财产时，人民法院可以判决房屋归出资方子女所有，并综合考虑婚姻关系存续时间、共同生活情况等因素合理补偿对方
——范某某与许某某离婚纠纷案…………………………………… 269
父母一方或者其近亲属等抢夺、藏匿未成年子女，另一方向人民法院申请人格权侵害禁令的，人民法院应予支持
——颜某某申请人格权侵害禁令案………………………………… 270
夫妻一方在婚姻关系存续期间违反忠实义务将夫妻共同财产赠与第三人的行为无效，另一方请求第三人全部返还的，人民法院应予支持
——崔某某与叶某某及高某某赠与合同纠纷案…………………… 272
雷某某诉宋某某离婚纠纷案………………………………………… 273
女童罗某某诉罗某抚养权纠纷案
——人身安全保护裁定制止儿童虐待…………………………… 275
郑某丽诉倪某斌离婚纠纷案
——威胁作为一种家庭暴力手段的司法认定……………………… 276
陈某转诉张某强离婚纠纷案
——滥施"家规"构成家庭暴力 ……………………………… 277
李某娥诉罗某超离婚纠纷案
——优先考虑儿童最佳利益……………………………………… 278
郝某某诉郝某华赡养纠纷案
——人身安全保护裁定制止子女虐待老人………………………… 279
钟某芳申请诉后人身安全保护案
——诉后人身安全保护裁定制止"分手暴力" ………………… 280
邓荣萍故意伤害案
——长期对养女实施家暴获刑……………………………………… 281
汤翠连故意杀人案

——经常遭受家暴致死丈夫获刑…………………………………… 281
肖正喜故意杀人、故意伤害案
——长期实施家暴并杀人获死刑…………………………………… 282
薛某凤故意杀人案
——养女被养父长期性侵杀死养父获刑………………………… 283

《中华人民共和国民法典》婚姻家庭编适用提要

《中华人民共和国民法典》(以下简称《民法典》)已由中华人民共和国第十三届全国人民代表大会第三次会议于2020年5月28日通过,自2021年1月1日起施行。《民法典》分7编及附则,共1260条,各编依次为总则、物权、合同、人格权、婚姻家庭、继承、侵权责任。

婚姻家庭制度是规范夫妻关系和家庭关系的基本准则。1980年第五届全国人民代表大会第三次会议通过了新的《中华人民共和国婚姻法》(以下简称《婚姻法》),2001年进行了修改。1991年第七届全国人大常委会第二十三次会议通过了《中华人民共和国收养法》(以下简称《收养法》),1998年作了修改。《民法典》第五编"婚姻家庭"以《婚姻法》《收养法》为基础,在坚持婚姻自由、一夫一妻等基本原则的前提下,结合社会发展需要,修改完善了部分规定,并增加了新的规定。婚姻家庭编共5章、79条,主要内容有:

1. 关于一般规定。婚姻家庭编第1章在《婚姻法》规定的基础上,重申了婚姻自由、一夫一妻、男女平等等婚姻家庭领域的基本原则和规则,并在《婚姻法》的基础上,作了进一步完善:一是为贯彻落实习近平总书记有关加强家庭文明建设的重要讲话精神,更好地弘扬家庭美德,规定家庭应当树立优良家风,弘扬家庭美德,重视家庭文明建设(《民法典》第1043条第1款)。二是为了更好地维护被收养的未成年人的合法权益,将联合国《儿童权利公约》关于儿童利益最大化的原则落实到收养工作中，增加规定了最有利于被收养人的原则(《民法典》第1044条第1款)。三是界定了亲属、近亲属、家庭成员的范围(《民法典》第1045条)。

2. 关于结婚。婚姻家庭编第2章规定了结婚制度，并在《婚姻法》的基础上，对有关规定作了完善：一是将受胁迫一方请求撤销婚姻的期间起算点由“自结婚登记之日起”修改为“自胁迫行为终止之日起”(《民法典》第1052条第2款)。二是不再将“患有医学上认为不应当结婚的疾病”作为禁止结婚的情形，并相应增加规定一方隐瞒重大疾病的，另一方可以向人民法院请求撤销婚姻(《民法典》第1053条)。三是增加规定婚姻无效或者被撤销的，无过错方有权请求损害赔偿(《民法典》第1054条第2款)。

3. 关于家庭关系。婚姻家庭编第3章规定了夫妻关系、父母子女关系和其他近亲属关系，并根据社会发展需要，在《婚姻法》的基础上，完善了有关内容：一是明确了夫妻共同债务的范围。《婚姻法》没有对夫妻共同债务的范围作出规定。2003年最高人民法院出台司法解释，对夫妻共同债务的认定作出了规定，近年来成为社会关注的热点问题。2018年1月，最高人民法院出台新的司法解释，修改了此前关于夫妻共同债务认定的规定。从新司法解释施行效果来看，总体上能够有效平衡各方利益，各方面总体上赞同。因此，《民法典》吸收新司法解释的规定，明确了夫妻共同债务的范围(《民法典》第1064条)。二是规范亲子关系确认和否认之诉。亲子关系问题涉及家庭稳定和未成年人的保护，作为民事基本法律，《民法典》对此类诉讼进行了规范(《民法典》第1073条)。

4. 关于离婚。婚姻家庭编第4章对离婚制度作出了规定，并在《婚姻法》的基础上，作了进一步完善：一是增加离婚冷静期制度。实践中，轻率离婚的现象增多，不利于婚姻家庭的稳定。为此，《民法典》规定了提交离婚登记申请后30日的离婚冷静期，在此期间，任何一方可以向登记机关撤回离婚申请（《民法典》第1077条）。二是针对离婚诉讼中出现的“久调不判”问题，增加规定，经人民法院判决不准离婚后，双方又分居满一年，一方再次提起离婚诉讼的，应当准予离婚（《民法典》第1079条第5款）。三是关于离婚后子女的抚养，将《婚姻法》规定的“哺乳期内的子女，以随哺乳的母亲抚养为原则”修改为“不满两周岁的子女，以由母亲直接抚养为原则”，以增强可操作性（《民法典》第1084条第3款）。四是将夫妻采用法定共同财产制的，纳入适用离婚经济补偿的范围，以加强对家庭负担较多义务一方权益的保护（《民法典》第1088条）。五是将“有其他重大过错”增加规定为离婚损害赔偿的适用情形（《民法典》第1091条第5项）。

5. 关于收养。婚姻家庭编第5章对收养关系的成立、收养的效力、收养关系的解除作了规定，并在《收养法》的基础上，进一步完善了有关制度：一是扩大被收养人的范围，删除被收养的未成年人仅限于不满14周岁的限制，修改为符合条件的未成年人均可被收养（《民法典》第1093条）。二是与国家计划生育政策的调整相协调，将收养人须无子女的要求修改为收养人无子女或者只有一名子女（《民法典》第1098条第1项）。三是为进一步强化对被收养人利益的保护，在收养人的条件中增加规定“无不利于被收养人健康成长的违法犯罪记录”，并增加规定民政部门应当依法进行收养评估（《民法典》第1098条第4项、第1105条第5款）。

第五编　婚姻家庭

第一章　一般规定

第一千零四十条　【婚姻家庭编的调整范围】[1]本编调整因婚姻家庭产生的民事关系。

第一千零四十一条　【基本原则】婚姻家庭受国家保护。

实行婚姻自由、一夫一妻、男女平等的婚姻制度。

保护妇女、未成年人、老年人、残疾人的合法权益。

条文注释[2]

1. 婚姻家庭受国家保护的原则

婚姻家庭受国家保护，首先是一项宪法原则。我国《宪法》[3]第49条第1款规定："婚姻、家庭、母亲和儿童受国家的保护。"民法要落实这一宪法原则。

2. 婚姻自由原则

婚姻自由又称婚姻自主，是指婚姻当事人享有自主地决定自己的婚姻的权利。婚姻当事人按照法律规定，有权基于本人的意志，自主自愿地决定自己的婚姻问题，不受他人的干涉和强制。

婚姻自由包括结婚自由和离婚自由。结婚自由，就是结婚须男女双方本人完全自愿，禁止任何一方对他方加以强迫，禁止任何组

①② 条文主旨、条文注释为编者所加，仅供参考，下同。——编者注

③ 为方便阅读，本书中法律、法规名称均使用简称。

织或者个人加以干涉。保障结婚自由,目的是使男女双方能够依照婚姻家庭法的规定,基于自己的意愿结成共同生活的伴侣,建立幸福美满的家庭。所谓离婚自由,是指婚姻当事人有权自主地处理离婚问题。双方自愿离婚的,可以协商离婚;一方要求离婚的,可以诉至法院解决。保障离婚自由,目的是使无法维持的婚姻关系得以解除,当事人免除婚姻名存实亡的痛苦。结婚自由和离婚自由是统一的,二者缺一不可。

3. 一夫一妻制原则

一夫一妻制是一男一女结为夫妻的婚姻制度。也就是说,一个男人只能娶一个妻子,一个女人只能嫁一个丈夫,男女均不能同时与两个以上的人缔结婚姻。

4. 男女平等原则

男女平等,是指妇女在政治、经济、文化、社会和家庭生活各个方面,有同男子平等的权利和义务。男女平等是婚姻家庭法的一项基本原则,根据这个原则,男女双方在婚姻关系和家庭生活的各个方面,均平等享有权利,平等承担义务。婚姻家庭法中男女平等原则在内容上很广泛,它包括:男女双方在结婚、离婚问题上的权利义务是平等的,夫妻双方在家庭中的地位是平等的,其他男女家庭成员之间的权利义务也是平等的。

5. 保护妇女、未成年人、老年人、残疾人合法权益原则

保护妇女、未成年人、老年人、残疾人的合法权益,是婚姻家庭法中的一项重要原则。具体而言:

(1)保护妇女的合法权益和实行男女平等是一致的。本编中规定的保护妇女的内容十分广泛,如第1082条中特别规定“女方在怀孕期间、分娩后一年内或者终止妊娠后六个月内,男方不得提出离婚”。

(2)保护未成年人,就是保护国家的未来。为了孩子们的健康成长,本编规定:父母对未成年子女负有抚养、教育和保护的义务;离婚后,父母对子女仍有抚养、教育和保护的义务;保障婚生子女、非婚生子女、养子女、继子女的权益,禁止溺婴、弃婴和其他残害婴儿的行

为；禁止借收养名义买卖未成年人。总则编为未成年人设立了监护制度。这些都是对未成年人的法律保护。本编还规定，收养应当遵循最有利于被收养人的原则；并规定，对离婚后子女的扶养，父母双方协议不成的，由人民法院按照最有利于未成年子女的原则判决。这些体现了未成年人利益最大化原则。

（3）保护老年人的合法权益，是社会主义家庭的重要任务。在社会主义制度下，对老年人的生活照顾，首先是由国家、集体承担的，但国家、集体的物质帮助，不能取代家庭成员对老年人的赡养责任。作为子女要自觉履行赡养义务，尊老养老，使老年人安度晚年。

（4）《民法典》特别增加了规定保护残疾人的原则。《宪法》第45条中规定："中华人民共和国公民在年老、疾病或者丧失劳动能力的情况下，有从国家和社会获得物质帮助的权利。国家发展为公民享受这些权利所需要的社会保险、社会救济和医疗卫生事业……国家和社会帮助安排盲、聋、哑和其他有残疾的公民的劳动、生活和教育。"《残疾人保障法》第3条规定："残疾人在政治、经济、文化、社会和家庭生活等方面享有同其他公民平等的权利。"第9条规定："残疾人的扶养人必须对残疾人履行扶养义务。残疾人的监护人必须履行监护职责，尊重被监护人的意愿，维护被监护人的合法权益。残疾人的亲属、监护人应当鼓励和帮助残疾人增强自立能力。禁止对残疾人实施家庭暴力，禁止虐待、遗弃残疾人。"本法第128条还特别规定："法律对未成年人、老年人、残疾人、妇女、消费者等的民事权利保护有特别规定的，依照其规定。"

关联法规

《宪法》第45、48、49条；《妇女权益保障法》第2条；《残疾人保障法》第3、9条；《老年人权益保障法》；《未成年人保护法》

第一千零四十二条　【婚姻家庭的禁止性规定】禁止包办、买卖婚姻和其他干涉婚姻自由的行为。禁止借婚姻索取财物。

禁止重婚。禁止有配偶者与他人同居。

禁止家庭暴力。禁止家庭成员间的虐待和遗弃。

条文注释

本条规定明确禁止婚姻家庭中的下列行为：

1. 禁止包办、买卖婚姻和其他干涉婚姻自由的行为，禁止借婚姻索取财物

包办婚姻，是指第三人违反婚姻自主的原则，包办强迫他人婚姻的违法行为。买卖婚姻，是指第三人以索取大量财物为目的，强迫他人婚姻的违法行为。买卖婚姻往往表现为第三人向男方索要嫁女的身价以及贩卖妇女与人为妻。借婚姻索取财物是指除买卖婚姻以外的其他以索取对方财物为结婚条件的违法行为。

买卖婚姻和借婚姻索取财物都是以索取一定数量的财物为结婚的条件，二者的区别是：买卖婚姻是把妇女的人身当作商品，索取嫁女的身价或者贩卖妇女，包办强迫他人的婚姻；借婚姻索取财物，则不存在包办强迫他人婚姻的问题。借婚姻索取财物有多种表现，例如，双方婚事基本上是自愿的，但女方认为不要彩礼就降低了“身价”，于是就向男方要许多东西。又如，有的女方父母向男方索取一定财物，作为同意女儿出嫁的条件。但应注意的是，父母、亲友或者男女双方出于自愿的帮助、赠与，则不能认为是买卖婚姻和借婚姻索取财物的行为，因为这种赠与不是婚姻成立的条件。

2. 禁止重婚

实行一夫一妻制就必须反对重婚。《刑法》第 258 条规定：“有配偶而重婚的，或者明知他人有配偶而与之结婚的，处二年以下有期徒刑或者拘役。”所谓重婚，是指有配偶的人又与他人结婚的违法行为，或者明知他人有配偶而与之登记结婚的违法行为。有配偶的人，未办理离婚手续又与他人登记结婚，即是重婚；虽未登记结婚，但事实上与他人以夫妻名义而公开同居生活的，亦构成重婚。不以夫妻名义共同生活的姘居关系，不能认为是重婚。法律明令禁止重婚，对于重婚的，不仅要解除其重婚关系，还应追究其刑事责任。

3. 禁止有配偶者与他人同居

除重婚外，有配偶者与他人同居的行为也在禁止之列。有配偶者与他人同居的行为指有配偶者与第三人未以夫妻名义共同生活，

如姘居关系。2001年修改《婚姻法》时，增加规定禁止有配偶者与他人同居，同时增加规定有配偶者与他人同居导致离婚的，无过错方有权请求损害赔偿。

4. 禁止家庭暴力、禁止虐待和遗弃

家庭成员间的虐待，是指用打骂、冻饿、有病不给治疗等方法摧残、折磨家庭成员，使他们在肉体上、精神上遭受痛苦的行为。虐待家庭成员，情节恶劣的，即构成虐待罪，要承担刑事责任。

除禁止家庭成员间的虐待外，也要禁止其他形式的家庭暴力。考虑到虐待和家庭暴力虽有重合之处，但虐待不能包括所有的家庭暴力行为，如夫妻之间吵架，丈夫一怒之下失手打死妻子，像这种行为，属于家庭暴力，但不属于虐待，在刑法上适用过失杀人罪，不适用虐待罪。因此，单独规定禁止家庭暴力。

家庭成员间的遗弃，是指对于年老、年幼、患病或其他没有独立生活能力的人，负有赡养、抚养或扶养义务的人不履行其义务的行为。家庭成员间的遗弃，主要包括子女不履行赡养义务而遗弃老人，父母不履行抚养义务而遗弃子女，丈夫不履行扶养义务而遗弃妻子或者妻子不履行扶养义务而遗弃丈夫等行为。遗弃家庭成员情节恶劣构成遗弃罪的，要依法承担刑事责任。

关联法规

《最高人民法院关于适用〈中华人民共和国民法典〉婚姻家庭编的解释（一）》第1、2条；《妇女权益保障法》第65条；《老年人权益保障法》第3条；《未成年人保护法》第17条；《刑法》第258、260、261条；《反家庭暴力法》

第一千零四十三条　【婚姻家庭道德规范】家庭应当树立优良家风，弘扬家庭美德，重视家庭文明建设。

夫妻应当互相忠实，互相尊重，互相关爱；家庭成员应当敬老爱幼，互相帮助，维护平等、和睦、文明的婚姻家庭关系。

关联法规

《最高人民法院关于适用〈中华人民共和国民法典〉婚姻家庭编

的解释(一)》第4条

第一千零四十四条　【收养原则】收养应当遵循最有利于被收养人的原则,保障被收养人和收养人的合法权益。

禁止借收养名义买卖未成年人。

条文注释

收养应当遵循最有利于被收养人的原则,这是收养的最高指导原则。

本条规定"收养应当遵循最有利于被收养人的原则",这一原则是贯穿整个收养规定之中的。例如,根据本法第1093条的规定,丧失父母的孤儿、查找不到生父母的未成年人(包括弃婴)和生父母有特殊困难无力抚养的子女,有以上三种情况的未成年人可以被收养。上述三种未成年人若不被收养,可能影响他们的健康成长。又如,根据本法第1100条第2款的规定,收养孤儿和残疾未成年人或者儿童福利机构抚养的查找不到生父母的未成年人,不受收养人"无子女或者只有一名子女"条件的限制。本法第1107条规定:"孤儿或者生父母无力抚养的子女,可以由生父母的亲属、朋友抚养;抚养人与被抚养人的关系不适用本章规定。"这是以法律形式对我国扶助幼孤的优良传统予以肯定,以适应社会上多种情形的需要。孩子的父母双亡,或者父母有特殊困难无力抚养的子女,可以由其父母的亲属、朋友抚养,使这些未成年人得到家的温暖。这种抚养关系不产生收养关系的权利义务。抚养人与被抚养人的关系称谓不变,不产生父母子女间的权利义务关系。

婚姻家庭编的收养规定在突出保护被收养的未成年人的同时,也兼顾保护收养人的利益。所以本条规定"保障被收养人和收养人的合法权益"。最有利于被收养的未成年人的原则与有利于收养人的原则在收养关系中并不是并行的,前者为主,后者为辅。

第一千零四十五条　【亲属、近亲属及家庭成员】亲属包括配偶、血亲和姻亲。

配偶、父母、子女、兄弟姐妹、祖父母、外祖父母、孙子女、外孙子女为近亲属。

配偶、父母、子女和其他共同生活的近亲属为家庭成员。

条文注释

1. 亲属及其种类

(1)配偶。

男女结婚后互称配偶。配偶，亦即夫或妻，是男女因结婚而形成的亲属关系。配偶在亲属关系中具有重要的特殊地位。配偶是产生血亲和姻亲的基础，是亲属的独立类型。结婚是发生配偶关系的法律事实。还应当注意，我国同世界上大多数国家一样，不承认同性婚姻。

(2)血亲。

血亲是根据自然生殖，以出生的事实引起的存在遗传上的血缘关系的亲属。但法律意义上的血亲，还包括拟制血亲。拟制血亲是指养父母子女关系、有抚养关系的继父母子女关系等。自然血亲关系自出生开始，至死亡终止。拟制血亲关系自收养或者继父母与继子女形成抚养关系开始，至一方死亡或者养父母子女关系、继父母子女关系依法解除终止。“直系”“旁系”的“系”指亲系，亲系指亲属间的联系脉络。

直系血亲，是指彼此之间有着直接血缘联系的血亲，己身所出和己身所从出的亲属，即生育自己和自己所生育的上下各代亲属，如父母子女、祖父母与孙子女、外祖父母与外孙子女。

旁系血亲，是指与自己有着共同血缘，但彼此之间没有直接生育关系的血亲，如同胞兄弟姐妹之间、堂表兄弟姐妹之间、伯叔姑与侄之间、舅姨与甥之间。

亲生父母子女、祖孙、曾祖孙等之间，为直系血亲。养父母子女、有抚养关系的继父母子女之间，为拟制直系血亲。

同胞、半同胞兄弟姐妹，堂、表兄弟姐妹，伯、叔、姑、舅、姨与侄、甥之间为旁系血亲。拟制直系血亲关系的一方与对方的旁系血亲之间，为拟制旁系血亲。

(3)姻亲。

姻亲是以婚姻为中介形成的亲属，但不包括己身的配偶。姻亲一般分为两类：一类是配偶的血亲，如岳父母、公婆；另一类是血亲的配偶，如儿媳、女婿、嫂、弟媳、姐夫、妹夫。

姻亲关系因婚姻而产生，亦因婚姻关系的解除而终止。离婚和婚姻被撤销，是姻亲关系终止的原因。我国存在丧偶儿媳、女婿继续赡养公婆、岳父母，为其养老送终的情况，也存在儿媳“离婚不离家”，离婚后继续伺候公婆并为其养老送终的情况。本法第1129条规定了丧偶儿媳对公婆、丧偶女婿对岳父母尽了赡养义务，作为继承人继承财产的规定。在我国，婚姻当事人一方死亡，则姻亲关系不终止。离婚或婚姻被撤销，姻亲关系终止。对于儿媳“离婚不离家”的情况，应从保护妇女利益出发，从权利义务相一致和公平的角度，应特殊情况特殊处理。

2. 近亲属

本条规定，配偶、父母、子女、兄弟姐妹、祖父母、外祖父母、孙子女、外孙子女为近亲属。本条没有规定姻亲属于近亲属。

3. 家庭成员

本条规定，配偶、父母、子女和其他共同生活的近亲属为家庭成员。家庭成员应是近亲属。有的近亲属如配偶、父母、子女，当然是家庭成员，即使已经不再在一起共同生活，也仍是家庭成员。比如，李某结婚后不再与父母一起生活，但其与父母的权利义务关系没有终止，所以父母仍应是李某的家庭成员。父母与子女也是这个道理，故上述案例中李某也应是其父母的家庭成员。其他近亲属，如兄弟姐妹、祖父母、外祖父母、孙子女、外孙子女，如在一个家庭中共同生活，应当属于家庭成员，如不在一起共同生活，就不属于家庭成员。这个“共同生活”，应是长久的同居在一起的共同生活，而不是短期的、临时性的共同生活。

第二章 结 婚

第一千零四十六条 【结婚自愿】结婚应当男女双方完全自愿，禁止任何一方对另一方加以强迫，禁止任何组织或者个人加以干涉。

条文注释

1. 婚姻和婚姻成立的要件

婚姻是男女双方以永久共同生活为目的，以夫妻的权利义务为内容的结合。婚姻关系是一种身份关系，夫妻双方在财产上的权利义务是附随于人身上的权利义务的。创设夫妻关系的婚姻行为是身份法上的行为。男女须有结婚的合意，但婚姻的成立条件与程序，婚姻的效力及解除都是法定的，而不是当事人意定的。婚姻行为是民事法律行为，与其他民事法律行为具有共同点，但各种民事法律行为又有各自不同的本质属性，婚姻行为与合同行为中虽然都要求有合意，但婚姻行为却不能也无法适用合同行为规则。

婚姻成立的要件，通常分为两种：一是实质性要件。实质性要件为当事人必须具备的要件，指当事人本身的状况，以及一方与另一方的关系，须符合法律要求。如当事人须达到法定结婚年龄，须有完全民事行为能力，须有结婚的合意，双方之间须无禁止的亲属关系等。实质性要件有轻重的不同，依其轻重差别，要件的欠缺，其效力不同。有的要件欠缺会使婚姻绝对无效，可称为无效要件；有的要件欠缺，并不妨碍成立婚姻，但有撤销权的当事人可以撤销而使婚姻归于无效，可称为撤销要件。二是形式要件。是指婚姻的成立的方式需符合法律的要求。要求结婚的程序必须合法，是规定形式要件的根本目的。

2. 结婚自愿

根据本条规定，结婚应当男女双方完全自愿，这是婚姻自由原则在结婚上的具体体现。该规定的核心是，男女双方是否结婚、与谁结婚，应当由当事者本人决定。它包括两层含义：第一，应当是双方自愿，而不是一厢情愿。婚姻应以互爱为前提，任何一方都不得强迫对方成婚。第二，应当是当事人自愿，而不是父母等第三者采用包办、买卖等方式强迫男女双方结为夫妻。任何组织和个人都不得强迫当事人结婚或者不结婚。结婚是男女之间以建立家庭、互为配偶为目的的两性结合，这种结合从本质上讲，是以爱情为基础的，而爱情只能产生于当事人自身，其他人决定男女情感的命运是违背婚姻本质的。当然，法律要求本人自愿，并不排斥男女双方就个人的婚事征求父母、亲友的意见，也不排斥父母、亲友等第三者出于对当事人的关心和爱护对他们的婚姻提出看法和建议。

关联法规

《民法典》第1042、1052条；《刑法》第257条；《婚姻登记条例》第6条

第一千零四十七条 【法定结婚年龄】结婚年龄，男不得早于二十二周岁，女不得早于二十周岁。

条文注释

本条关于婚龄的规定，不是必婚年龄，也不是最佳婚龄，而是结婚的最低年龄，是划分违法婚姻与合法婚姻的年龄界限，只有达到了法定婚龄才能结婚，否则就是违法。法定婚龄不妨碍男女在自愿的基础上，根据本人情况确定结婚时间。本条规定的婚龄具有普遍适用性，但特殊情况下，法律也允许对婚龄做例外规定。比如，考虑我国多民族的特点，《立法法》第85条统一规定了民族自治地方对法律和行政法规的变通规定问题。目前，我国一些民族自治地方的立法机关对原《婚姻法》中的法定婚龄作了变通规定。如新疆、内蒙古、西藏等自治区和一些自治州、自治县，均以男20周岁、女18周岁作为本地区的最低婚龄。但这些变通规定仅适用于少数民族，不适用生活在该地区的汉族。

关联法规

《婚姻登记条例》第6条

第一千零四十八条 【禁止结婚的情形】直系血亲或者三代以内的旁系血亲禁止结婚。

条文注释

根据本条规定,禁止结婚的血亲有两类:

1. 直系血亲

包括父母子女间,祖父母、外祖父母与孙子女、外孙子女间。即父亲不能娶女儿为妻,母亲不能嫁儿子为夫。爷爷(姥爷)不能与孙女(外孙女)婚配,奶奶(姥姥)不能与孙子(外孙子)结合。

2. 三代以内旁系血亲

具体包括:(1)同源于父母的兄弟姐妹(含同父异母、同母异父的兄弟姐妹)。即同一父母的子女之间不能结婚。(2)不同辈的叔、伯、姑、舅、姨与侄(女)、甥(女)。即叔叔(伯伯)不能和兄(弟)的女儿结婚;姑姑不能和兄弟的儿子结婚;舅舅不能和姐妹的女儿结婚;姨妈不能和姐妹的儿子结婚等。

关联法规

《母婴保健法》第8~11条;《婚姻登记条例》第6条

第一千零四十九条 【结婚登记】要求结婚的男女双方应当亲自到婚姻登记机关申请结婚登记。符合本法规定的,予以登记,发给结婚证。完成结婚登记,即确立婚姻关系。未办理结婚登记的,应当补办登记。

条文注释

结婚除必须符合法律规定的条件外,还必须履行法定的程序。根据本条规定,结婚登记是结婚的必经程序。

1. 婚姻登记机关

根据《婚姻登记条例》的规定,内地居民办理婚姻登记的机关是县级人民政府民政部门或者乡(镇)人民政府,省、自治区、直辖市人民政府可以按照便民原则确定农村居民办理婚姻登记的具体机关。中国公民同外国人,内地居民同我国香港特别行政区居民(以下简称香港居民）、我国澳门特别行政区居民（以下简称澳门居民）、我国台湾地区居民（以下简称台湾居民）、华侨办理婚姻登记的机关是省、自治区、直辖市人民政府民政部门或者省、自治区、直辖市人民政府民政部门确定的机关。中国公民同外国人在中国内地结婚的，内地居民同香港居民、澳门居民、台湾居民、华侨在中国内地结婚的，男女双方应当共同到内地居民常住户口所在地的婚姻登记机关办理结婚登记。

2. 结婚登记程序

结婚登记大致可分为申请、审查和登记三个环节。

（1）申请。内地居民结婚，男女双方应当共同到一方当事人常住户口所在地的婚姻登记机关办理结婚登记。办理结婚登记的内地居民应当出具下列证件和证明材料：①本人的户口簿、身份证。②本人无配偶以及与对方当事人没有直系血亲和三代以内旁系血亲关系的签字声明。离过婚的，还应当持离婚证。离婚的当事人恢复夫妻关系的，必须双方亲自到一方户口所在地的婚姻登记机关申请复婚登记。

（2）审查。婚姻登记机关应当对结婚登记当事人出具的证件、证明材料进行审查并询问相关情况。对当事人符合结婚条件的，应当当场予以登记，发给结婚证；对当事人不符合结婚条件不予登记的，应当向当事人说明理由。

（3）登记。登记分为以下两种情况：一是予以登记。婚姻登记机关对符合结婚条件的，应当即时予以登记，发给结婚证；对离过婚的，应注销其离婚证。二是不予登记。申请人有下列情形之一的，婚姻登记机关不予登记：①未到法定结婚年龄的；②非自愿的；③已有配偶的；④属于直系血亲或者三代以内旁系血亲的。

婚姻登记机关对当事人的婚姻登记申请不予登记的，应当以书面的形式说明理由。当事人认为符合婚姻登记条件而婚姻登记机关不予登记的，可以依法申请行政复议，对复议不服的，可以依法提起行政诉讼，也可以直接提起行政诉讼。

关联法规

《婚姻登记条例》第4、5、8条；《最高人民法院关于适用〈中华人

民共和国民法典〉婚姻家庭编的解释(一)》第6～8条

第一千零五十条 【婚后组成家庭】登记结婚后，按照男女双方约定，女方可以成为男方家庭的成员，男方可以成为女方家庭的成员。

关联法规

《民法典》第1045条

第一千零五十一条 【无效婚姻】有下列情形之一的，婚姻无效：

（一）重婚；

（二）有禁止结婚的亲属关系；

（三）未到法定婚龄。

条文注释

无效婚姻，是指欠缺婚姻成立的法定条件而不发生法律效力的男女两性的结合。

本条规定，有下列情形之一的，婚姻无效：

1. 重婚

我国实行一夫一妻的婚姻制度。因此，一夫一妻是我国婚姻家庭的基本制度。一夫一妻制是一男一女结为夫妻的婚姻制度。换句话说，任何人都只能有一个配偶，不能同时有两个或更多的配偶。

所谓重婚，是指有配偶的人又与他人登记结婚的违法行为，或者明知他人有配偶而与他人登记结婚的违法行为。但现实中，一些人钻法律的空子，婚外与他人同居生活，不办理结婚登记，而是以夫妻的名义共同生活。按照《刑法》及相关司法解释的规定，构成重婚有两种情况：一是有配偶者而重婚，指已经结婚的人，在婚姻关系存续期间，又与他人登记结婚，或者又与他人以夫妻的名义共同生活。二是明知他人有配偶而与之结婚，指没有配偶的人，明知他人有配偶而仍然与之登记结婚，或者仍然与之以夫妻的名义共同生活。重婚是被法律严格禁止的违法行为。对于重婚的，不仅要确认重婚者的第二个“婚姻”无效，解除其重婚关系，还应当依法追究重婚者的刑事责任。对此，《刑法》第258条规定，有配偶而重婚的，或者明知他人有配偶而与之结婚的,处二年以下有期徒刑或者拘役。

2. 有禁止结婚的亲属关系

本条中规定的“有禁止结婚的亲属关系”,是指有本法第1048条规定的禁止结婚的情形,即结婚的男女双方是直系血亲或者是三代以内旁系血亲。

3. 未到法定婚龄

本法第1047条规定,结婚年龄,男不得早于22周岁,女不得早于20周岁。这是男女可以结婚的法定年龄。法定结婚年龄是指法律规定的男女双方可以结婚的最低年龄。

这里需要注意的是,男女当事人在有关部门确认其婚姻是否有效时仍未达到法定结婚年龄的,有关部门方可确认其婚姻无效。如果男女双方在结婚时的实际年龄低于法定结婚年龄一两岁,等过了一两年后,当事人或利害关系人申请确认婚姻无效,或有关部门要确认其婚姻无效时,男女双方当事人已达到法定结婚年龄的,不能确认其婚姻为无效婚姻。简言之,对当事人未到法定结婚年龄的婚姻,应当在男女当事人的法定结婚年龄届至前提出或确认其婚姻无效。

关联法规

《民法典》第1042、1047、1048、1054、1079条;《刑法》第258条;《最高人民法院关于适用〈中华人民共和国民法典〉婚姻家庭编的解释(一)》第9、10、14、15条;《最高人民法院关于适用〈中华人民共和国民法典〉婚姻家庭编的解释(二)》第1条

第一千零五十二条　【胁迫的可撤销婚姻】因胁迫结婚的,受胁迫的一方可以向人民法院请求撤销婚姻。

请求撤销婚姻的,应当自胁迫行为终止之日起一年内提出。

被非法限制人身自由的当事人请求撤销婚姻的,应当自恢复人身自由之日起一年内提出。

条文注释

可撤销婚姻,是指当事人因意思表示不真实而成立的婚姻,或

者当事人成立的婚姻在结婚的要件上有欠缺,通过有撤销权的当事人行使撤销权,使已经发生法律效力的婚姻关系失去法律效力。

因胁迫而结婚,主要是指婚姻关系中的一方当事人或者婚姻关系之外的第三人,对婚姻关系中的另一方当事人,予以威胁或者强迫,其违背自己的意愿而缔结婚姻关系的婚姻。胁迫婚姻违反了结婚须男女双方完全自愿的原则,是违法婚姻,考虑到被胁迫的一方,在结婚时,虽然是违背了自己的意愿与他人缔结了婚姻关系,但有可能在和他人结婚后,组建了家庭,经过一段时间生活,与对方建立了一定的感情,婚姻关系还不错,特别是在有了孩子的情况下,与对方、与孩子更有一种难以割舍的关系,在这种情况下,法律明确规定胁迫婚姻为无效婚姻,不一定适当,所以将因胁迫而缔结的婚姻,规定为可撤销婚姻,把是否否认其婚姻效力的申请请求权交给受胁迫方。如果受胁迫方不想维持因胁迫而缔结的婚姻,可以向人民法院请求撤销该婚姻,经审查核实,宣告该婚姻没有法律效力;如果最初受胁迫,但后来愿意共同生活,则可以放弃申请撤销婚姻效力的请求权,人民法院不能主动撤销当事人的婚姻关系。

本条对提出请求撤销婚姻效力的申请规定如下:

1. 提出撤销婚姻效力的请求权人

有权提出撤销婚姻效力的申请人只能是因胁迫结婚的被胁迫人。这是由于因胁迫而缔结的婚姻,受胁迫方在缔结婚姻关系时,不能真实地表达自己的意愿,婚姻关系违背了受胁迫方的意志。为了贯彻执行婚姻自由的基本原则,保护当事人的合法权益,让受胁迫方能充分地表达自己的婚姻意志,规定尽管胁迫的婚姻已经成立,但是受胁迫方仍可以在婚姻成立后向人民法院提出撤销其婚姻效力的申请。由于胁迫婚姻的另一方当事人在缔结婚姻关系时,并没有违背自己真实的婚姻意思,换句话说,当事人一方在结婚时已经明确知道自己将与被胁迫方结婚,且愿意与其结婚,因此胁迫婚姻的这方当事人在婚姻关系成立后,没有提出撤销婚姻效力的请求权。

2. 提出撤销婚姻效力申请的时间

因胁迫而结婚的,受胁迫方虽然具有撤销该婚姻效力的请求权，但是这一请求权的行使不是没有任何限制的。本条规定，受胁迫的一方撤销婚姻的请求，应当自胁迫行为终止之日起一年内提出。被非法限制人身自由的当事人请求撤销婚姻的，应当自恢复人身自由之日起一年内提出。这一规定表明，受胁迫方必须在法律规定的时间内行使撤销其婚姻效力的请求权。如果超过了法律规定的期限还不行使，受胁迫方就失去了请求撤销婚姻效力的权利，其所缔结的婚姻为合法有效的婚姻，受胁迫方不得再以相同的理由申请撤销该婚姻。

依据本条规定，受胁迫方行使请求撤销婚姻效力的请求权的期限是一年。本条规定的这一年期限的起算时间有两种情形：第一，自受胁迫方胁迫行为终止之日起算，即受胁迫方应当在胁迫行为终止之日起一年内决定是否申请撤销其婚姻的效力。这里需要说明的是，原《婚姻法》第11条规定的是"自结婚登记之日起一年内提出"，本条修改为"自胁迫行为终止之日起一年内提出"。因为胁迫行为可能延续到结婚登记一年之后，由"结婚登记之日起"改作"胁迫行为终止之日起"更为合理。第二，被非法限制人身自由的自受胁迫方恢复人身自由之日起算，即受胁迫方自恢复人身自由之日起一年内决定是否申请撤销其婚姻的效力。

3. 有权撤销婚姻效力的机关

根据本条规定，有权撤销婚姻关系的机关为人民法院，这与原《婚姻法》的规定不同。原《婚姻法》第11条规定，因胁迫结婚的，受胁迫的一方可以向婚姻登记机关或者人民法院请求撤销该婚姻。《民法典》只保留了向人民法院请求撤销婚姻的规定，删除了向婚姻登记机关请求撤销婚姻的规定。

关联法规

《婚姻登记条例》第9条；《最高人民法院关于适用〈中华人民共和国民法典〉婚姻家庭编的解释（一）》第18、19条；《最高人民法院关于适用〈中华人民共和国民法典〉时间效力的若干规定》第26条

第一千零五十三条 【隐瞒疾病的可撤销婚姻】一方患有重大疾病的，应当在结婚登记前如实告知另一方；不如实告知的，另一方可以向人民法院请求撤销婚姻。

请求撤销婚姻的，应当自知道或者应当知道撤销事由之日起一年内提出。

条文注释

原《婚姻法》第7条规定的禁止结婚的情形有一项是“患有医学上认为不应当结婚的疾病”。《民法典》婚姻家庭编没有保留此项禁止结婚的条件。对于患有医学上认为不宜结婚疾病的人，是否结婚的决定权属于双方当事人，即在相互知晓对方身体健康状况的情况下自主决定。但患病一方负有婚前向对方如实告知的义务，违反此告知义务、隐瞒病情而与对方结婚的，将构成婚姻欺诈，对方有权请求人民法院撤销其婚姻。

本条规定，请求撤销婚姻的，应当自知道或者应当知道撤销事由之日起一年内向人民法院提出。本条中“知道”，是指有直接和充分的证据证明当事人知道对方患病；“应当知道”，是指虽然没有直接和充分的证据证明当事人知道，但是根据生活经验和相关事实及证据，按照一般人的普遍认知能力，运用逻辑推理可以推断当事人知道对方患病。如果当事人不能在知道或者应当知道撤销事由之日起一年内提出撤销婚姻的，就只能通过协议离婚或者诉讼离婚的程序解除婚姻关系。

构成欺诈需在主观和客观方面均为重大或重要。在主观方面，结婚时关于疾病的事项，如不因被隐瞒而发生错误认知，如果知道疾病事项，就一定不会结婚。即从隐瞒到错误认识再到结婚是一连串的因果关系。如果没有隐瞒就没有结婚。隐瞒的疾病事项对婚姻有着决定性影响。在客观方面，也必须相当重大或重要。重大疾病具体是什么病，或者某种疾病是不是重大疾病，需要司法机关和有关的部门、单位在司法实践中进行认定。

第一千零五十四条　【婚姻无效或者被撤销的法律后果】无效的或者被撤销的婚姻自始没有法律约束力,当事人不具有夫妻的权利和义务。同居期间所得的财产,由当事人协议处理;协议不成的,由人民法院根据照顾无过错方的原则判决。对重婚导致的无效婚姻的财产处理,不得侵害合法婚姻当事人的财产权益。当事人所生的子女,适用本法关于父母子女的规定。

婚姻无效或者被撤销的,无过错方有权请求损害赔偿。

条文注释

本条对无效或者被撤销的婚姻的法律后果作了规定,即无效或者被撤销的婚姻,自始没有法律约束力。子女和财产处理规则相同。无效婚姻和可撤销婚姻虽然在法律后果上是一致的,但无效婚姻和可撤销婚姻还是有些差异:(1)无效婚姻是违反法律明确禁止结婚条件的,如当事人已有配偶,或是双方有不能结婚的亲属关系又或者不到法定婚龄。可撤销婚姻是因为受胁迫,本不自愿,或者因为对方隐瞒重大疾病使认识错误,如果知道就不会结婚。(2)对于无效婚姻,当事人、利害关系人和相关组织都可以申请婚姻无效,人民法院可依法宣告婚姻无效。受胁迫和受隐瞒重大疾病的两类可撤销婚姻,只有当事人可以申请撤销,人民法院必须依当事人的申请撤销。(3)无效婚姻的宣告没有时间上的限制,人民法院根据实际情况而定是否宣告无效。可撤销婚姻当事人必须在规定的时间内提出,超出规定的时间则不能再提出撤销,如要解除婚姻关系必须走离婚的程序。

按照本条规定,无效或者被撤销的婚姻,婚姻关系自始不发生法律约束力。即从当事人结婚之时,婚姻就没有法律效力。即使当事人骗取婚姻登记,该婚姻也是自始无效,而不是从人民法院宣告之时起婚姻才没有法律效力。这种婚姻关系无论结婚的事实是否发生,结婚时间是否长久,婚姻关系被法律确认自始不存在,不受法律保护。

无效或者被撤销的婚姻,当事人之间不具有夫妻的权利和义务。本编规定,夫妻有互相扶养的义务。一方不履行扶养义务时,需要扶养的一方,有要求对方给付扶养费的权利。夫妻有相互继承遗产的权利。夫妻一方因抚育子女、照料老人、协助另一方工作等负担较多义务的,离婚时有权向另一方请求补偿。另一方应当给予补偿。离婚时,如一方生活困难,有负担能力的另一方应当给予适当帮助。因一方重婚或者与他人同居、实施家庭暴力、虐待、遗弃家庭成员或者其他重大过错而导致离婚的,无过错方有权请求损害赔偿。本编有关夫妻权利义务的规定,前提是合法婚姻,是有效婚姻。由于无效婚姻、可撤销婚姻欠缺婚姻成立的法定条件,是不合法婚姻,有关夫妻权利义务的规定对无效婚姻、被撤销婚姻的当事人都不适用。

无效或者被撤销的婚姻,当事人所生子女的权利义务关系适用本编有关父母子女间的权利义务的规定。无效婚姻、可撤销婚姻不具有法律效力,但由于男女当事人的同居关系,可能产生生儿育女的事实,随之而来的是对无效婚姻、可撤销婚姻所生子女法律地位的确定。本法第1071条第1款规定,非婚生子女享有与婚生子女同等的权利,任何组织或者个人不得加以危害和歧视。因此,在规定无效婚姻、可撤销婚姻当事人所生子女的法律地位时,坚持并贯彻了这一基本原则,规定无效或者被撤销的婚姻当事人所生子女的权利义务,与合法婚姻当事人所生子女的权利义务一样。如父母对未成年子女有抚养、教育和保护的义务,成年子女对父母有赡养、扶助和保护的义务。父母不履行抚养义务的,未成年子女或者不能独立生活的成年子女,有要求父母给付抚养费的权利。成年子女不履行赡养义务的,缺乏劳动能力或者生活困难的父母,有要求成年子女给付赡养费的权利。父母有教育、保护未成年子女的权利和义务,未成年子女造成他人损害的,父母应当依法承担民事责任。婚姻关系被确认为无效或者被撤销后,父母对子女仍有抚养和教育的权利和义务,一方抚养子女,另一方应负担部分或者全部抚养费。不直接抚养子女的父或母,有探望子女的权利,另一方有协助的义务。

无效或者被撤销的婚姻,当事人同居期间所得的财产,由当事人协议处理;协议不成的,由人民法院根据照顾无过错方的原则判决。对重婚导致的无效婚姻的财产处理，不得侵害合法婚姻当事人的财产权益。

关联法规

《最高人民法院关于适用〈中华人民共和国民法典〉婚姻家庭编的解释（一）》第20～22条

第三章 家庭关系

第一节 夫妻关系

第一千零五十五条 【夫妻地位平等】夫妻在婚姻家庭中地位平等。

条文注释

对本条规定，可以从以下几个方面理解：

第一，夫妻在婚姻家庭中地位平等的规定，是处理夫妻关系的指导原则，是确定夫妻之间各项权利义务的基础。夫妻地位平等意味着夫妻在共同生活中平等地行使法律规定的权利，平等地履行法律规定的义务，共同承担对婚姻、家庭和社会的责任。在“家庭关系”一章规定夫妻地位平等，也是《民法典》婚姻家庭编第1章中规定的男女平等原则在婚姻家庭关系中的具体体现。夫妻地位平等作为本章第1条，也是本章其他各条的指导原则，本章中其他各条都要贯彻这一原则。在法律没有具体规定的情况下，对夫妻关系的处理就要依据夫妻在婚姻家庭中地位平等这一规定作出判断。

第二，规定夫妻在婚姻家庭中地位平等，主要意义在于强调夫妻在人格上的平等以及权利义务上的平等。夫妻双方应当互相尊重对方的人格独立，不得剥夺对方享有的权利，不得有夫妻任何一方只享有权利不尽义务，或者只尽义务而不享有权利。特别是要强调保护妇女，保护女性在家庭中的人格独立，禁止歧视妇女，禁止家庭暴力，禁止对女性的虐待和遗弃。

第三，规定夫妻在婚姻家庭中地位平等，不是指夫妻的权利义务一一对等，更不是指夫妻要平均承担家庭劳务等。平等不是平均，权利义务可以合理分配和承担，家庭劳务也可以合理分担。对于婚姻家庭事务，夫妻双方均有权发表意见，应当协商作出决定，一方不应独断专行。

关联法规

《宪法》第48条；《妇女权益保障法》第60、66、70条

第一千零五十六条 【夫妻姓名权】夫妻双方都有各自使用自己姓名的权利。

条文注释

姓名权是指自然人依法享有的决定、使用、变更或者许可他人使用自己的姓名并排除他人干涉或者非法使用的权利。姓名权是自然人的一项重要人格权，是自然人独立人格的重要标志。本法第1012条明确规定："自然人享有姓名权，有权依法决定、使用、变更或者许可他人使用自己的姓名，但是不得违背公序良俗。"本法第1014条规定："任何组织或者个人不得以干涉、盗用、假冒等方式侵害他人的姓名权或者名称权。"根据上述规定，姓名权的内容包括：(1)姓名决定权。姓名决定权指自然人决定其姓名的权利。(2)姓名变更权。姓名变更权是指自然人变更其姓名的权利。(3)姓名使用权。姓名使用权是指自然人依法使用自己姓名的权利，包括自己使用、不使用和禁止他人使用的权利。(4)姓名许可他人使用权。姓名许可他人使用权是指自然人依法许可他人使用自己姓名的权利。(5)姓名维护权。姓名维护权是指自然人在自己的姓名权受到侵害时，有权提出停止侵害、排除妨害、赔偿损失等请求，以保护自己的姓名权的权利。

根据本条规定，自然人的姓名权不受婚姻的影响，男女双方结婚后，其婚前姓名无须改变，妇女结婚后仍然有权使用自己的姓名。

第一千零五十七条 【夫妻人身自由权】夫妻双方都有参加生产、工作、学习和社会活动的自由，一方不得对另一方加以限制或者干涉。

条文注释

夫妻的人身自由权是指夫妻双方从事社会职业、参加社会活动和进行社会交往的权利和自由，强调自然人的人身自由权不因结婚而受限制。根据本条规定，夫妻人身自由权主要包括以下三个方面的内容：

1. 夫妻双方都有参加生产、工作的权利。所谓生产、工作是指一切从事的社会职业和社会劳动。我国妇女参加生产、工作非常积极，国家与社会也提供了有力的保障，《妇女权益保障法》中对保护妇女的劳动权益作了详尽规定。妇女有参加生产、工作的自由，是妇女享有与丈夫平等地位的前提。

2. 夫妻双方都有参加学习的权利。这里的学习，不仅包括正规的在校学习，还包括扫盲学习、职业培训以及其他各种形式的专业知识与专业技能的学习。

3. 夫妻双方都有参加社会活动的权利。所谓社会活动，包括参政、议政活动，科学、技术、文学、艺术和其他文化活动，各种群众组织、社会团体的活动，以及各种形式的公益活动等。

但需要注意的是，本条规定了夫妻的人身自由权，并不意味着夫妻可以不顾家庭、为所欲为。夫妻行使人身自由的权利，必须符合法律与社会主义道德的要求，不得滥用权利损害家庭和他人的合法权益。自然人婚前与婚后截然不同，对配偶、子女、家庭有不可推卸的义务和责任。夫妻任何一方在行使自己的人身自由权的同时，还必须履行自己对家庭应承担的义务和责任，两者应当协调统一起来。夫妻有参加社会活动的自由，但是夫妻也有相互扶养的义务，有抚养、教育子女的义务，有赡养老人的义务。

关联法规

《宪法》第37条；《妇女权益保障法》第18、19条

第一千零五十八条　【夫妻抚养、教育和保护子女的权利义务平等】夫妻双方平等享有对未成年子女抚养、教育和保护的权利，共同承担对未成年子女抚养、教育和保护的义务。

条文注释

本法第26条规定："父母对未成年子女负有抚养、教育和保护的义务。"抚养是指父母抚育子女的成长，并为他们的生活、学习提供一定的物质条件。教育是指父母要按照法律和道德要求，采取正确的方法，对其未成年子女进行教导，并对其行为进行必要的约束，其目的是保障未成年子女的身心健康。保护是指父母应当保护其未成年子女的人身安全与合法权益，预防和排除来自外界的危害，使其未成年子女的身心处于安全状态。抚养、教育和保护子女既是父母应尽的义务，也是父母应有的权利。需要强调的是，父母对子女的抚养、教育和保护的权利和义务，由父母双方平等享有、共同承担，而非一方的单方权利和义务。

本条规定对共同亲权原则作了进一步的明确和强调。共同亲权原则实际上是男女平等原则的体现。根据本条规定，对未成年子女抚养、教育和保护的权利由该子女的父母即夫妻双方平等享有，如何行使这一权利夫妻双方应当共同决定，不允许任何一方剥夺对方的这一权利；同样，对未成年子女抚养、教育和保护的义务由夫妻双方共同承担，不允许任何一方不履行这一义务。

第一千零五十九条　【夫妻相互扶养义务】夫妻有相互扶养的义务。

需要扶养的一方，在另一方不履行扶养义务时，有要求其给付扶养费的权利。

条文注释

夫妻互相扶养义务是法定义务，具有强制性，夫妻之间不得以约定形式改变这一法定义务。有扶养能力的一方，对于因失业、残疾、患病、年老等原因没有固定收入，缺乏生活来源的另一方，必须主动履行扶养义务。即使是根据本法第1065条的规定，有的夫妻实行分别财产制，约定各自的工资或者收入归各自所有时，也不意味着夫或妻只负担各自的生活费用而不承担扶养对方的义务，如当一方患有重病时，另一方仍有义务尽力照顾，并提供有关治疗费用。

本条第2款明确了对不履行扶养义务的一方，另一方有追索扶养费的请求权。当夫或妻一方不履行扶养义务时，需要扶养的一方可以根据本条第2款的规定，要求对方给付扶养费。应当给付扶养费的一方拒绝给付或者双方就扶养费数额、支付方式等具体内容产生争议的，需要扶养的一方可以直接向人民法院提起诉讼，或者向人民调解组织提出调解申请，要求获得扶养费。如果夫或妻一方患病或者没有独立生活能力，有扶养义务的配偶拒绝扶养，情节恶劣，构成遗弃罪的，还应当承担刑事责任。

关联法规

《刑法》第261条

第一千零六十条　【日常家事代理权】夫妻一方因家庭日常生活需要而实施的民事法律行为，对夫妻双方发生效力，但是夫妻一方与相对人另有约定的除外。

夫妻之间对一方可以实施的民事法律行为范围的限制，不得对抗善意相对人。

条文注释

夫妻日常家事代理权，是指夫妻一方因家庭日常生活需要而与第三方为一定民事法律行为时互为代理的权利。夫妻一方在日常家庭事务范围内，与第三方所实施的一定民事法律行为，视为依夫妻双方的意思表示所为的民事法律行为，另一方也应承担因此而产生的法律后果。

本条对夫妻日常家事代理权作出了明确规定。理解这两款规定，需要注意以下几个方面的问题：

第一，夫妻日常家事代理权的权利主体。法律设立夫妻日常家事代理权这一权利的目的在于扩张夫妻双方的意思自治。因此，夫妻日常家事代理权为夫妻双方同等享有，夫妻双方在处理日常家庭事务中互相为代理人，各自都可以行使夫妻日常家事代理权。

第二，夫妻日常家事代理权的存续期间。夫妻日常家事代理权由法律直接规定，以夫妻身份的存在为前提。因此，夫妻日常家事代理权只存在于具有合法婚姻关系的配偶之间，始于婚姻关系的确立，终于婚姻关系的解除。在婚姻关系存续期间，夫妻日常家事代理权始终存在。

第三，夫妻日常家事代理权的行使方式。夫妻日常家事代理权的行使方式与一般代理不同。本法总则编规定的代理包括委托代理和法定代理，代理人都必须以被代理人的名义实施民事法律行为。而对于夫妻日常家事代理权，夫妻任何一方在日常家事范围内与第三人为民事法律行为时，不必明确其代理权，可直接以自己名义，另一方名义或者双方名义为之。

第四，夫妻日常家事代理权的行使范围。夫妻日常家事代理权的行使范围仅限于“因家庭日常生活需要而实施的民事法律行为”，通说概括为“日常家庭事务”或者“日常家事”。日常家事是指为满足正常夫妻共同生活和家庭生活所必需的，非属人身性的一切事务，如购买食物、衣服等生活用品，正常的娱乐、保健、医疗费用，通常的子女教育费用等。国家统计局有关统计资料显示，我国城镇居民家庭消费种类主要分为八大类，分别是食品、衣着、家庭设备用品及维修服务、医疗保健、交通通信、文娱教育及服务、居住、其他商品和服务。对“家庭日常生活需要”的范围，可以参考上述八大类家庭消费的分类，根据夫妻共同生活的状态（如双方的职业、身份、资产、收入、兴趣、家庭人数等）和当地一般社会生活习惯予以认定。

需要强调的是，家庭日常生活需要的支出是指通常情况下必要的家庭日常消费，主要包括正常的衣食消费、日用品购买、子女抚养教育、老人赡养等各项费用，是维系一个家庭正常生活所必须的开支，立足点在于“必要”。

第五，夫妻日常家事代理权的行使限制。通常情况下，夫妻任何一方都可以在日常家事的范围内行使日常家事代理权。但在实际生活中，基于一方时间、精力、知识、能力等的考虑，有时候夫妻双方会协定对一方可以实施的民事法律行为有所限制。这种限制在夫妻双方之间是有效的，法律无须加以规制，但为了保护正常交易安全，保护第三人的合法权益，法律明确规定这种限制不能对抗善意相对人。所谓“善意”，是指相对人不知道或者不应当知道夫妻之间对一方可以实施的民事法律行为的限制。

第六，夫妻日常家事代理权的法律效力。夫妻任何一方行使夫妻日常家事代理权所实施的民事法律行为，对夫妻双方都发生效力，即该民事法律行为产生的法律效果归属于夫妻双方。夫妻任何一方基于夫妻日常家事代理权实施的民事法律行为所设立、变更、终止民事法律关系的一切结果都归属于夫妻双方，取得的权利由夫妻双方共同享有，产生的义务也由夫妻双方共同承担。但是，如果夫妻一方在行使夫妻日常家事代理权的同时，与相对人就该民事法律行为另有约定的，则法律效力依照该约定。

第一千零六十一条　【夫妻相互继承权】夫妻有相互继承遗产的权利。

条文注释

夫妻互相享有遗产继承权，是夫妻双方在婚姻家庭关系中地位平等的一个重要标志。理解夫妻相互遗产继承权，应注意把握以下问题：

第一，夫妻相互遗产继承权以合法的夫妻关系为前提。夫妻间的继承权是基于婚姻的法律效力产生的，只有具备合法婚姻关系的夫妻双方，才能以配偶身份继承对方的遗产。只有在婚姻关系存续期间，配偶一方死亡，另一方才享有继承权。在实践中还应当区分以下几种情况：(1)男女双方符合法定的结婚条件，并依法办理了结婚登记手续，但由于种种原因未同居生活。这种情况下，双方是合法婚姻关系，一方死亡时，生存的另一方仍可以以配偶身份继承对方的财产。(2)在现实生活中，男女双方依法办理了结婚登记手续，但尚未举办婚礼，这在法律上仍是合法的婚姻关系。如果这时候一方死亡，生存的另一方仍可以以配偶身份继承对方的财产。(3)双方的婚姻根据本编的规定属于无效婚姻的,如重婚,一方死亡时,生存的另一方不享有继承权,不具有配偶的资格,不能继承对方的财产。(4)双方婚姻根据本编的规定属于可撤销婚姻的,如果婚姻未被撤销之前,一方死亡的,生存的另一方可以继承对方的财产。(5)双方正处于分居状态或者离婚诉讼的过程中,一方死亡时,生存的另一方仍对对方的财产享有继承权。

第二,夫妻互为第一顺序的法定继承人。根据本法第1127条的规定,第一顺序的法定继承人包括配偶、子女、父母。除本法第1125条规定的丧失继承权的情形外,不得以任何理由剥夺、限制或者干涉生存一方继承死亡配偶的财产的权利。

第三,要正确确定继承遗产的范围,不得侵害生存配偶的合法财产权。夫或妻一方死亡时,继承开始,首先要确定哪些财产属于被继承人的遗产。被继承人的财产一般包括在夫妻共同财产中的份额以及其个人财产。本法第1153条第1款规定:"夫妻共同所有的财产,除有约定的外,遗产分割时,应当先将共同所有的财产的一半分出为配偶所有,其余的为被继承人的遗产。"也就是说,对于婚姻关系存续期间所得的夫妻共同财产,除夫妻双方另有约定外,在一方死亡时,应当先对夫妻共同财产进行认定和分割,并分出一半为生存一方所有,一半作为死者遗产进行继承。被继承人的个人财产和共同财产的一半为其所有遗产,如果死者生前没有立遗嘱,其生存的配偶与其他第一顺序的继承人,包括被继承人的子女、父母按照法定继承均分其遗产。

第四,注意保障夫妻中生存一方对分得遗产的所有权。夫妻一方死亡后,生存的一方依法继承死者遗产后,就取得了该财产的所有权,有权根据自己的意愿和利益在法律允许的范围内占有、使用和处理该财产,如果再婚,有权带走或处分其继承的财产。本法继承编第1157条也作了明确规定:"夫妻一方死亡后另一方再婚的,有权处分所继承的财产,任何组织或者个人不得干涉。"

关联法规

《民法典》第1127条

第一千零六十二条 【夫妻共同财产】夫妻在婚姻关系存续期间所得的下列财产,为夫妻的共同财产,归夫妻共同所有:

(一)工资、奖金、劳务报酬;

(二)生产、经营、投资的收益;

(三)知识产权的收益;

(四)继承或者受赠的财产,但是本法第一千零六十三条第三项规定的除外;

(五)其他应当归共同所有的财产。

夫妻对共同财产,有平等的处理权。

条文注释

夫妻财产制,是规定夫妻财产关系的法律制度,包括夫妻婚前财产和婚后所得财产的归属、管理、使用、收益和处分,以及家庭生活费用的负担,夫妻债务的清偿,婚姻终止时夫妻财产的清算和分割等内容,其核心是夫妻婚前财产和婚后所得财产的所有权归属问题。按照夫妻财产制的产生依据,可分为法定财产制和约定财产制:(1)法定财产制是指夫妻婚前或者婚后均未就夫妻财产关系作出约定,或者所作约定无效时,依照法律规定当然适用的夫妻财产制。(2)约定财产制是相对于法定财产制而言的,指法律允许的由夫妻双方以约定的形式,确定适用夫妻双方的财产制形式的法律制度。约定财产制是法律对婚姻关系双方当事人就双方之间的财产关系进行约定的意思自治的尊重,具有优先于法定财产制适用的效力,只有在没有约定或者约定无效时才适用法定财产制。

本条第1款规定,夫妻在婚姻关系存续期间所得的财产,如工资和奖金、从事生产、经营的收益等,为夫妻的共同财产,归夫妻共同所有。这一规定表明,我国的夫妻共同财产制采用的是婚后所得共同制,即在婚姻关系存续期间,除个人特有财产和夫妻另有约定的情况外,夫妻双方或者一方所得的财产,均归夫妻共同所有,夫妻双方享有平等的占有、使用、收益和处分权利的财产制度。这里的共同所有指的是共同共有,不是按份共有。

根据本条规定,我国的夫妻共同财产具有以下特征:(1)夫妻共同财产的主体,是具有婚姻关系的夫妻。未形成婚姻关系的男女两性,如未婚同居、婚外同居等,以及无效或者被撤销婚姻的男女双方,不能成为夫妻共同财产的主体。(2)夫妻共同财产,是在婚姻关系存续期间取得的财产。夫妻任何一方的婚前财产不属于夫妻共同财产。婚姻关系存续期间,自合法婚姻缔结之日起,至夫妻一方死亡或者离婚生效之日止。(3)夫妻共同财产的来源,为夫妻双方或者一方所得的财产,既包括夫妻通过劳动所得的财产,也包括其他非劳动所得的合法财产。当然,法律直接规定为个人特有财产的和夫妻约定为个人财产的除外。这里讲的"所得",是指对财产权利的取得,而不要求对财产实际占有。(4)夫妻对共同财产享有平等的所有权,双方享有同等的权利,承担同等的义务。夫妻对共同所有的财产,有平等的处理权。特别是夫妻一方对共同财产的处分,除另有约定外,应当取得对方的同意。

关于夫妻共同财产的范围,本条第1款作了列举式的规定:

第一,工资、奖金、劳务报酬。即劳动者的劳动收入,既包括工资、奖金,也包括各种津贴、补贴等劳务报酬。

第二,生产、经营、投资的收益。这包括夫妻一方或者双方从事生产、经营所得的各种收入和投资所得的收入,如农村中的农业生产和城市里的工业生产以及第三产业等各行各业的生产经营投资收益,有劳动收入,也有资本收益,如股票债券收入、股份、股权等资本利得,亦是夫妻共同财产的一种形式。

第三,知识产权的收益。知识产权是一种智力成果权,它既是一种财产权,也是一种人身权,具有很强的人身性,与人身不可分离,婚后一方取得的知识产权权利本身归一方专有,权利也仅归权利人行使,比如作者的配偶无权在其著作中署名,也不能决定作品是否发表。但是,由知识产权取得的经济利益,则属于夫妻共同财产,如因发表作品取得的稿费,因转让专利获得的转让费等,归夫妻共同所有。

第四,继承或者受赠的财产,但遗嘱或者赠与合同中确定只归一方的财产除外。夫妻任何一方继承或者受赠的财产属于夫妻共同财产,但如果遗嘱或者赠与合同中指明财产归夫妻一方所有的,是立遗嘱人和赠与人根据自己意愿处分财产的表现,基于意思自治,应当尊重其对财产的处分权,该财产归一方所有。

第五,其他应当归共同所有的财产。这项规定属于概括性规定。

本条第2款规定:“夫妻对共同财产,有平等的处理权。”这是关于夫妻如何对共同财产行使所有权的规定。如前所述,夫妻共同财产的性质是共同共有,不是按份共有,因此夫妻对全部共同财产,应当不分份额地享有同等的权利,履行同等的义务。夫妻双方对共同财产享有平等的占有、使用、收益和处分的权利。夫妻一方对共同财产的使用、处分,除另有约定的外,应当在取得对方的同意之后进行。尤其是重大财产问题,未经对方同意,任何一方不得擅自处分。夫妻一方在处分共同财产时,另一方明知其行为而不作否认表示的,视为同意,事后不得以自己未参加处分为由否认对方处分财产的法律效力。夫妻一方未经对方同意擅自处分共同财产的,对方有权请求宣告该处分行为无效,但不得对抗善意第三人,即如果第三人不知道也不应当知道夫妻一方的行为属于擅自处分行为的,该处分行为有效,以保护第三人的利益,维护交易安全。

关联法规

《最高人民法院关于适用〈中华人民共和国民法典〉婚姻家庭编的解释(一)》第24~28、71条

第一千零六十三条　【夫妻个人财产】下列财产为夫妻一方的个人财产:

(一)一方的婚前财产;

(二)一方因受到人身损害获得的赔偿或者补偿;

(三)遗嘱或者赠与合同中确定只归一方的财产;

(四)一方专用的生活用品;

(五)其他应当归一方的财产。

条文注释

所谓夫妻个人财产,又称夫妻特有财产、夫妻保留财产,是指夫

妻在实行共同财产制的同时,依照法律规定或者夫妻约定,夫妻各自保留的一定范围的个人所有财产。根据产生的原因不同,个人财产可分为法定的个人财产和约定的个人财产。法定的个人财产,是指依照法律规定所确认的夫妻双方各自保留的个人财产,本条即属于法定个人财产的规定。

个人财产是夫妻在婚姻关系存续期间分别保留的独立于夫妻共同财产之外的财产,夫妻双方对各自的个人财产,享有独立的管理、使用、收益和处分的权利,他人不得干涉。夫妻可以约定将各自的个人财产交由一方管理;夫妻一方也可以将自己的个人财产委托对方代为管理。对家庭生活费用的负担,在夫妻共同财产不足以负担时,夫妻应当以各自的个人财产分担。

关于我国夫妻个人财产的范围,本条作了列举式的规定:

第一,一方的婚前财产。婚前财产是指夫妻在结婚之前各自所有的财产,包括婚前个人劳动所得财产、继承或者受赠的财产以及其他合法财产。婚前财产归各自所有,不属于夫妻共同财产。

第二,一方因受到人身损害获得的赔偿或者补偿。这些财产是指与生命健康直接相关的财产,具有人身专属性,对于保护个人权利具有重要意义,因此应当专属于个人所有,而不能成为共同财产。这样有利于维护受害人的合法权益,保证受害人的身体康复和生活需要。

第三,遗嘱或者赠与合同中确定只归一方的财产。根据本法第1062条第1款第4项的规定,因继承或者受赠的财产,属于夫妻共同财产。但为了尊重遗嘱人或者赠与人的个人意愿,保护个人对其财产的自由处分权,如果遗嘱人或者赠与人在遗嘱或者赠与合同中明确指出,该财产只遗赠或者赠给夫妻中的一方,那么,该财产就属于夫妻个人财产,归一方个人所有,另一方无权享有。

第四,一方专用的生活用品。一方专用的生活用品具有专属于个人使用的特点,如个人的衣服、鞋帽等,应当属于夫妻个人财产。我国司法实践中,在处理离婚财产分割时,一般也将个人专用的生活物品,作为个人财产处理。

第五，其他应当归一方的财产。这项规定属于概括性规定。夫妻个人财产除前四项的规定外，还包括其他一些财产和财产权利。

关联法规

《最高人民法院关于适用〈中华人民共和国民法典〉婚姻家庭编的解释（一）》第29~31条

第一千零六十四条　【夫妻共同债务】夫妻双方共同签名或者夫妻一方事后追认等共同意思表示所负的债务，以及夫妻一方在婚姻关系存续期间以个人名义为家庭日常生活需要所负的债务，属于夫妻共同债务。

夫妻一方在婚姻关系存续期间以个人名义超出家庭日常生活需要所负的债务，不属于夫妻共同债务；但是，债权人能够证明该债务用于夫妻共同生活、共同生产经营或者基于夫妻双方共同意思表示的除外。

条文注释

本条分两款，规定了三类比较重要的夫妻共同债务：

1. 基于共同意思表示所负的夫妻共同债务

本条第1款明确规定，“夫妻双方共同签名或者夫妻一方事后追认等共同意思表示所负的债务”，属于夫妻共同债务。这就是俗称的“共债共签”“共签共债”。多个民事主体基于共同签字等共同意思表示所形成的债务属于共同债务，这不存在任何争议，本条规定对这一内容加以强调意在引导债权人在形成债务尤其是大额债务时，为避免事后引发不必要的纷争，加强事前风险防范，尽可能要求夫妻共同签名。这种制度安排，一方面，有利于保障夫妻双方的知情权和同意权，可以从源头上尽可能杜绝夫妻一方“被负债”的现象发生；另一方面，也可以有效避免债权人因事后无法举证证明债务属于夫妻共同债务而遭受不必要的损失，对于保障交易安全和夫妻一方合法权益，具有积极意义。

2. 为家庭日常生活需要所负的夫妻共同债务

本条第1款规定，“夫妻一方在婚姻关系存续期间以个人名义为家庭日常生活需要所负的债务”，属于夫妻共同债务。也就是基于夫妻日常家事代理权所产生的债务属于夫妻共同债务。本款规定实际上已经包括在本法第1060条规定的内容之中。

夫妻日常家事代理权,是指夫妻一方因家庭日常生活需要而与第三方为一定民事法律行为时互为代理的权利。夫妻一方在日常家庭事务范围内,与第三方所实施的一定民事法律行为,视为依夫妻双方的意思表示所为的民事法律行为,另一方也应承担因此而产生的法律后果。本法第1060条明确规定:“夫妻一方因家庭日常生活需要而实施的民事法律行为,对夫妻双方发生效力,但是夫妻一方与相对人另有约定的除外。夫妻之间对一方可以实施的民事法律行为范围的限制,不得对抗善意相对人。”根据这一规定,夫妻任何一方行使夫妻日常家事代理权所实施的民事法律行为,对夫妻双方都发生效力,即该民事法律行为产生的法律效果归属于夫妻双方。夫妻任何一方基于夫妻日常家事代理权实施的民事法律行为所设立、变更、终止民事法律关系的一切结果都归属于夫妻双方,取得的权利由夫妻双方共同享有,产生的义务包括债务也由夫妻双方共同承担。当然,如果夫妻一方在行使夫妻日常家事代理权的同时,与相对人就该民事法律行为另有约定的,则法律效力依照该约定。

3. 债权人能够证明的夫妻共同债务

本条第2款规定,夫妻一方在婚姻关系存续期间以个人名义超出家庭日常生活需要所负的债务,不属于夫妻共同债务;但是,债权人能够证明该债务用于夫妻共同生活、共同生产经营或者基于夫妻双方共同意思表示的除外。

夫妻共同生活包括但不限于家庭日常生活,本条第2款所指的需要债权人举证证明的夫妻共同生活的范围,指的就是超出家庭日常生活需要的部分。

夫妻共同生产经营的情形,主要是指由夫妻双方共同决定生产经营事项,或者虽由一方决定但另一方进行了授权的情形。判断生产经营活动是否属于夫妻共同生产经营,要根据经营活动的性质以及夫妻双方在其中的地位作用等综合认定。夫妻从事商业活动,视情适用《公司法》《合伙企业法》等法律及司法解释的规定。夫妻共同生产经营所负的债务一般包括双方共同从事工商业、共同投资以及购买生产资料等所负的债务。

夫妻一方在婚姻关系存续期间以个人名义超出家庭日常生活需要所负的债务，如果债权人能够证明该债务用于夫妻共同生活、共同生产经营或者基于夫妻双方共同意思表示的，就属于夫妻共同债务，否则不属于夫妻共同债务，应当属于举债一方的个人债务。

需要注意的是，本条只规定了三类比较重要的夫妻共同债务，但在实践中还存在依据法律规定产生的其他种类的夫妻共同债务。比如，本法第1168条规定："二人以上共同实施侵权行为，造成他人损害的，应当承担连带责任。"因此，夫妻因共同侵权所负的债务也属于夫妻共同债务。本法第1188条规定："无民事行为能力人、限制民事行为能力人造成他人损害的，由监护人承担侵权责任。"因此，夫妻因被监护人侵权所负的债务，也属于夫妻共同债务。

关联法规

《最高人民法院关于适用〈中华人民共和国民法典〉婚姻家庭编的解释（一）》第33、34、36条；《最高人民法院关于依法妥善审理涉及夫妻债务案件有关问题的通知》

第一千零六十五条 【夫妻约定财产制】男女双方可以约定婚姻关系存续期间所得的财产以及婚前财产归各自所有、共同所有或者部分各自所有、部分共同所有。约定应当采用书面形式。没有约定或者约定不明确的，适用本法第一千零六十二条、第一千零六十三条的规定。

夫妻对婚姻关系存续期间所得的财产以及婚前财产的约定，对双方具有法律约束力。

夫妻对婚姻关系存续期间所得的财产约定归各自所有，夫或者妻一方对外所负的债务，相对人知道该约定的，以夫或者妻一方的个人财产清偿。

条文注释

所谓约定财产制，是指法律允许夫妻用协议的方式，对夫妻在婚前和婚姻关系存续期间所得财产的所有权的归属、管理、使用、收益、处分以及对第三人债务的清偿、婚姻解除时财产的分割等事项作出约定,从而排除或者部分排除夫妻法定财产制适用的制度。约定财产制是相对于法定财产制而言的,它是夫妻以契约的方式依法选择适用的财产制,而法定财产制是依照法律直接规定而适用的财产制。约定财产制是法律对婚姻关系双方当事人就双方之间的财产关系进行约定的意思自治的尊重,约定财产制具有优先于法定财产制适用的效力,只有在当事人未就夫妻财产作出约定,或者所作约定不明确,或者所作约定无效时,才适用夫妻法定财产制。

根据本条规定,我国夫妻约定财产制的内容主要包括以下几个方面:

1. 约定的条件

夫妻对财产关系进行约定是一种双方民事法律行为,它不仅要符合民事法律行为的一般要件,还要符合本法婚姻家庭编的有关规定,因为该约定是基于配偶这一特殊身份发生的。夫妻对财产关系的约定需要符合下列要件:(1)缔约双方必须具有合法的夫妻身份,未婚同居、婚外同居者对他们之间财产关系的约定,不属于夫妻财产约定。(2)缔约双方必须具有完全民事行为能力。(3)约定必须双方自愿。夫妻对财产的约定必须出于真实的意思表示,以欺诈、胁迫等手段使对方在违背真实意思的情况下作出的约定,对方有权请求撤销。(4)约定的内容必须合法,不得违反法律、行政法规等的强制性规定,不得违背公序良俗,不得利用约定恶意串通、损害他人合法权益,约定的内容不得超出夫妻财产的范围,如不得将其他家庭成员的财产列入约定财产的范围,不得利用约定逃避对第三人的债务以及其他法定义务。

2. 约定的方式

关于约定的方式,本条第1款明确规定"约定应当采用书面形式"。当然如果夫妻以口头形式作出约定,事后对约定没有争议的,该约定也有效。夫妻以书面形式对其财产作出约定后,可以进行公证。

3. 约定的时间

约定可以在婚前进行也可以在婚后进行。约定生效后,因夫妻一方或者双方的情况发生变化,只要双方合意,也可以随时变更或者撤销原约定。

4. 约定的内容

关于约定的内容,本条第1款规定“男女双方可以约定婚姻关系存续期间所得的财产以及婚前财产归各自所有、共同所有或者部分各自所有、部分共同所有”。根据这一规定,夫妻既可以对婚姻关系存续期间所得的财产进行约定,也可以对婚前财产进行约定;既可以对全部夫妻财产进行约定,也可以对部分夫妻财产进行约定;既可以概括地约定采用某种夫妻财产制,也可以具体地对某一项夫妻财产进行约定;既可以约定财产所有权的归属或者使用权、管理权、收益权、处分权的行使,也可以约定家庭生活费用的负担、债务清偿责任、婚姻关系终止时财产的分割等事项。

5. 约定的类型

关于当事人可以约定采用哪种夫妻财产制,本条未作规定,即没有对当事人可以选择的财产制进行限制。一般来说,当事人可以约定采用的夫妻财产制的类型主要有以下几种:(1)一般共同制:夫妻的婚前财产和婚姻关系存续期间所得的财产均归夫妻共同所有;(2)劳动所得共同制:夫妻婚后的劳动所得归夫妻共有,非劳动所得的财产,如继承、受赠的财产,人身损害赔偿金等,归各自所有;(3)管理共同制:夫妻的婚前财产和婚姻关系存续期间所得的财产归各自所有,同时根据双方的约定,除特有财产外,双方的财产由夫或妻统一管理;(4)分别财产制:夫妻的婚前财产和婚姻关系存续期间所得的财产均归各自所有,各自独立管理,委托对方管理的,适用有关委托代理的规定。如果当事人不愿意概括地约定采用某种夫妻财产制,也可以对部分夫妻财产,甚至某一项财产进行约定,如当事人可以约定一方从事生产经营的收益归其本人所有,也可以约定一方因身体受到伤害获得的赔偿金归夫妻共同所有。

6. 约定的效力

约定的效力,分为优先效力、对内效力和对外效力。

(1)关于优先效力。约定财产制的优先效力是指约定财产制的效力优先于法定财产制。本条第1款规定:“没有约定或者约定不明确的,适用本法第一千零六十二条、第一千零六十三条的规定。”根据这一规定,约定财产制具有优先于法定财产制适用的效力,只有在当事人未就夫妻财产作出约定,或者所作约定不明确,或者所作约定无效时,才适用夫妻法定财产制。

(2)关于对内效力。约定财产制的对内效力是指夫妻财产约定对婚姻关系当事人的效力。本条第2款规定:“夫妻对婚姻关系存续期间所得的财产以及婚前财产的约定,对双方具有法律约束力。”夫妻对财产关系的约定,对双方具有法律约束力,双方按照约定享有财产所有权以及管理权等其他权利,并承担相应的义务。

(3)关于对外效力。约定财产制的对外效力是指夫妻财产约定对婚姻关系当事人以外的第三人即相对人的效力。本条第3款规定:“夫妻对婚姻关系存续期间所得的财产约定归各自所有,夫或者妻一方对外所负的债务,相对人知道该约定的,以夫或者妻一方的个人财产清偿。”这一规定以“相对人知道该约定”为条件,即在相对人与夫妻一方发生债权债务关系时,如果相对人知道其夫妻财产已经约定归各自所有的,就以其一方的财产清偿;相对人不知道该约定的,该约定对相对人不产生效力,夫妻一方对相对人所负的债务,按照在夫妻共同财产制下的清偿原则进行偿还。关于相对人如何知道该约定,既可以是夫妻一方或双方告知,也可以为是相对人曾经为夫妻财产约定时的见证人或者知情人。如何判断相对人是否知道该约定,夫妻一方或者双方负有举证责任,夫妻应当证明在发生债权债务关系时,相对人确已知道该约定。本款中的“夫或者妻一方对外所负的债务”,是指夫妻一方以自己的名义与相对人之间产生的债务,无论是为子女教育所负的债务,或者个人从事经营活动所负的债务等,都适用本款的规定。

关联法规

《最高人民法院关于适用〈中华人民共和国民法典〉婚姻家庭编的解释(一)》第37条

第一千零六十六条　【婚姻关系存续期间夫妻共同财产的分割】 婚姻关系存续期间,有下列情形之一的,夫妻一方可以向人民法院请求分割共同财产:

(一)一方有隐藏、转移、变卖、毁损、挥霍夫妻共同财产或者伪造夫妻共同债务等严重损害夫妻共同财产利益的行为;

(二)一方负有法定扶养义务的人患重大疾病需要医治,另一方不同意支付相关医疗费用。

条文注释

《民法典》婚姻家庭编实行的是以法定财产制为主,约定财产制为辅的夫妻财产制度。约定财产制具有优先于法定财产制适用的效力。夫妻双方根据实际情况,可以在婚前或者婚姻存续期间任一时间约定婚姻关系存续期间所得的财产以及婚前财产归各自所有、共同所有或者部分各自所有、部分共同所有。只要双方合意,也可以随时变更或者撤销原约定。如果夫妻双方未就夫妻财产作出约定,或者所作约定不明确,或者所作约定无效时,就适用夫妻法定财产制。在夫妻法定财产制下,夫妻双方对于夫妻共同财产享有共同所有权,即对夫妻共同财产不分份额地共同享有权利并承担义务。

根据本条规定,婚姻关系存续期间,夫妻双方一般不得请求分割共同财产,只有在法定情形下,夫妻一方才可以向人民法院请求分割共同财产,法定情形有如下两项:

第一,一方有隐藏、转移、变卖、毁损、挥霍夫妻共同财产或者伪造夫妻共同债务等严重损害夫妻共同财产利益的行为。

夫妻共同财产主要指夫妻双方在婚姻关系存续期间所得的财产。本法第1062条第2款就明确规定,夫妻对共同财产,有平等的处理权。夫妻在处分共同财产时,应当平等协商,取得一致意见,任何一方不得违背对方的意志,擅自处理。特别是对共有财产作较大的变动时，如出卖、赠与等，更应征得对方的同意，否则就侵犯了另一方对共有财产的所有权。实践中，比较典型的就是夫妻一方隐藏、转移、变卖、毁损、挥霍夫妻共同财产或者伪造夫妻共同债务等行为，这些都属于严重损害了夫妻共同财产利益的行为。隐藏是指将财产藏匿起来，不让他人发现，使另一方无法获知财产的所在从而无法控制。转移是指私自将财产移往他处，或者将资金取出移往其他账户，脱离另一方的掌握。变卖是指将财产折价卖给他人。毁损是指采用打碎、拆卸、涂抹等破坏性手段使物品失去原貌，失去或者部分失去原来具有的使用价值和现金价值。挥霍是指超出合理的使用范围，任意处置、浪费夫妻共同财产。伪造夫妻共同债务是指制造内容虚假的债务凭证，包括合同、欠条等，意图侵占另一方财产。上述违法行为，在主观上只能是故意，不包括过失行为，如因不慎将某些共同财产毁坏，只要没有主观故意，不属于本条规定之列。

第二，一方负有法定扶养义务的人患重大疾病需要医治，另一方不同意支付相关医疗费用。

这里所指的扶养是广义上的扶养，即一定范围的亲属之间互相供养和扶助的法律关系。广义的扶养包括抚养、赡养和狭义的扶养。抚养是就长辈对晚辈而言，主要指父母对未成年子女，祖父母对孙子女，外祖父母对外孙子女的供养；赡养是就晚辈对长辈而言，主要指子女对父母，孙子女对祖父母、外孙子女对外祖父母的供养；扶养是就平辈而言，主要夫妻之间和兄弟姐妹之间的供养。

扶养还可以分为法定扶养、协议扶养和遗嘱扶养。法定扶养是指基于法律强制性规定的扶养；协议扶养是指基于合同而产生的扶养；遗嘱扶养是指基于遗嘱产生的扶养。本条规定明确仅指法定扶养。本法对法定扶养义务作了明确规定。第1059条规定："夫妻有相互扶养的义务。需要扶养的一方，在另一方不履行扶养义务时，有要求其给付扶养费的权利。"第1067条规定："父母不履行抚养义务的，未成年子女或者不能独立生活的成年子女，有要求父母给付抚养费的权利。成年子女不履行赡养义务的，缺乏劳动能力或者生活困难的父母，有要求成年子女给付赡养费的权利。"第1071条第2款规定：

“不直接抚养非婚生子女的生父或者生母，应当负担未成年子女或者不能独立生活的成年子女的抚养费。”第1072条第2款规定：“继父或者继母和受其抚养教育的继子女间的权利义务关系，适用本法关于父母子女关系的规定。”第1074条规定：“有负担能力的祖父母、外祖父母，对于父母已经死亡或者父母无力抚养的未成年孙子女、外孙子女，有抚养的义务。有负担能力的孙子女、外孙子女，对于子女已经死亡或者子女无力赡养的祖父母、外祖父母，有赡养的义务。”第1075条规定：“有负担能力的兄、姐，对于父母已经死亡或者父母无力抚养的未成年弟、妹，有扶养的义务。由兄、姐扶养长大的有负担能力的弟、妹，对于缺乏劳动能力又缺乏生活来源的兄、姐，有扶养的义务。”根据这些法律规定即可确定夫妻一方是否是负有法定扶养义务的人。

关于“重大疾病”，本条没有作出明确界定，疾病是否认定为重大，在司法实践中应当参照医学上的认定，借鉴保险行业中对重大疾病的划定范围，一般认为，某些需要长期治疗、花费较高的疾病，或者直接涉及生命安全的疾病属于重大疾病。“相关医疗费用”主要指为治疗疾病需要的必要、合理费用，不应包括营养、陪护等费用。

关联法规

《最高人民法院关于适用〈中华人民共和国民法典〉婚姻家庭编的解释（一）》第38条；《最高人民法院关于适用〈中华人民共和国民法典〉婚姻家庭编的解释（二）》第6、7条

第二节　父母子女关系和其他近亲属关系

第一千零六十七条　【父母的抚养义务和子女的赡养义务】父母不履行抚养义务的，未成年子女或者不能独立生活的成年子女，有要求父母给付抚养费的权利。

成年子女不履行赡养义务的，缺乏劳动能力或者生活困难的父母，有要求成年子女给付赡养费的权利。

条文注释

本法第26条规定:“父母对未成年子女负有抚养、教育和保护的义务。成年子女对父母负有赡养、扶助和保护的义务。”这一条是关于父母子女之间法律义务的规定,是对父母子女之间法律义务的一般性规定。本编以及《未成年人保护法》《老年人权益保障法》等对此作出了更为具体的规定。本条规定就是对本法第26条中有关父母与子女之间抚养和赡养义务的细化规定。

1. 父母对子女的抚养义务

抚养子女既是父母应尽的义务,也是子女应享有的权利。抚养是指父母抚育子女的成长,并为他们的生活、学习提供一定的物质条件。父母对未成年子女的抚养是无条件的,在任何情况下都不能免除。即使父母已经离婚,对未成年的子女仍应依法履行抚养的义务。对成年子女的抚养是有条件的,在成年子女没有劳动能力或者出于某种原因不能独立生活时,父母也要根据需要和可能,负担其生活费用或者给予一定的帮助。对有独立生活能力的成年子女,父母自愿给予经济帮助,法律并不干预。

本条第1款明确规定:“父母不履行抚养义务的,未成年子女或者不能独立生活的成年子女,有要求父母给付抚养费的权利。”因父母不履行抚养义务而引起的纠纷,可由有关部门调解或者向人民法院提出追索抚养费的诉讼。人民法院应根据子女的需要和父母的抚养能力,通过调解或者判决,确定抚养费的数额、给付的期限和方法。对拒不履行抚养义务,恶意遗弃未成年子女已构成犯罪的,还应当根据我国《刑法》的有关规定追究刑事责任。

2. 子女对父母的赡养义务

父母对子女有抚养的义务,同时子女对父母也有赡养的义务。赡养是指子女在物质上和经济上为父母提供必要的生活条件。《老年人权益保障法》第13条进一步规定,老年人养老以居家为基础,家庭成员应当尊重、关心和照料老年人。子女作为赡养人,应当履行对老年人经济上供养、生活上照料和精神上慰藉的义务,照顾老年人的特殊需要。儿子和女儿都有义务赡养父母,已婚妇女也有赡养其父母的义务和权利。

赡养人的义务具体还应表现为以下几个方面：一是赡养人应当使患病的老年人及时得到治疗和护理；对经济困难的老年人，应当提供医疗费用。对生活不能自理的老年人，赡养人应当承担照料责任；不能亲自照料的，可以按照老年人的意愿委托他人或者养老机构等照料。二是赡养人应当妥善安排老年人的住房，不得强迫老年人居住或者迁居条件低劣的房屋。老年人自有的或者承租的住房，子女或者其他亲属不得侵占，不得擅自改变产权关系或者租赁关系。老年人自有的住房，赡养人有维修的义务。三是应当关心老年人的精神需求，不得忽视、冷落老年人。与老年人分开居住的，应当经常看望或者问候老年人。四是赡养人不得以放弃继承权或者其他理由，拒绝履行赡养义务。赡养人不履行赡养义务，老年人有要求赡养人付给赡养费等权利。赡养人不得要求老年人承担力不能及的劳动。

如果子女不履行赡养义务，需要赡养的父母可以通过有关部门进行调解或者向人民法院提起诉讼。人民法院在处理赡养纠纷时，应当坚持保护老年人的合法权益的原则，通过调解或者判决使子女依法履行赡养义务。本条第 2 款就专门对赡养费作出规定："成年子女不履行赡养义务的，缺乏劳动能力或者生活困难的父母，有要求成年子女给付赡养费的权利。"对应负赡养义务而拒绝赡养的，情节恶劣构成遗弃罪的，还应当承担刑事责任。

适用本条时，应当注意本条适用于婚生父母子女之间、非婚生父母子女之间、构成抚养教育关系的继父母子女之间、养父母子女之间的关系。

关联法规

《宪法》第 49 条；《最高人民法院关于适用〈中华人民共和国民法典〉婚姻家庭编的解释(一)》第 41～43 条；《刑法》第 260 条之一、261 条

第一千零六十八条　【父母教育、保护未成年子女的权利义务】父母有教育、保护未成年子女的权利和义务。未成年子女造成他人损害的,父母应当依法承担民事责任。

条文注释

所谓"教育",是指父母要按照法律和道德要求,采取正确的方法,对其未成年子女进行教导,并对其行为进行必要的约束,其目的是保障未成年子女的身心健康。

所谓"保护",是指父母应当保护其未成年子女的人身安全和合法权益,预防和排除来自外界的危害,使其未成年子女的身心处于安全状态。本法第34条第1款规定:"监护人的职责是代理被监护人实施民事法律行为,保护被监护人的人身权利、财产权利以及其他合法权益等。"根据该规定,父母对其未成年子女的保护主要包括人身保护和财产保护。对未成年子女的人身保护主要包括:照顾未成年子女的生活,保护其身体健康;保护未成年子女的人身不受侵害;为未成年子女提供住所等。对未成年子女的财产保护主要指为未成年子女的利益管理和保护其财产权益,除为未成年子女的利益外,不得处理属于该未成年子女的财产。如果父母未履行监护职责或者侵害未成年子女合法权益,造成未成年子女损失的,应当赔偿损失。父母对未成年子女的保护还体现在,父母代理其未成年子女实施民事法律行为。当未成年子女的权益受到侵害时,其父母有权以法定代理人的身份提起诉讼,维护未成年子女的合法权益。

需要注意的是,父母作为未成年子女的法定代理人和监护人,其对未成年子女的教育和保护既是权利又是义务,本法第34条第2款就明确规定:"监护人依法履行监护职责产生的权利,受法律保护。"

本条还明确规定:"未成年子女造成他人损害的,父母应当依法承担民事责任。"至于承担民事责任的条件、方法等,应当适用相关法律规定。本法第1188条对此作了明确规定:"无民事行为能力人、限制民事行为能力人造成他人损害的,由监护人承担侵权责任。监护人尽到监护职责的,可以减轻其侵权责任。有财产的无民事行为能力人、限制民事行为能力人造成他人损害的，从本人财产中支付赔偿费用；不足部分，由监护人赔偿。”第1189条规定：“无民事行为能力人、限制民事行为能力人造成他人损害，监护人将监护职责委托给他人的，监护人应当承担侵权责任；受托人有过错的，承担相应的责任。”

关联法规

《民法典》第34、1188、1189条；《预防未成年人犯罪法》第16、21条

第一千零六十九条　【子女应尊重父母的婚姻权利】子女应当尊重父母的婚姻权利，不得干涉父母离婚、再婚以及婚后的生活。子女对父母的赡养义务，不因父母的婚姻关系变化而终止。

条文注释

本条规定主要强调了两个方面的内容：

一是老年人的婚姻自由受法律保护，子女应当尊重父母的婚姻权利，包括离婚和再婚的自主权利。

二是子女对父母的赡养义务，不因父母的婚姻关系变化而终止。本法第26条规定，成年子女对父母负有赡养、扶助和保护的义务。本法第1067条规定，成年子女不履行赡养义务的，缺乏劳动能力或者生活困难的父母，有要求成年子女给付赡养费的权利。子女对父母的赡养义务，包括对老年人经济上的供养、生活上的照料和精神上的慰藉义务，并应当照顾老年人的特殊需要。如提供生活费或实物、体力上给予帮助和精神上予以尊敬、关怀等，对患病的老年人还应当提供医疗费用和进行护理。子女对父母的赡养义务是无期限的，只要父母需要赡养，子女就应当履行这一义务。父母婚姻关系的变化不导致子女赡养义务的解除。在有赡养能力的子女不履行赡养义务时，没有劳动能力或生活困难的父母，有要求子女给付赡养费的权利。父母可以直接向子女索要赡养费，也可以请求有关组织，如子女所在单位、居民委员会、村民委员会调解，还可以直接向人民法院起诉要求给付赡养费。

《老年人权益保障法》第76条明确规定:“干涉老年人婚姻自由,对老年人负有赡养义务、扶养义务而拒绝赡养、扶养,虐待老年人或者对老年人实施家庭暴力的,由有关单位给予批评教育;构成违反治安管理行为的,依法给予治安管理处罚;构成犯罪的,依法追究刑事责任。”暴力干涉婚姻自由有极大的危害性,因此我国《刑法》第257条规定:“以暴力干涉他人婚姻自由的,处二年以下有期徒刑或者拘役。犯前款罪,致使被害人死亡的,处二年以上七年以下有期徒刑。”同时《刑法》第261条还规定:“对于年老、年幼、患病或者其他没有独立生活能力的人,负有扶养义务而拒绝扶养,情节恶劣的,处五年以下有期徒刑、拘役或者管制。”《民法典》《老年人权益保障法》和《刑法》的规定为老年人的婚姻自由和婚后生活提供了法律保障。

关联法规

《民法典》第26、1067条;《老年人权益保障法》第21、76条;《刑法》第257、261条

第一千零七十条 【父母子女相互继承权】父母和子女有相互继承遗产的权利。

条文注释

本法第1127条作了明确规定:“遗产按照下列顺序继承:(一)第一顺序:配偶、子女、父母;(二)第二顺序:兄弟姐妹、祖父母、外祖父母。继承开始后,由第一顺序继承人继承,第二顺序继承人不继承;没有第一顺序继承人继承的,由第二顺序继承人继承。本编所称子女,包括婚生子女、非婚生子女、养子女和有扶养关系的继子女。本编所称父母,包括生父母、养父母和有扶养关系的继父母。本编所称兄弟姐妹,包括同父母的兄弟姐妹、同父异母或者同母异父的兄弟姐妹、养兄弟姐妹、有扶养关系的继兄弟姐妹。”根据这一规定,子女、父母都是第一顺序的继承人。

1. 父母

这里享有继承权的父母,包括生父母、养父母和有抚养关系的继父母。被继承人的父和母,继承其死亡子女的财产的权利是平等

的。具体情况如下:(1)生父母。亲生父母与子女之间的关系,是自然血亲关系。亲生父母有对其子女的继承权。父母之间的婚姻关系的变化,不影响亲生父母与子女之间的关系,父母即使离婚,也可以继承其亲生子女的财产。如父母有抚养能力和抚养条件,但未尽抚养子女的义务,在分配子女的遗产时,应当不分或者少分。(2)养父母。养父母是指收养他人子女为自己子女的人。养父母与养子女虽不是己身所出的血亲,但基于收养关系的确立并对子女尽了抚养义务,是拟制血亲,与亲生父母处于同等的继承地位。养父母对于养子女而言,只要他们之间的收养关系没有中断,权利义务依然存在。养父母离婚的,双方仍然对养子女进行抚养的,仍可以继承其养子女的财产。如果养父母离婚,养子女归一方抚养,未尽抚养义务的另一方不能继承养子女的财产。(3)继父母。继父母如果尽了抚养义务,就与继子女之间产生了一种特殊的拟制血亲。尽了抚养义务的继父母在继承上与亲生父母处于相同的法律地位。如果继父与生母离婚,继子女随生母生活,继父与继子女之间的抚养关系中断,继父与继子女之间的血亲关系消灭,继父不享有继子女的财产继承权。反之继母与生父离婚,继子女随生父生活,继母与继子女之间的抚养关系中断,继母与继子女之间的血亲关系消灭,继母不享有继子女的财产继承权。

2. 子女

享有继承权的子女,包括亲生子女、养子女和有抚养关系的继子女。具体情况如下:(1)亲生子女。亲生子女包括婚生子女和非婚生子女。无论是婚生子女,还是非婚生子女,都有同等的继承权。成年子女有赡养能力和赡养条件,但未尽赡养义务的,在分配父母遗产时,应当不分或者少分。(2)养子女。养子女是指被收养的子女。收养他人子女为自己子女的人为养父母。收养关系一经确立,养子女便取得与亲生子女同等的法律地位,同时养子女与生父母之间的权利义务关系消除。这样养子女可以继承养父母的财产,但不能继承其生父母的财产。如果抚养关系解除,养父母与养子女之间的抚养关系中断,原养子女就享有对生父母财产的继承权。(3)继子女。继子女是夫妻一方对于另一方与其前夫或前妻所生子女而言。继子女与继父或者继母之间形成了抚养和赡养关系，继子女对继父或者继母的财产有继承权。如果继父与生母或继母与生父离婚，继父母不再抚养继子女，原继子女也不再赡养原继父母，原继子女不享有对原继父母财产的继承权。还有一点要注意，因为亲生父母子女之间的天然血亲关系不因父母离婚而消灭，因此，有抚养和赡养关系的继子女在继承继父母遗产的同时，仍然有权继承自己生父母的遗产。但是，如果有赡养能力和赡养条件的继子女对其生父或者生母未尽赡养义务，在遗产分割上，就应当少分或不分。

作为继承人的子女，不论性别，不论已婚还是未婚，都平等地享有继承权。法律保护已婚女性合法的继承权利。如果女儿出嫁后，赡养其父母的义务主要由她的兄弟们承担。在这种情况下，已婚女儿往往就不提继承父母财产的要求了，这可以看作其放弃继承权。这种情况，既符合继承法中权利义务相一致的原则，也符合一般情况和不少地区的风俗习惯。

关联法规

《民法典》第1127条

第一千零七十一条　【非婚生子女的权利】非婚生子女享有与婚生子女同等的权利，任何组织或者个人不得加以危害和歧视。

不直接抚养非婚生子女的生父或者生母，应当负担未成年子女或者不能独立生活的成年子女的抚养费。

条文注释

非婚生子女是指没有婚姻关系的男女所生的子女，包括未婚男女双方所生的子女或者已婚男女与婚外第三人发生两性关系所生的子女。根据本法规定，对非婚生子女的保护主要有以下几个方面：(1)对非婚生子女不得歧视和危害。对于非婚生子女的歧视和危害主要有两方面：一方面是来自家庭内部的歧视和迫害；另一方面是来自社会各方面的歧视和迫害。(2)非婚生子女的生父、生母都应当负担子女的抚养费。2001年修改《婚姻法》时对此问题作出了修改，明确只要不与非婚生子女生活在一起，未直接抚养非婚生子女的，不论是生父还是生母，都应当负担子女的生活费和教育费，直到该子女独立生活时为止。本条对这一规定作了进一步的完善，明确不直接抚养非婚生子女的生父或者生母，应当负担未成年子女或者不能独立生活的成年子女的抚养费。如果不与非婚生子女生活在一起的一方拒绝履行该抚养义务的，那么，该非婚生子女有权向人民法院起诉要求其承担相应的义务。(3)非婚生子女与生父母间有相互继承遗产的权利。

根据本法第1127条的规定，非婚生子女与婚生子女在继承时与婚生子女享有完全相同的权利和义务，非婚生子女不因其出生问题受到不公平的待遇。同样，在非婚生子女的父母继承非婚生子女的财产时，他们之间的权利和义务也完全等同于父母子女之间的权利和义务。

关联法规

《最高人民法院关于非婚生子抚养问题的复函》;《最高人民法院关于适用〈中华人民共和国民法典〉婚姻家庭编的解释(一)》第40条

第一千零七十二条 【继父母与继子女间的权利义务关系】继父母与继子女间，不得虐待或者歧视。

继父或者继母和受其抚养教育的继子女间的权利义务关系，适用本法关于父母子女关系的规定。

条文注释

继父母是指子女母亲或者父亲再婚的配偶；继子女是指夫或者妻一方与前配偶所生的子女。继父母和继子女的关系是因子女的生父或者生母再婚而形成的，即生父母一方死亡，另一方再婚，或者生父母离婚，生父或者生母再婚。

本条第1款明确规定："继父母与继子女间，不得虐待或者歧视。"继父母和继子女之间不能相互虐待和歧视的条款，不仅适用于因生父母与继父母结婚而形成的单纯的姻亲关系，而且包括已形成抚养关系的继父母与继子女。

我国法律中的父母子女关系可分为婚生父母子女关系、非婚生父母子女关系、养父母子女关系和继子女父母关系四种。前三种父母子女关系都适用《民法典》关于父母子女关系权利义务的有关规定，只有继父母子女关系不能一概适用，而是有条件地适用父母子女关系权利义务的规定。在现实中，继父母与继子女的关系因具体情况的不同而具有不同的权利义务关系，主要可以分为三种类型：

(1)名义型。即生父或者生母与继母或者继父再婚时，继子女已经独立生活，或者继子女虽未成年但是由其生父母抚养，继父母没有尽抚养的义务，继子女也没有对继父母尽到赡养的义务。这种情况下，继父母与继子女之间是纯粹的直系姻亲关系，没有父母子女间的权利义务关系。

(2)收养型。即继父或者继母经继子女的生父母同意，正式办理了收养手续，将继子女收养为养子女。随着收养关系的确立，继父母与继子女之间的关系为养父母子女关系，该子女与和其共同生活的生父或者生母之间的关系仍为直系血亲，而与不在一起共同生活的生父或者生母一方的父母子女关系随之消灭。

(3)共同生活型。即生父(母)与继母(父)再婚时，继子女尚未成年，他们随生父母一方与继父或者继母共同生活时，继父或者继母对其承担了部分或者全部抚养教育义务；或者成年继子女事实上对继父母长期承担了赡养义务，形成了赡养关系。这些继子女和生父母、继父母之间实际上形成了双重权利义务关系，即继子女和生父母、继父母之间的权利义务都适用父母子女关系的规定。本条第2款即对此作了规定："继父或者继母和受其抚养教育的继子女间的权利义务关系，适用本法关于父母子女关系的规定。"

根据本条第2款的规定，继父母与接受其抚养教育的继子女之间，属于法律上的拟制血亲关系，产生父母子女间的权利义务关系，而未形成抚养关系的继父母和继子女之间则不发生父母子女的权利义务关系。但这种拟制血亲关系又和继父母收养继子女有所不同，它不以解除继子女与其生父母间的权利和义务关系为前提。继父或者继母和受其抚养教育的继子女间的权利义务关系，适用本法关于父母子女关系的有关规定，主要包括以下几层含义：一是继父母对继子女有抚养和教育的义务。继父母不仅要保证继子女的生活所需，而且要保证继子女能接受正常的教育。对于不履行抚养义务的继父母，未成年的继子女或者不能独立生活的继子女，有要求给付抚养费的权利。二是继子女对继父母有赡养和扶助的义务。在通常情况下，受继父母抚养成人并独立生活的继子女，应当承担赡养继父母的义务。继子女不履行赡养义务时，缺乏劳动能力或者生活困难的继父母，有要求继子女支付赡养费的权利。三是继父母和继子女之间有相互继承财产的权利。四是继父母有教育、保护未成年继子女的权利和义务。在未成年继子女造成他人损害的，继父母应当依法承担民事责任。

关联法规

《最高人民法院关于继母与生父离婚后仍有权要求已与其形成抚养关系的继子女履行赡养义务的批复》；《最高人民法院关于适用〈中华人民共和国民法典〉婚姻家庭编的解释（二）》第18、19条

第一千零七十三条　【亲子关系异议之诉】对亲子关系有异议且有正当理由的，父或者母可以向人民法院提起诉讼，请求确认或者否认亲子关系。

对亲子关系有异议且有正当理由的，成年子女可以向人民法院提起诉讼，请求确认亲子关系。

条文注释

本条规定分为两款，根据提起诉讼主体的不同，分别规定了父或者母作为提起诉讼主体的亲子关系之诉和成年子女作为提起诉讼主体的亲子关系之诉。

本条第1款规定："对亲子关系有异议且有正当理由的，父或者母可以向人民法院提起诉讼，请求确认或者否认亲子关系。"理解本款规定，注意以下几个问题：(1)关于提起诉讼的主体。本款规定的提起诉讼的主体限于"父或者母"。(2)关于诉讼请求。根据本款规

定,父或者母向人民法院提起的诉讼请求为“确认或者否认亲子关系”。(3)关于提起诉讼的条件。根据本条第1款的规定,父或者母向人民法院请求确认或者否认亲子关系的诉讼请求,必须满足“对亲子关系有异议且有正当理由”的条件。即父或者母对亲子关系有异议时,还需举证证明其“有正当理由”,才能提起亲子关系之诉。如何认定“有正当理由”,本款没有作出具体界定,实践中应当由人民法院根据案件的具体情况来作出判断。人民法院根据当事人提供的初步证据,经审查符合“有正当理由”的条件的,对其提起的亲子关系之诉才能予以受理。

本条第2款规定:“对亲子关系有异议且有正当理由的,成年子女可以向人民法院提起诉讼,请求确认亲子关系。”理解本款规定,注意以下几个问题:(1)关于提起诉讼的主体。本款规定的提起诉讼的主体限于“成年子女”。这里的“子女”仅指生子女,即不包括养子女和继子女。(2)关于诉讼请求。根据本款规定,成年子女向人民法院提起的诉讼请求为“确认亲子关系”。与本条第1款规定不同的是,成年子女不能请求人民法院否认亲子关系。即不允许成年子女提起否认亲子关系之诉。(3)关于提起诉讼的条件。根据本款规定,成年子女向人民法院请求确认亲子关系的诉讼请求,必须满足“对亲子关系有异议且有正当理由”的条件。这与本条第1款的规定相同。

关联法规

《最高人民法院关于适用〈中华人民共和国民法典〉婚姻家庭编的解释(一)》第39条

第一千零七十四条 【祖孙之间的抚养、赡养义务】有负担能力的祖父母、外祖父母,对于父母已经死亡或者父母无力抚养的未成年孙子女、外孙子女,有抚养的义务。

有负担能力的孙子女、外孙子女,对于子女已经死亡或者子女无力赡养的祖父母、外祖父母,有赡养的义务。

条文注释

根据本条规定,祖孙之间抚养或者赡养关系的形成应当具备以下条件：

1. 被抚养、赡养人的父母、子女死亡或者无抚养、赡养能力

这主要包括两种情况：(1)子女在未成年时父母双亡，或者父母丧失抚养能力；(2)子女在成年后死亡或者丧失扶养能力，无法赡养其父母。在第一种情况下，需要被抚养人的祖父母和外祖父母来承担抚养的义务；第二种情况则需要被扶养人的孙子女和外孙子女来承担赡养的义务。

2. 被抚养、赡养人确实有困难需要被抚养、赡养

祖孙之间扶养关系的形成必须建立在一方确实有困难的基础上，如果被扶养人有一定的经济收入或者经济来源，完全能负担自身的生活所需，那么，就不能要求祖父母、外祖父母或者孙子女、外孙子女来承担其抚养或者赡养义务。

3. 承担抚养、赡养义务的人有一定的抚养、赡养能力

如果法律意义上的抚养、赡养义务人没有一定的抚养、赡养能力，那么就不能再要求其承担相应的法律责任。同样，如果抚养或者赡养权利人有多个人时，在抚养或者赡养义务人的经济能力不足以承担全部抚养或者赡养义务时，那么，对于经济状况和身体状况最差者应当优先抚养或者赡养。

关于抚养或者赡养的方式，《民法典》对此没有作出专门规定，只规定对不履行抚养或者赡养义务的人，权利人有要求其履行义务的权利。实践中抚养或者赡养的方式主要有以下两种，当事人可以根据自身的情况来选择：一是共同生活抚养或者赡养，即被抚养或者赡养人与抚养或者赡养义务人共同居住在一起，进行直接的抚养或者赡养；二是通过给付抚养费或者赡养费、探视、扶助等方式完成抚养或者赡养义务。

抚养或者赡养义务人在履行抚养或者赡养义务时，往往需要和被抚养或者赡养人就抚养或者赡养义务的程序、抚养或者赡养的具体方式等内容进行协商，达成对当事人均具有约束力的抚养或赡养协议。如果当事人之间达不成协议，那么，可以请求人民法院通过判决来确定权利和义务。

抚养或者赡养协议达成后或者人民法院的判决生效后，当事人的经济和生活状况往往会出现一些新的变化，如果仍然要求当事人按照原有的抚养或者赡养协议或者判决来执行，可能会使一方当事人利益受到损害，因此，当事人需要通过一定的途径来变更抚养或者赡养权。所谓变更抚养或者赡养权，是指抚养或者赡养义务人、抚养或者赡养权利人以及抚养或者赡养程序和方法的变更。在抚养或者赡养当事人一方或者双方在经济和生活状况发生变化时，抚养或者赡养权利人和抚养或者赡养义务人都有权要求变更原抚养或者赡养协议或者有关抚养或者赡养的判决。当事人首先可以在自愿、平等的基础上进行协商，协商不成时，可以向人民法院起诉，以重新确定双方的权利和义务。

关联法规

《老年人权益保障法》第 19 条

第一千零七十五条　【兄弟姐妹间的扶养义务】有负担能力的兄、姐，对于父母已经死亡或者父母无力抚养的未成年弟、妹，有扶养的义务。

由兄、姐扶养长大的有负担能力的弟、妹，对于缺乏劳动能力又缺乏生活来源的兄、姐，有扶养的义务。

条文注释

1. 负有扶养义务的兄弟姐妹的范围

兄弟姐妹包括同胞兄弟姐妹、同父异母或同母异父兄弟姐妹、养兄弟姐妹和继兄弟姐妹。在一般情况下，兄弟姐妹应由他们的父母抚养，他们相互之间不发生扶养与被扶养的权利义务关系。但是在特定条件和特定情况下，兄、姐与弟、妹之间会产生有条件的扶养义务。当然，法律对兄弟姐妹间扶养义务的规定，主要是从同胞兄弟姐妹之间的关系来确定的，因为他们是血缘关系最密切的同辈旁系血亲。对于半血缘的同父异母或者同母异父兄弟姐妹，以及没有血缘关系的养兄弟姐妹和继兄弟姐妹，如果符合法律规定的条件和情形，其相互之间也会产生扶养与被扶养的权利义务关系。

2. 兄弟姐妹形成扶养义务的条件

兄、姐扶养弟、妹，或者弟、妹扶养兄、姐不是必然发生的法定义务，而是有条件的：

(1)产生兄、姐对弟、妹的扶养义务，应当同时具备以下三个条件：第一，弟、妹须为未成年人，即不满18周岁。如果弟、妹已经成年，虽无独立生活能力，兄、姐亦无法定扶养义务。第二，父母已经死亡或者父母无力抚养。这里包含了两种情况：一是父母均已经死亡，没有了父母这第一顺序的抚养义务人。如果父母一方尚在且有抚养能力，仍应由尚在的父或母承担抚养义务。二是父母均尚在或者一方尚在但都没有抚养能力，如父母在意外事故中致残导致失去了劳动能力和生活来源，便产生了由有负担能力的兄、姐扶养弟、妹的义务。第三，兄、姐有负担能力。在前述两项条件具备时，兄、姐对弟、妹的扶养义务并不必然发生，只有这项条件也具备时，即兄、姐有负担能力时，才产生扶养弟、妹的义务。

(2)产生弟、妹对兄、姐的扶养义务，亦应当具备以下三个条件：第一，兄、姐缺乏劳动能力又缺乏生活来源。如果兄、姐虽缺乏劳动能力但并不缺少经济来源，如受到他人经济上的捐助或自己有可供生活的积蓄的，则不产生弟、妹的扶养义务。同时，如果兄、姐虽缺少生活来源，但有劳动能力，兄、姐可通过自己的劳动取得劳动收入，在此情况下，弟、妹亦无扶养兄、姐的义务。第二，兄、姐没有第一顺序的扶养义务人，或者第一顺序的扶养义务人没有扶养能力。如兄、姐没有配偶、子女，或兄、姐的配偶、子女已经死亡或者没有扶养能力。如果兄、姐的配偶尚在或者有子女且有扶养能力，应由这些第一顺序的扶养义务人承担扶养义务。第三，弟、妹由兄、姐扶养长大且有负担能力。这里包含两方面的因素：一是弟、妹是由兄、姐扶养长大的。这表明在弟、妹未成年时，父母已经死亡或父母无抚养能力，兄、姐对弟、妹的成长尽了扶养义务。按照权利义务对等原则，弟、妹应承担兄、姐的扶养责任。二是弟、妹有扶养能力。若无扶养能力则不负扶养义务。

关联法规

《老年人权益保障法》第23条

第四章 离 婚

第一千零七十六条 【协议离婚】夫妻双方自愿离婚的，应当签订书面离婚协议，并亲自到婚姻登记机关申请离婚登记。

离婚协议应当载明双方自愿离婚的意思表示和对子女抚养、财产以及债务处理等事项协商一致的意见。

条文注释

《民法典》婚姻家庭编进一步完善了协议离婚制度，本条是对协议离婚的基本规定。

1. 协议离婚制度的含义

我国的离婚制度，分为协议离婚和诉讼离婚两种。由于婚姻关系当事人对离婚所持的态度不同，在处理程序上也不大相同。

协议离婚也叫“双方自愿离婚”，是指婚姻关系当事人达成离婚合意并通过婚姻登记程序解除婚姻关系的法律制度。其主要特征如下：一是当事人双方在离婚以及子女和财产问题上意愿一致，达成协议；二是按照婚姻登记程序办理离婚登记，取得离婚证，即解除婚姻关系。

2. 协议离婚的主管机关

协议离婚的主管机关是民政部门，具体指婚姻登记机关。《婚姻登记条例》第 2 条规定，内地居民办理婚姻登记的机关是县级人民政府民政部门或者乡(镇)人民政府，省、自治区、直辖市人民政府可以按照便民原则确定农村居民办理婚姻登记的具体机关。在婚姻登记机关中，由持有婚姻登记管理员证书的人员从事协议离婚的登记工作。

3. 协议离婚的条件

根据本条规定，只有符合下列条件的，才能协议离婚：

(1)协议离婚的当事人双方应当具有合法夫妻身份。以协议离婚方式办理离婚的，仅限于依法办理了结婚登记的婚姻关系当事人，既不包括未婚同居和有配偶者与他人同居的男女双方，也不包括未办理结婚登记的“事实婚姻”中的男女双方。《婚姻登记条例》第 11 条中规定，办理离婚登记的内地居民应当出具的证件和证明材料之一就是本人的结婚证。结婚证是婚姻登记机关签发的证明婚姻关系有效成立的法律文书。因此，已经办理了结婚登记的，有着合法夫妻身份关系的当事人协议离婚，应当向婚姻登记机关提供结婚证，以证明双方是合法夫妻。未办理过结婚登记的男女申请离婚登记的，婚姻登记机关不予受理。其间发生的有关身份关系的纠纷，以及涉及子女、财产问题的争议，可以诉请人民法院处理。

(2) 协议离婚的当事人双方均应当具有完全的民事行为能力。《婚姻登记条例》第 12 条中规定，办理离婚登记的当事人属于无民事行为能力人或者限制民事行为能力人的，婚姻登记机关不予受理。只有完全民事行为能力人才能独立自主地处理自己的婚姻问题。一方或者双方当事人为限制民事行为能力或者无民事行为能力的，例如精神病患者、痴呆症患者，不适用协议离婚程序，只能适用诉讼程序处理离婚问题，以维护没有完全民事行为能力当事人的合法权益。

(3) 协议离婚当事人双方必须具有离婚的共同意愿。“双方自愿”是协议离婚的基本条件，协议离婚的当事人应当有一致的离婚意愿。这一意愿必须是真实而非虚假的；必须是自主作出的而不是受对方或第三方欺诈、胁迫或因重大误解而形成的；必须是双方一致的而不是有分歧的。对此本条规定“夫妻双方自愿离婚的”，对于仅有一方要求离婚的申请，婚姻登记机关不予受理，当事人只能通过诉讼离婚解决争议。

(4) 双方要签订书面离婚协议。《婚姻登记条例》第 12 条中规定，办理离婚登记的当事人未达成离婚协议的，婚姻登记机关不予受理。本条第 2 款对双方书面离婚协议的具体内容作了明确要求，即离婚协议应当载明双方自愿离婚的意思表示和对子女抚养、财产及债务处理等事项协商一致的意见。据此，离婚协议应当具有如下内容：第一，有双方自愿离婚的意思表示。双方自愿离婚的意思必须要以文字的形式体现在离婚协议上。第二,有对子女抚养、财产及债务处理等事项协商一致的意见。“对子女抚养、财产及债务处理等事项协商一致的意见”是协议离婚的必备内容。具体包括:一是子女抚养等事项。双方离婚后有关子女抚养、教育、探望等问题,在有利于保护子女合法权益的原则下应当作合理的、妥当的安排,包括子女由哪一方直接抚养,子女的抚养费和教育费如何负担、如何给付等。由于父母与子女的关系不因父母离婚而消除,协议中最好约定不直接抚育方对子女探望权利行使的内容,包括探望的方式、时间、地点等。二是财产及债务处理等事项。主要包括:其一,在不侵害任何一方合法权益的前提下,对夫妻共同财产作合理分割,对生活困难的一方给予经济帮助作妥善安排,特别是切实解决好双方离婚后的住房问题;其二,在不侵害他人利益的前提下,对共同债务的清偿作出清晰、明确、负责的处理。需要注意的是,如果婚姻关系当事人不能对子女抚养、财产及债务处理等事项达成一致意见,则不能通过婚姻登记程序离婚,而只能通过诉讼程序离婚。

(5)双方应当亲自到婚姻登记机关申请离婚。申请离婚的当事人双方,必须亲自到婚姻登记机关办理离婚登记手续,是我国的一贯做法。我国的离婚登记按地域进行管辖。当事人协议离婚的,应当到一方常住户口所在地的婚姻登记机关申请离婚登记。具有涉外因素或者涉港、澳、台、华侨因素的离婚当事人应当到内地居民常住户口所在地的婚姻登记机关办理离婚登记。

符合以上协议离婚条件的,婚姻登记机关才受理当事人协议离婚的申请。这只是协议离婚的第一步,最终是否可以通过协议达到离婚的目的,还要看是否符合本编第1077、1078条的规定。

关联法规

《婚姻登记条例》第10、11条;《最高人民法院关于适用〈中华人民共和国民法典〉婚姻家庭编的解释(一)》第69、70条

第一千零七十七条　【离婚冷静期】自婚姻登记机关收到离婚登记申请之日起三十日内，任何一方不愿意离婚的，可以向婚姻登记机关撤回离婚登记申请。

前款规定期限届满后三十日内，双方应当亲自到婚姻登记机关申请发给离婚证；未申请的，视为撤回离婚登记申请。

条文注释

离婚冷静期是指夫妻离婚时，政府给申请离婚的双方当事人一段时间，强制当事人暂时搁置离婚纠纷，在法定期限内冷静思考离婚问题，考虑清楚后再行决定是否离婚。法律规定当事人冷静思考离婚问题的期限为离婚冷静期。

本条中规定的30日即为离婚冷静期，在此期间，任何一方或者双方不愿意离婚的，可以向婚姻登记机关撤回离婚登记申请。对此，婚姻登记机关应当立即终止离婚登记程序。如果离婚冷静期届满，当事人仍坚持离婚，双方应当在离婚冷静期届满后的30日内，亲自到婚姻登记机关申请发给离婚证。婚姻登记机关查明双方确实是自愿离婚，并已对子女抚养、财产及债务处理等事项协商一致的，予以登记，发给离婚证。如果在离婚冷静期届满后的30日内，当事人双方没有亲自到婚姻登记机关申请发给离婚证，则视为撤回离婚申请。

第一千零七十八条　【协议离婚登记】婚姻登记机关查明双方确实是自愿离婚，并已经对子女抚养、财产以及债务处理等事项协商一致的，予以登记，发给离婚证。

条文注释

1. 婚姻登记机关对协议离婚的查明

自愿离婚的夫妻双方向婚姻登记机关提交离婚协议后30日内，未向婚姻登记机关申请撤回离婚协议，并在提交离婚协议30日后的30日内，亲自到婚姻登记机关申请发给离婚证，对此，婚姻登记机关应当对当事人提交的离婚协议进行查明：

(1)查明当事人双方是否为自愿离婚,是否为真实而非虚假的离婚;查明离婚是否存在被胁迫的情形;查明是否因重大误解而导致的离婚。

(2)查明申请离婚的双方当事人对子女抚养问题是否已协商一致。例如,审查双方对离婚后有关子女抚养、教育、探望等问题是如何规定的,包括子女由哪一方直接抚养,子女的抚养费和教育费如何负担、如何给付等。对不直接抚养子女的一方探望子女的权利行使是如何规定的,包括探望的方式、时间、地点等是否协商确定等。

(3)审查对财产及债务处理的事项是否协商一致。例如,审查当事人双方在不侵害任何一方合法权益的前提下,对夫妻共同财产是如何作出了合理分割的,如对有生活困难的一方当事人,另一方当事人是否给予了必要的经济帮助,是如何落实的;查明双方离婚后各自的住房等问题。对债务问题,则可以审查双方当事人是否在不侵害他人利益的前提下,对共同债务的清偿作出了清晰、明确、负责的处理。

经婚姻登记机关查明双方确实是自愿离婚,并已对子女抚养、财产及债务处理等事项协商一致的,应当进行离婚登记,发给离婚证。离婚证是婚姻关系已经合法解除的具有法律效力的文件。双方当事人从取得离婚证之日起,解除婚姻关系。婚姻登记机关在给当事人发离婚证的同时,应当注销结婚证。

婚姻登记机关经过查明,对不符合法定离婚条件,如仅为夫妻一方要求离婚,或者夫妻双方虽然都同意离婚,但在子女和财产等问题上未达成协议的不予离婚登记,并应当以书面形式说明不予登记的理由。

2. 对离婚登记后有关问题的处理

(1)对一方不履行离婚协议所确定的义务的处理。夫妻双方经婚姻登记机关办理了离婚登记后,当事人一方不按照离婚协议履行应尽的义务,或者在子女抚养、财产问题上发生纠纷的,当事人可以向人民法院提起民事诉讼。

(2)离婚证遗失或者损毁的补救。如果离婚证遗失或者损毁,当事人可以持所在单位、居民委员会或者村民委员会出具的证明，向原办理离婚登记的婚姻登记机关申请出具解除夫妻关系证明书。解除夫妻关系证明书与离婚证具有同等的法律效力。《婚姻登记条例》第17条规定："结婚证、离婚证遗失或者损毁的，当事人可以持户口簿、身份证向原办理婚姻登记的机关或者一方当事人常住户口所在地的婚姻登记机关申请补领。婚姻登记机关对当事人的婚姻登记档案进行查证，确认属实的，应当为当事人补发结婚证、离婚证。"

关联法规

《婚姻登记条例》第13条

第一千零七十九条 【诉讼离婚】夫妻一方要求离婚的，可以由有关组织进行调解或者直接向人民法院提起离婚诉讼。

人民法院审理离婚案件，应当进行调解；如果感情确已破裂，调解无效的，应当准予离婚。

有下列情形之一，调解无效的，应当准予离婚：

（一）重婚或者与他人同居；

（二）实施家庭暴力或者虐待、遗弃家庭成员；

（三）有赌博、吸毒等恶习屡教不改；

（四）因感情不和分居满二年；

（五）其他导致夫妻感情破裂的情形。

一方被宣告失踪，另一方提起离婚诉讼的，应当准予离婚。

经人民法院判决不准离婚后，双方又分居满一年，一方再次提起离婚诉讼的，应当准予离婚。

条文注释

1. 诉讼外调解

诉讼外调解，其依据来源于本条规定的"夫妻一方要求离婚的，可以由有关组织进行调解"。这种调解属于民间性质。"有关组织"在实践中一般包括当事人所在单位、群众团体、基层调解组织等。

对于离婚纠纷,诉讼外调解并不是当事人要求离婚的必经程序,也不是诉讼前的必经程序。当事人可以直接向人民法院起诉,也可以在接受调解后随时退出调解。因此,经过调解可能会出现不同的结果:一是双方的矛盾得到化解,重归于好,继续保持婚姻关系;二是双方都同意离婚,在子女抚养、财产及债务处理等事项上也达成一致意见,采用协议离婚的方式,到婚姻登记机关办理离婚登记手续;三是调解不成,一方坚持离婚,另一方则坚持相反意见,或者虽都同意离婚,但在子女抚养、财产及债务处理等事项上达不成协议,需诉诸法院,诉讼解决。

2. 诉讼离婚

(1)诉讼离婚的概念及特征。

诉讼离婚,是婚姻当事人向人民法院提出离婚请求,由人民法院调解或判决而解除其婚姻关系的一项离婚制度。诉讼离婚制度,适用于当事人双方对离婚有分歧的情况,包括一方要求离婚而另一方不同意离婚而发生的离婚纠纷;或者双方虽然同意离婚,但在子女抚养、财产及债务处理等事项上不能达成一致意见、作出适当处理的情况。

诉讼离婚制度有下列特征:第一,诉讼离婚有着法定的必要条件,即“感情确已破裂,调解无效”。人民法院在审理案件中也必须执行法律规定的条件,并以此为据裁判是否许可当事人离婚。第二,在诉讼活动中,人民法院对争议处理起主导作用,它要对当事人提出的离婚请求和理由进行审查,是否准予离婚取决于人民法院的依法裁量,它既可以判决准予离婚,也可以依法驳回当事人的请求。第三,人民法院依法作出的调解书和判决书,在发生法律效力后,即具有强制执行力,当事人不履行调解书和判决书中所确定的义务的,人民法院可依另一方的申请予以强制执行。

(2)诉讼中的调解和判决。

①诉讼中的调解。本条第 2 款中规定,“人民法院审理离婚案件,应当进行调解”。这表明调解是人民法院审理离婚案件的必经程序。通过调解达成协议,必须当事人双方自愿,不得强迫;调解也

不是无原则的，应当本着合法的原则进行，调解协议的内容不得违反法律规定。经过诉讼中的调解，会出现三种可能：第一种是双方互谅互让，重归于好。人民法院将调解协议的内容记入笔录，由双方当事人、审判人员、书记员签名或者盖章，协议的法律效力立即产生。第二种是双方达成全面的离婚协议，包括双方同意离婚、妥善安排子女今后的生活、合理分割财产、明确债务的承担等。人民法院应当按照协议的内容制作调解书。调解书应写明诉讼请求、案件的事实和调解结果，并由审判人员、书记员署名，加盖人民法院印章。离婚调解书经双方当事人签收后即具有法律效力。第三种是调解无效，包括双方就是否离婚或者在子女抚养、财产及债务处理等事项上达不成协议，在这种情况下，离婚诉讼程序继续进行。

②判决。调解不能久调不决，对于调解无效的案件，人民法院应当依法判决。判决应当根据当事人的婚姻状况，判决准予离婚或者判决不准离婚。一审判决离婚的，当事人在判决发生法律效力前不得另行结婚。当事人不服一审判决的，有权依法提出上诉。双方当事人在15日的上诉期内均不上诉的，判决书发生法律效力。第二审人民法院审理上诉案件可以进行调解。经调解双方达成协议的，自调解书送达时起原审判决即视为撤销。第二审人民法院作出的判决是终审判决。对于判决不准离婚或者调解和好的离婚案件，没有新情况、新理由，原告在6个月内又起诉的，人民法院不予受理。

(3)诉讼离婚的条件。

本条第2款中规定，“如果感情确已破裂，调解无效的，应当准予离婚”。根据这一规定，“感情确已破裂”成为诉讼离婚的基本条件和司法尺度，是准予或者不准予离婚的原则界限。感情确已破裂应准予离婚，是婚姻自由的重要内容，充分体现了当事人离婚自由的权利。如果用法律手段强行维持感情确已破裂的婚姻关系，与婚姻自由的原则不相符。将感情确已破裂作为准予离婚的法定条件，表明人民法院准予当事人离婚，并不以当事人是否有违背夫妻义务或导致夫妻关系解体的特定过错为标准，而是看婚姻关系有无继续维系的可能。不能将不准离婚作为对过错一方的惩罚手段，而且，以判决不准离婚维持已破裂的婚姻，实际上使无过错方也付出了代价。

判断夫妻感情是否确已破裂，应当从婚姻基础、婚后感情、离婚原因、夫妻关系的现状和有无和好的可能等方面综合分析。具体如下：

婚姻基础，即双方在结婚时的感情状况，比如双方是以爱情为基础的婚姻，还是以金钱、地位、容貌为基础的结合；是自主自愿的自由婚姻，还是包办婚姻、买卖婚姻；是经过慎重了解的，还是草率结婚的。婚姻基础是否牢固，必然会对婚后生活、夫妻感情和离婚原因产生直接或间接的影响。

婚后感情，即双方在婚后共同生活期间的感情状况，它是评价婚姻关系好与坏的基本尺度。当事人的道德品质、性格习惯、工作状况、经济状况、子女抚育、家务分担等，都会不同程度地影响夫妻感情。夫妻感情处于动态的变化中，需要对其作历史的、全面的分析，既要考察过去，又要着眼于现在。

离婚原因，即导致离婚的直接诱因，包括使夫妻感情发生变化的因素或事件，如一方有赌博、吸毒等恶习或实施家庭暴力等。正确考量离婚原因与夫妻感情破裂的内在联系，对于判断夫妻感情是否破裂，是否具有和好可能具有重要意义。

夫妻关系的现状和有无和好可能，即双方发生离婚纠纷前后夫妻共同生活的实际状况，以及从当事人主观态度和客观状况看，是否有重归于好的可能性。在离婚纠纷发生的前后，夫妻关系会有不同程度的冲突和恶化，但感情是会因一定的主观和客观条件而发生转化的，在濒于破裂时恢复和好也不是没有可能的。因而需要对夫妻关系的现状有所分析，对其发展前景有所预见。

只有通过对上述几个相互联系的方面进行综合分析，才能作出实事求是的正确判断，为调解提供契机，为判决提供依据。

(4)调解无效，判决准予离婚的主要情形。

2001年修改《婚姻法》时，虽然没有对诉讼离婚的法定条件作实质性修改，但是为了指导司法实践，便于审判人员实际操作，根据社会生活、家庭生活中反映出来的突出问题，以及在司法审判中所积累的经验，将导致夫妻感情破裂的几种常见的情形明确作了列举规定。《民法典》维持了这一规定，内容上没有实质上的修改。

根据本条规定，调解无效，判决准予离婚的主要情形具体是：

第一，重婚或与他人同居。重婚是指有配偶者又与他人结婚的违法行为。其表现为法律上的重婚和事实上的重婚。前者是指有配偶又与他人登记结婚。后者是指有配偶者又与他人以夫妻名义同居生活。有配偶者与他人同居，也称姘居，是指有配偶的人与他人过着隐蔽的同居生活，对外不称夫妻，也无永久共同生活目的的行为。重婚和有配偶者与他人同居的行为，严重违反了我国一夫一妻制的婚姻制度，严重伤害夫妻感情，是导致离婚的情形之一。因重婚而引发的离婚案件，会出现两种情况：一是一方重婚，合法婚姻的另一方起诉离婚的。对此，起诉方坚决要求离婚，调解无效的，应准予离婚。二是重婚一方起诉与原配偶离婚的。对此，如夫妻感情尚未破裂，原配偶坚持不离婚的，可不准予离婚。如果夫妻感情确已破裂，调解无效的，可准予离婚。因姘居而产生的离婚纠纷，也会出现姘居一方的配偶起诉离婚和姘居一方起诉离婚两种情况，对此，人民法院也应以判断夫妻感情是否确已破裂为标准，决定准予或者不准予离婚。在处理涉及重婚和姘居的离婚案件中，应当注意以下几点：一是必须分清是非、明确责任。对于重婚的应当依法解除重婚关系，并依法给予刑事制裁；对于姘居的，必要时可以向有关单位提出给予党纪、政纪处分的司法建议。二是无论是无过错方还是有过错方提出离婚，都应以夫妻感情是否破裂作为是否准予离婚的准则。三是准予离婚的，应当在子女和财产问题上照顾无过错方的利益，并应当支持无过错方的损害赔偿请求。

第二，实施家庭暴力或虐待、遗弃家庭成员。家庭暴力和虐待，是指发生在家庭成员之间，以殴打、捆绑、残害身体、禁闭、冻饿、凌辱人格、精神恐吓、性暴虐等手段，对家庭成员从肉体上、精神上进行伤害、摧残、折磨的行为。遗弃是指对于需要扶养的家庭成员，负有扶养义务而拒绝扶养的行为，表现为经济上不供养，生活上不照顾，使被扶养人的正常生活不能维持,甚至生命和健康得不到保障。人民法院处理因家庭暴力或者虐待、遗弃家庭成员而导致的离婚案件,应当查明夫妻及其他家庭成员之间的感情状况,实施暴力、虐待和遗弃行为的事实和情节。如平时感情不好,实施上述行为是经常的、一贯的、恶劣的,已严重伤害了夫妻感情,调解无效的,应准予离婚。如果平时感情尚好,上述行为是一时情急而为之且情节不严重的,应当责其改过并着重进行调解,化解纠纷。

第三,有赌博、吸毒等恶习屡教不改的。对于这类案件,人民法院应当查明有赌博、吸毒、酗酒等行为一方的一贯表现和事实情况。对情节较轻,有真诚悔改表现,对方也能谅解的,应着眼于调解和好。对于恶习难改,一贯不履行家庭义务,夫妻感情难以重建,夫妻难以共同生活的,经调解无效,应准予离婚。

第四,因感情不和分居满2年。夫妻因感情不和分居满2年,一般来说可以构成夫妻感情破裂的事实证明。“分居”是指夫妻间不再共同生活,不再互相履行夫妻义务,包括停止性生活,生活上不再互相关心、互相扶助等。具有分居2年的情形,说明夫妻关系已徒具形式,名存实亡。当事人以此事由诉请人民法院离婚的,如经调解无效,应准予当事人离婚。适用此项规定,应注意以下问题:一是分居的原因是夫妻感情不和,而不是因工作、学习等客观因素导致的两地分居,以及因住房问题造成的夫妻不能同室而居。二是分居强调的是夫妻双方互不履行夫妻义务,而不是单方面的不履行家庭义务。三是夫妻分居已满2年,但未造成夫妻感情确已破裂或经调解尚有和好可能的,则不能认为已具备准予离婚的条件。四是夫妻分居与否、分居是否满2年,都不是当事人诉请离婚的必要条件。如果夫妻感情确已破裂,调解无效的,虽无分居事实或分居未满2年,也应依法准予离婚。

第五,其他导致夫妻感情破裂的情形。导致夫妻感情破裂的原因复杂多样,如一方犯有强奸罪、奸淫幼女罪、侮辱妇女罪等罪行,严重伤害夫妻感情的。又如一方婚后患严重的精神疾病,久治不愈,夫妻生活无法维持的。这些情形在《民法典》中难以逐一列举,人民法院应当本着保障离婚自由、防止轻率离婚的原则，根据本法的立法精神和案件的具体情况，作出正确判定。

在此需要注意的是，上述列举的准予离婚的几种主要情形，并非是判决当事人诉讼离婚的必备条件、法定情形。婚姻当事人在婚姻生活中，如无以上情况发生，但有其他因素导致夫妻感情破裂、调解无效的，人民法院亦应判决准予离婚。另外，即使婚姻当事人双方有上述情形发生，但未导致夫妻感情破裂，或虽给夫妻感情造成裂痕，但可以经过调解和好的，人民法院则不能判决解除婚姻关系。

(5)一方被宣告失踪的离婚。

本条第4款规定："一方被宣告失踪，另一方提出离婚诉讼的，应当准予离婚。"

本法第40条规定："自然人下落不明满二年的，利害关系人可以向人民法院申请宣告该自然人为失踪人。"《民事诉讼法》第190条第1款规定："公民下落不明满二年，利害关系人申请宣告其失踪的，向下落不明人住所地基层人民法院提出。"按照本法和《民事诉讼法》的规定，自然人下落不明满2年的，即该自然人离开自己居住的地方，音讯杳无，已持续达到2年的，其配偶、父母、子女等利害关系人可以向下落不明的人住所地基层人民法院申请宣告其为失踪人。人民法院受理宣告失踪案件后，应当发出寻找下落不明人的公告，公告期间为3个月。公告期间届满，宣告失踪的事实如果得到确认，人民法院应当作出宣告失踪的判决。在夫妻一方被宣告失踪的情形下，婚姻关系已名存实亡，当事人已经不能达到婚姻的目的，对此如果另一方提出离婚请求，人民法院应判决准予离婚。

(6)判决不准离婚后又分居1年的离婚。

本条第5款规定："经人民法院判决不准离婚后，双方又分居满一年，一方再次提起离婚诉讼的，应当准予离婚。"这一规定，可操作性比较强，有利于审判实践工作的展开，可以解决现实生活中久拖不决的离婚案件。

关联法规

《最高人民法院关于适用〈中华人民共和国民法典〉婚姻家庭编

的解释(一)》第2、23、63、64条;《最高人民法院关于适用〈中华人民共和国民法典〉时间效力的若干规定》第22条

第一千零八十条　【婚姻关系解除时间】完成离婚登记,或者离婚判决书、调解书生效,即解除婚姻关系。

条文注释

登记离婚或者判决离婚生效后,当事人除解婚姻关系,双方基于配偶产生的身份关系消灭,基于配偶身份而产生的人身关系和财产关系即行终止。根据本条规定,解除婚姻关系的时间是:

1. 完成离婚登记时

登记离婚又称协议离婚,是我国法定的一种离婚形式,即婚姻关系当事人达成离婚合意并通过婚姻登记程序解除婚姻关系。按照本法的有关规定,夫妻双方自愿离婚的,应当订立书面离婚协议,并亲自到婚姻登记机关申请离婚登记。离婚协议应当载明双方自愿离婚的意思表示和对子女抚养、财产及债务处理等事项协商一致的意见。自婚姻登记机关收到离婚登记申请之日起30日内,任何一方不愿意离婚的,可以向婚姻登记机关撤回离婚登记申请。该30日届满后,夫妻双方仍然坚持离婚的,应当在该期限届满后的30日内,双方亲自到婚姻登记机关申请发给离婚证。婚姻登记机关查明双方确实是自愿离婚,并已对子女抚养、财产及债务处理等事项协商一致的,予以登记,发给离婚证。完成离婚登记,取得离婚证的当事人基于配偶身份而产生的人身关系和财产关系即行终止。

2. 离婚调解书、判决书生效时

诉讼离婚是我国法定的另一种离婚形式。即婚姻当事人向人民法院提出离婚请求,由人民法院调解或判决而解除其婚姻关系的一种离婚方式。本法第1079条第2款中规定,人民法院审理离婚案件,应当进行调解。这表明调解是人民法院审理离婚案件的必经程序。人民法院的调解有可能促成双方和好。即使调解和好不成,双方还是坚持离婚的,也可以调解离婚。对调解离婚的,人民法院应当

制作调解书。调解书应当写明诉讼请求、案件事实和调解结果。调解书由审判人员、书记员署名,加盖人民法院印章,送达双方当事人。调解书经双方当事人签收后,即具有法律效力,男女双方的婚姻关系随即解除。

人民法院对审理的离婚案件,经调解无效的,应当依法作出判决。判决应当根据当事人的婚姻状况,判决准予离婚或者判决不准离婚。一审判决离婚的,当事人不服有权依法提出上诉。双方当事人在15日的上诉期内均不上诉的,判决书发生法律效力。当事人在一审判决发生法律效力前不得另行结婚。第二审人民法院审理上诉案件可以进行调解。经调解双方达成协议的,自调解书送达时起原审判决即视为撤销。第二审人民法院作出的判决是终审判决。诉讼离婚的当事人在接到发生法律效力的离婚判决书后,双方的婚姻关系随即解除。

第一千零八十一条　【军婚的保护】现役军人的配偶要求离婚,应当征得军人同意,但是军人一方有重大过错的除外。

条文注释

1. 本条适用的主体

本规定适用的主体是现役军人和现役军人的配偶。

(1)现役军人,指有军籍的人,包括在中国人民解放军服现役、具有军籍和军衔的军官、士兵。中国人民武装警察部队虽然不属于中国人民解放军的编制序列,但是在婚姻问题上仍按现役军人婚姻问题处理。

现役军人不包括:一是在军事单位中未取得军籍的职工;二是退役军人,包括复员军人、转业军人、退休军人、离休军人以及退役的革命伤残军人;三是在地方担任某种军事职务的人员。如不属于军队编制的在武装部工作的干部、编入民兵组织或者经过登记的预备役士兵。

(2)现役军人的配偶,指同现役军人履行了结婚登记手续,并领取结婚证的非军人一方,也是本条的主体。

2. 不适用本条规定的两类军人离婚案件

一是如果双方都是现役军人,则不是该条调整的对象。二是现役军人向非军人一方主动提出离婚的,不适用本条的规定,应按一般离婚纠纷处理。

3. 现役军人的配偶提出离婚,现役军人不同意的处理

如果婚姻基础和婚后感情都比较好,人民法院应配合现役军人所在单位对军人的配偶进行说服教育,尽量调解和好或判决不予离婚。但是,如果感情确已破裂,确实无法继续维持夫妻关系,经调解无效,人民法院应当通过军人所在单位的政治机关,向军人做好思想工作,经其同意后,始得准予离婚。

4. 需征得军人同意的例外情况

需征得军人同意的例外情况即"但是军人一方有重大过错的除外"。这是针对"应当征得军人同意"而言。"应当征得军人同意"不是绝对的,如果夫妻感情破裂是由于军人一方的重大过错造成的,非军人一方也可以提出离婚,但过错限定在"重大过错"而非一般的过错。

关联法规

《最高人民法院关于适用〈中华人民共和国民法典〉婚姻家庭编的解释(一)》第64条;《刑法》第259条

第一千零八十二条 【男方离婚诉权的限制】女方在怀孕期间、分娩后一年内或者终止妊娠后六个月内,男方不得提出离婚;但是,女方提出离婚或者人民法院认为确有必要受理男方离婚请求的除外。

条文注释

本条规定是对保护妇女、儿童身心健康的特别规定,它在一定条件下限制了男方提出离婚的请求权。本条规定女方在怀孕期间、分娩后1年内或者终止妊娠后6个月内,男方不得提出离婚;但是,女方提出离婚或者人民法院认为确有必要受理男方离婚请求的除外。

本条规定限制的主体是男方,而不是女方;限制的是男方在一定期限内的起诉权,而不是否定和剥夺男方的起诉权,只是推迟了男方提出离婚的时间,并不涉及准予离婚与不准予离婚的实体性问

题。也就是说，只是对男方离婚请求权暂时性的限制，超过法律规定的期限，不再适用此规定。

但是，男方在本条规定的期间并不是绝对的没有离婚请求权，法律还有例外规定，即人民法院认为“确有必要”的，也可以根据具体情况受理男方的离婚请求。所谓“确有必要”，一般是指比本条特别保护利益更为重要的利益需要关注的情形。哪些情形“确有必要”受理，由人民法院认定。

在本条中，还规定了另一种例外情形，即在女方怀孕期间、分娩后1年内或者终止妊娠后6个月内，女方提出离婚的，不受本条规定的限制。女方自愿放弃法律对其的特殊保护，说明其本人对离婚已有思想准备，对此，法院应当根据当事人婚姻的实际情况判定是否准予离婚。

关联法规

《妇女权益保障法》第64条

第一千零八十三条　【复婚登记】离婚后，男女双方自愿恢复婚姻关系的，应当到婚姻登记机关重新进行结婚登记。

条文注释

复婚，是指已离婚的男女重新和好，再次登记结婚，恢复婚姻关系。本条将《婚姻法》原表述的“离婚后，男女双方自愿恢复夫妻关系的，”修改为“离婚后，男女双方自愿恢复婚姻关系的”；并对《婚姻法》原有的“复婚登记”的法律条文进行了修改，使法律的规定更准确，表述更清晰。

关联法规

《婚姻登记条例》第14条

第一千零八十四条　【离婚后的父母子女关系及子女抚养】父母与子女间的关系，不因父母离婚而消除。离婚后，子女无论由父或者母直接抚养，仍是父母双方的子女。

离婚后，父母对于子女仍有抚养、教育、保护的权利和义务。

离婚后，不满两周岁的子女，以由母亲直接抚养为原则。已满两周岁的子女,父母双方对抚养问题协议不成的,由人民法院根据双方的具体情况,按照最有利于未成年子女的原则判决。子女已满八周岁的,应当尊重其真实意愿。

条文注释

首先,本条第1款规定:"父母与子女间的关系,不因父母离婚而消除。离婚后,子女无论由父或者母直接抚养,仍是父母双方的子女。"这是离婚后父母子女身份关系在法律上的基本界定。

父母子女关系是基于出生事实而形成的自然血亲关系,不能人为解除。离婚后,子女无论随父母哪一方生活,仍是父母双方的子女,本法关于父母子女权利义务的规定仍然适用,不能因父母离婚而受到影响。但拟制血亲所形成的父母子女关系,能否因父母离婚而解除呢?具体而言:

1. 继父或继母与继子女的抚养关系

由于继父或继母与继子女没有血缘关系,因此,当继父(母)与生母(父)离婚时,继子女与继父母的关系应本着以下原则处理:(1)生父与继母、生母与继父离婚时,继父或继母对曾受其抚养教育的继子女,不同意继续抚养的,不能勉强,继子女与继父或继母的关系可自然解除。继父或继母愿意继续抚养继子女的,人民法院应予准许。(2)受继父或继母长期抚养、教育的继子女已成年的,继父或继母与继子女已经形成的身份关系和权利义务关系不能因离婚而自然解除;只有在继父(母)或继子女一方或双方提出解除继父母子女关系并符合法律规定的条件下,才可以解除。但由继父(母)养大成人的并独立生活的继子女,对于生活困难、无劳动能力的继父(母)晚年的生活费用应该继续承担。

2. 养父母与养子女的抚养关系

养父母与养子女之间的身份关系及其权利义务关系,不因养父母离婚必然解除。养父母离婚后,养子女无论由养父或养母抚养,仍是养父母双方的养子女。在特殊情况下,如养父母离婚时经生父母及有识别能力的养子女同意,双方自愿达成协议,未成年的养子女一方面可依法解除收养关系，由生父母抚养；另一方面可以变更收养关系，由养父或养母一方收养。但变更或解除收养关系必须符合《民法典》关于收养的规定，不得侵犯未成年养子女的合法权益。

其次，本条第2款规定："离婚后，父母对于子女仍有抚养、教育、保护的权利和义务。"依据本款规定，离婚后父母对未成年子女有抚养、教育和保护的权利与义务，主要包括生活上的照料，保障未成年人接受义务教育，以适当的方式、方法管理和教育未成年人，保护未成年人的人身、财产不受到侵害，促进未成年人的身心健康发展等。

最后，离婚虽然不能消除父母与子女之间的关系，但父母对子女的抚养方式却会因离婚而发生变化，即由父母双方共同抚养子女变成由父或母一方直接抚养子女。为便于确定夫妻离婚后子女由哪方直接抚养，本条第3款规定："离婚后，不满两周岁的子女，以由母亲直接抚养为原则。已满两周岁的子女，父母双方对抚养问题协议不成的，由人民法院根据双方的具体情况，按照最有利于未成年子女的原则判决。子女已满八周岁的，应当尊重其真实意愿。"这一规定是从有利于保护未成年人权益原则、保障子女合法权益出发，有利于子女身心健康，结合父母双方的抚养能力和抚养条件，结合审判实践等具体情况，对离婚后的子女直接抚养问题作出的具体规定。

1. 确定子女直接抚养主体的基本考量

有利于子女身心健康，保障子女的合法权益，儿童利益最大化的原则，是贯穿本编的基本原则，也是处理离婚后子女直接抚养归属问题的出发点，在此前提下，再结合父母双方的抚养能力和抚养条件等具体情况妥善解决。

2. 确定子女抚养的具体办法

（1）对不满2周岁子女的抚养。本条规定："离婚后，不满两周岁的子女，以由母亲直接抚养为原则。"司法实践中审判人员通常掌握的标准是以2周岁为界线。2周岁以下的子女，一般裁决随母亲生活，由母亲直接抚养。但是这一原则也不是一成不变的，实际生活中如果母亲有下列情形之一的，也可以由父亲直接抚养：一是母亲患有久治不愈的传染性疾病或其他严重疾病，子女不宜与其共同生活的；二是母亲有抚养条件不尽抚养义务，而父亲要求子女随其生活的，并对子女健康成长没有不利影响的；三是因其他原因，子女确无法随母方生活的，如母亲的经济能力及生活环境对抚养子女明显不利的，或母亲的品行不端不利于子女成长的，或因违法犯罪被判服刑不可能抚养子女的，等等。

(2)2周岁以上未成年子女的抚养。本条规定："已满两周岁的子女，父母双方对抚养问题协议不成的，由人民法院根据双方的具体情况，按照最有利于未成年子女的原则判决。"夫妻离婚后，对2周岁以上的未成年子女，是由父亲还是母亲直接抚养，首先应由父母双方协议决定。当父母双方对由谁直接抚养未成年子女发生争议时，法院应当进行调解，尽可能争取当事人以协议方式解决。在当事人双方自愿、合法的前提下，协商决定：未成年子女由父亲直接抚养，或者由母方直接抚养，或者在有利于保护子女利益的前提下，由父母双方轮流抚养，对上述几种抚养方式的解决，法院都是准许的。如果当事人双方因子女抚养问题达不成协议时，法院应结合父母双方的抚养能力和抚养条件等具体情况，按照最有利于子女健康成长的原则妥善地作出裁决。

(3)已满8周岁子女的抚养。本条规定："子女已满八周岁的，应当尊重其真实意愿。"已满8周岁的子女属于限制民事行为能力人，已有一定的自主意识和认知能力，因此本条明确规定子女已满8周岁的，应当尊重其真实意愿。在离婚时，无论是父母协商确定由谁抚养，还是人民法院判决确定，都要事先听取8周岁以上子女的意见，在子女提出自己的意见后，再根据其年龄、社会经验、认知能力和判断能力等，探求、尊重其真实的意愿。

(4)子女直接抚养归属的变更。父母离婚后，在一定条件下，可以根据父母双方或子女的实际情况的变化，对子女直接抚养归属依法予以变更。直接抚养子女归属的变更，有两种形式：一是双方协议变更。父母双方协议变更子女直接抚养关系的，只要有利于子女身心健康和保障子女合法权益，则应予准予。二是一方要求变更。应当注意的是，在离婚后，一方要求变更子女直接抚养归属的，双方对此不能达成协议时，应另行起诉。这不是原离婚案件诉讼程序的继续，也不是对原离婚案件子女抚养问题的判决、调解协议错误的纠正，所以，应当作为新的案件另行起诉。

关联法规

《最高人民法院关于适用〈中华人民共和国民法典〉婚姻家庭编的解释(一)》第44～48、55条；《最高人民法院关于适用〈中华人民共和国民法典〉婚姻家庭编的解释(二)》第12～14条

第一千零八十五条　【离婚后子女抚养费的负担】离婚后，子女由一方直接抚养的，另一方应当负担部分或者全部抚养费。负担费用的多少和期限的长短，由双方协议；协议不成的，由人民法院判决。

前款规定的协议或者判决，不妨碍子女在必要时向父母任何一方提出超过协议或者判决原定数额的合理要求。

条文注释

抚养费应当包括：生活费、教育费和医疗费等。子女无论由母亲抚养还是由父亲抚养，不直接抚养的一方都应负担必要的抚养费。

抚养费如何给付？

首先，应由父母双方协议，或者经人民法院调解，当事人达成协议的，按照协议确定。但人民法院对于父母双方协议约定子女随一方生活并由抚养方负担子女全部抚养费的，应当进行审查。如经查实，抚养方的抚养能力明显不能保障子女所需费用，可能影响子女健康成长的应不予准许此项协议。

其次，离婚的夫妻对子女的抚养费数额达不成协议的，由法院判决，无论是协议还是判决，既要考虑子女的实际需要，也要考虑父或母的实际给付能力。至于实际需要的数额，一般应参照当地群众的生活水平，居住在城市的子女的抚养费，一般应比居住在农村的高一些。具体问题的解决，实践中应当掌握以下几个问题：

1. 抚养费的数额

子女抚养费的数额，可根据子女的实际需要、父母双方的负担

能力和当地的实际生活水平确定。分两种情况:一是对于有固定收入的,抚养费一般可按其月收入的一定比例给付。负担两个以上子女抚养费的,比例可适当提高。工资总额的计算,应当包括工资、较固定的奖金、岗位补贴等。二是对于无固定收入的,抚养费的数额可依据其当年总收入或其所处同行业的平均收入。如农民给付的抚养费的标准一般不低于当地平均水平。个体工商户、专业承包户、私营企业主的子女抚养费,应根据其经营状况和实际利润给付。对一方无经济收入或者下落不明的,可用其财物折抵子女抚养费。

2. 抚养费的给付方法

可依父母的职业情况而定,原则上应定期给付。通常,有工资收入的,应按月或定期给付现金,农民可按收益季度或年度给付现金、实物。有条件的也可以一次性给付,但对于一方要求一次性给付的要慎重处理,确有必要采取一次性给付的,要注意掌握条件。以下情况可以一次性给付:一是出国、出境人员;二是有能力一次性支付的个体工商户、专业承包户、私营企业业主等人员;三是下落不明的一方以财产折抵的;四是双方自愿、协商一致的。

3. 抚养费的给付期限

法律没有对抚养费的给付期限作硬性规定,实践中应根据具体情况个案处理。法院可依据相关法律和司法解释的规定酌情确定。

4. 抚养费的变更

无论是登记离婚还是判决离婚,其给付子女抚养费的数额,一般是根据父母离婚的当时,子女所需的必要费用和给付者的经济能力而确定的。子女生活费和教育费无论是在协议离婚时达成的还是由法院判决的,都不妨碍子女在必要时向父母任何一方提出增加原定数额的合理要求。至于费用是否增加,增加多少,不能仅凭子女单方面的要求而确定,应经相应的程序予以解决。其程序可由子女与父母协议解决,协议不成的,可由法院依诉讼程序处理。对此本条第2款作了明确规定:即关于子女抚养费的协议或者判决,不妨碍子女在必要时向父母任何一方提出超过协议或者判决原定数额的合理要求。

司法实践中，子女要求增加抚养费有下列情形之一，父或母有给付能力的，应予支持：(1)由于物价调整，原定抚养费数额不足以维持当地实际生活水平的；(2)因子女患病、上学，实际需要已超过原定数额的；(3)有其他正当理由应当增加的。

此外，还有减免父或母一方抚养费的情况，一般有两种：(1)抚养子女的父或母既有经济负担能力，又愿意独自承担全部抚养费的；(2)有给付义务的父或母因出现某种困难，确实无法或没有能力给付抚养费的，可以通过协议或判决，酌情减免给付数额。但减免是有条件的，一旦被减免方情况好转，有能力给予抚养费时，应依照原定数额给付。

需要说明的是，免除抚养费，只是就抚养费用而言，其教育子女的其他义务是不能被免除的，另一方不得以减免抚养费为由，限制或剥夺另一方探望子女等权利。变更抚养费，原则上限于子女提出或根据子女利益，由直接抚养子女的一方以子女的名义提出，但权利主体只能是子女。

关联法规

《最高人民法院关于适用〈中华人民共和国民法典〉婚姻家庭编的解释(一)》第49～53、55、58～60条；《最高人民法院关于适用〈中华人民共和国民法典〉婚姻家庭编的解释(二)》第17～19条

第一千零八十六条　【父母的探望权】离婚后，不直接抚养子女的父或者母，有探望子女的权利，另一方有协助的义务。

行使探望权利的方式、时间由当事人协议；协议不成的，由人民法院判决。

父或者母探望子女，不利于子女身心健康的，由人民法院依法中止探望；中止的事由消失后，应当恢复探望。

条文注释

探望子女的权利是亲权的一项内容。婚姻家庭中的亲权是以主体间特定的亲属身份为发生依据的，父母婚姻关系的终结并不改变父母与子女的血缘身份关系。根据本法第1084条的规定，父母与

子女间的关系，不因父母离婚而消除。夫妻离婚后，子女无论由父或母直接抚养，仍是父母双方的子女。离婚后父母对子女仍有抚养、教育和保护的权利和义务。

本条第1款即对父或者母赋予了对子女探望的权利，即在离婚后，不直接抚养子女的父或者母，有探望子女的权利。通常情况下，探望权在夫妻协议离婚或者诉讼离婚时确定。如果夫妻在离婚时对探望权未做明确约定，或者法院没有明确作出判决，那么，当事人可以就探望权问题单独提起诉讼。为了保证不直接抚养子女的父或者母行使好探望子女的权利，本条第1款还规定另一方有协助的义务。例如，法院判决不直接抚养子女的一方每周六下午陪伴子女。那么直接抚养子女的一方有义务在规定的时间内，将子女安全地送到双方指定或者法院判决确定的地点，交由不直接抚养子女的一方照看半天，由此实现不直接抚养子女的一方对子女的探望。

行使探望权利的方式、时间、地点等通常宜由当事人协议确定。双方应从有利于子女健康成长的角度出发，对探望的时间、探望的方式、探望的地点、探望期间对子女的安排等作出协商。当双方无法就上述事宜达成一致时，尤其在直接抚养子女的一方无故拒绝不直接抚养子女的一方探望子女时，享有探望权的一方可依《民事诉讼法》的有关规定提起诉讼，请求人民法院作出判决。对此本条第2款规定行使探望权利的方式、时间由当事人协议；协议不成的，由人民法院判决。

人民法院在处理涉及探望权判决或裁定的执行时，可以根据《民事诉讼法》第235条第1款“发生法律效力的民事判决、裁定，以及刑事判决、裁定中的财产部分，由第一审人民法院或者与第一审人民法院同级的被执行的财产所在地人民法院执行”的规定，以及第263条“对判决、裁定和其他法律文书指定的行为，被执行人未按执行通知履行的，人民法院可以强制执行或者委托有关单位或者其他人完成，费用由被执行人承担”的规定进行具体操作。但需要注意的是，强制执行的标的不能是子女的人身。对无故拒不履行人民法院已经发生法律效力的判决裁定，拒绝一方探望子女的当事人，情节严重的,可以根据我国《民事诉讼法》第114条的相关规定,予以罚款、拘留,构成犯罪的依法追究刑事责任。

本条第3款规定了对探望权的限制。父或者母探望子女,不利于子女身心健康的,由人民法院依法中止探望。不直接抚养子女的父母一方的探望权,只有在特殊的情况下才能被加以限制。这种特殊情况主要是指探望有可能不利于子女的身心健康。如父母一方患精神疾病、传染性疾病,以及有吸毒行为或对子女有暴力骚扰等行为。并且根据《预防未成年人犯罪法》第29条的规定,未成年人的父母或者其他监护人发现未成年人有不良行为的,应当及时制止并加强管教。同时《预防未成年人犯罪法》第28条规定,"本法所称不良行为,是指未成年人实施的不利于其健康成长的下列行为:(一)吸烟、饮酒;(二)多次旷课、逃学;(三)无故夜不归宿、离家出走;(四)沉迷网络;(五)与社会上具有不良习性的人交往,组织或者参加实施不良行为的团伙;(六)进入法律法规规定未成年人不宜进入的场所;(七)参与赌博、变相赌博,或者参加封建迷信、邪教等活动;(八)阅览、观看或者收听宣扬淫秽、色情、暴力、恐怖、极端等内容的读物、音像制品或者网络信息等;(九)其他不利于未成年人身心健康成长的不良行为"。当一方以探望子女为由,教唆、胁迫、引诱未成年子女实施以上不良行为则足以构成不利于子女身心健康的要件,可由人民法院依法中止其探望的权利。当以上不利于子女身心健康的情形消除后,非直接抚养子女的一方原享有的探望权利应可恢复。对此本条第3款中规定,中止的事由消失后,应当恢复探望。无论是探望权利的中止或者恢复,都应有权利人的主张,具体程序由人民法院根据《民事诉讼法》的相关规定处理。《最高人民法院关于适用〈中华人民共和国民法典〉婚姻家庭编的解释(一)》第66条规定,当事人在履行生效判决、裁定或者调解书的过程中,一方请求中止探望的,人民法院在征询双方当事人意见后,认为需要中止探望的,依法作出裁定;中止探望的情形消失后,人民法院应当根据当事人的请求书面通知其恢复探望。第67条规定,未成年子女、直接抚养子女的父或母及其他对未成年子女负担抚养、教育、保护义务的法定监护人,有权向人民法院提出中止探望的请求。

《民法典》对祖父母、外祖父母探望孙子女的权利没有作出明确的规定。但是,这不妨碍祖父母、外祖父母对孙子女、外孙子女的探望。

关联法规

《民事诉讼法》第114、235、263条;《最高人民法院关于适用〈中华人民共和国民法典〉婚姻家庭编的解释(一)》第65~68条

第一千零八十七条 【离婚时夫妻共同财产的处理】离婚时,夫妻的共同财产由双方协议处理;协议不成的,由人民法院根据财产的具体情况,按照照顾子女、女方和无过错方权益的原则判决。

对夫或者妻在家庭土地承包经营中享有的权益等,应当依法予以保护。

条文注释

1. 共同财产的界定

本法第1065条第1款中规定,夫妻可以对婚姻关系存续期间所得的财产以及婚前财产的归属作出约定——或为共同所有,或为分别所有,或部分共同所有,或部分各自所有。如果夫妻双方约定实行分别财产制,则财产归属较为明晰,发生纠纷时关键在于举证,当对财产属于个人财产还是夫妻共同财产难以确定时,主张权利的一方负有举证责任,当事人举不出有力证据,法院又无法查实的,一般按夫妻共同财产处理。如果夫妻双方未对婚姻关系存续期间所得的财产以及婚前财产作出约定,则除本法第1063条规定的夫妻一方的个人财产以外,均为夫妻共同财产,按本条的规定进行分割。如果夫妻双方约定婚姻关系存续期间以及婚前财产均为夫妻共同财产,则离婚时可以分割的财产不仅包括婚后所得财产,还包括夫妻双方的个人婚前财产。如果夫妻双方对婚姻关系存续期间所得的财产以及婚前财产约定部分归各自所有部分归共同所有,在离婚分割财产时,首先要根据夫妻双方的约定界定个人财产和共同财产的范围,然后再对共同财产进行分割。

2. 分割共同财产应遵循的原则

在分清个人财产、夫妻共同财产的前提下，法院应根据财产的具体情况，按照照顾子女、女方和无过错方权益的原则，公平公正地分割夫妻共同财产。

在大多数情况下，夫妻离婚，家庭成员中未成年子女是最大的受害者。因此，本条在规定分割夫妻共同财产时，特别强调了对子女权益的保障，将保护照顾子女的权益作为分割夫妻共同财产时优先考虑的原则。

在分割夫妻共同财产时，要考虑照顾无过错方的利益。《民法典》将原《婚姻法》规定的“离婚时，夫妻的共同财产由双方协议处理；协议不成时，由人民法院根据财产的具体情况，照顾子女和女方权益的原则判决”修改为“离婚时，夫妻的共同财产由双方协议处理；协议不成的，由人民法院根据财产的具体情况，按照照顾子女、女方和无过错方权益的原则判决”，增加了按照照顾无过错方权益的原则分割判决夫妻共同财产。

对夫妻共同财产的分割，还需要说明的是，本法第1092条规定，夫妻一方隐藏、转移、变卖、毁损、挥霍夫妻共同财产，或者伪造夫妻共同债务企图侵占另一方财产的，在离婚分割夫妻共同财产时，对该方可以少分或者不分。离婚后，另一方发现有上述行为的，可以向人民法院提起诉讼，请求再次分割夫妻共同财产。此项请求权的行使要受《民法典》诉讼时效的限制，即权利人自知道或应当知道权利被侵害时起计算，3年后再向人民法院提起诉讼则丧失胜诉权。

3. 关于农村土地承包经营权

在农村，夫妻共同财产的分割主要涉及房屋、承包的土地、果园等。《妇女权益保障法》第55条中规定，妇女在农村集体经济组织成员身份确认、土地承包经营、集体经济组织收益分配、土地征收补偿安置或者征用补偿以及宅基地使用等方面，享有与男子平等的权利。第56条第1款规定，村民自治章程、村规民约，村民会议、村民代表会议的决定以及其他涉及村民利益事项的决定，不得以妇女未婚、结婚、离婚、丧偶、户无男性等为由，侵害妇女在农村集体经济组织中的各项权益。农村地区，土地、果园大部分实行家庭联产承包责任制，每个家庭承包的面积是根据家庭人口按本村人均面积分配的，因此，女方在土地承包上同样享有承包经营权。故本条第2款规定，对夫或妻在家庭土地承包经营中享有的权益等，应当依法予以保护。

关联法规

《最高人民法院关于适用〈中华人民共和国民法典〉婚姻家庭编的解释(一)》第72～82条；《妇女权益保障法》第55、56、66～69条；《最高人民法院关于适用〈中华人民共和国民法典〉婚姻家庭编的解释(二)》第20条

第一千零八十八条 【离婚经济补偿】夫妻一方因抚育子女、照料老年人、协助另一方工作等负担较多义务的，离婚时有权向另一方请求补偿，另一方应当给予补偿。具体办法由双方协议；协议不成的，由人民法院判决。

条文注释

本条规定是遵循权利和义务对等的原则作出的。只有在一方为婚姻共同体尽了较多义务，如抚养子女、照料老人、协助另一方工作的情况下才可以向对方请求补偿。夫妻离婚时，一方承担较多家庭义务的，要求另一方给予经济补偿，应当由离婚的夫妻自行协商确定，这种协商可以在协议离婚时确定，也可以在诉讼离婚中确定。如果在协议离婚时双方达成了一致，则可以向婚姻登记部门提交。婚姻登记部门查明确属自愿，且不违反法律规定的，给予离婚登记，双方应自觉履行协议。在诉讼离婚中，双方对离婚补偿达成一致意见，交由法院以调解书或者判决书的形式予以确认。如果双方达不成协议，人民法院则依据本条的规定进行判决确定。

关联法规

《妇女权益保障法》第47条；《最高人民法院关于适用〈中华人民共和国民法典〉婚姻家庭编的解释(二)》第21条

第一千零八十九条　【离婚时夫妻共同债务清偿】离婚时，夫妻共同债务应当共同偿还。共同财产不足清偿或者财产归各自所有的，由双方协议清偿；协议不成的，由人民法院判决。

条文注释

本法第1064条对夫妻共同债务的认定作出了明确规定。夫妻共同债务属于连带债务，对外夫妻双方应当依法对债权人承担连带清偿责任，但在内部，夫妻双方应当如何确定清偿责任，本条对此作了明确规定。

根据本条规定，婚姻关系终结时，夫妻共同债务清偿应当遵循的原则是共同债务共同清偿。依法属于夫妻共同债务的，夫妻应当以共同财产共同偿还，这是一个基本原则。但是，如果夫妻共同财产不足致使不能清偿的，或者双方约定财产归各自所有的没有共同财产清偿的，夫妻双方对共同债务如何偿还以及清偿比例等，可以由双方当事人协商确定，如果双方协商不能达成一致意见的，由人民法院考虑双方当事人的具体情况依法判决确定。要注意的是，无论是双方当事人协商确定，还是人民法院判决确定的清偿方式、清偿比例等内容，仅在离婚的双方当事人之间有效，对债权人是没有法律效力的，债权人可以依照本法第178条“二人以上依法承担连带责任的，权利人有权请求部分或者全部连带责任人承担责任”的规定来要求双方履行其债务。

关联法规

《民法典》第1064条；《最高人民法院关于适用〈中华人民共和国民法典〉婚姻家庭编的解释（一）》第69条

第一千零九十条　【离婚经济帮助】离婚时，如果一方生活困难，有负担能力的另一方应当给予适当帮助。具体办法由双方协议；协议不成的，由人民法院判决。

条文注释

婚姻关系存续期间，夫妻双方有互相扶养的义务，一方不履行扶养义务时，需要扶养的一方有要求对方付给扶养费的权利。婚姻关系终结后，法律明确要求一方对生活困难的另一方从其个人财产中给予适当的帮助，实质是夫妻间扶养义务的延续。

本条只是原则性规定，法院在判决时，还应考虑到以下几个问题：(1)生活困难的界定。一般认为，若一方离婚后分得的财产不足以维持其合理的生活需要，或者不能通过从事适当的工作维持其生活需要等，均可认为是生活困难的体现。(2)给予帮助的方式。法院应考虑双方的收入和财产、就业能力、子女抚养情况、婚姻期间的生活水平等因素，合理确定扶助的数额和方式。(3)婚姻关系中的过错不应在考虑之列，意味着有过错的一方若存在生活困难的情形，也可要求无过错方给予适当经济帮助。

关联法规

《妇女权益保障法》第68、69条；《最高人民法院关于适用〈中华人民共和国民法典〉婚姻家庭编的解释(二)》第22条

第一千零九十一条 【离婚过错赔偿】有下列情形之一，导致离婚的，无过错方有权请求损害赔偿：

(一)重婚；

(二)与他人同居；

(三)实施家庭暴力；

(四)虐待、遗弃家庭成员；

(五)有其他重大过错。

条文注释

按照《最高人民法院关于适用〈中华人民共和国民法典〉婚姻家庭编的解释(一)》第87条的规定，承担《民法典》第1091条规定的损害赔偿责任的主体，为离婚诉讼当事人中无过错方的配偶。人民法院判决不准离婚的案件，对于当事人基于《民法典》第1091条提出的损害赔偿请求，不予支持。在婚姻关系存续期间，当事人不起诉离婚而单独依据《民法典》第1091条提起损害赔偿请求的，人民法院不予受理。人民法院受理离婚案件时，应当将《民法典》关于当事

人的有关权利义务,书面告知当事人。区分不同情况予以适用:(1)符合《民法典》关于无过错方作为原告基于该规定向人民法院提起损害赔偿请求的,必须在离婚诉讼的同时提出。(2)符合《民法典》关于无过错方作为被告的离婚诉讼案件,如果被告不同意离婚也不基于该规定提起损害赔偿请求的,可以就此单独提起诉讼。(3)无过错方作为被告的离婚诉讼案件,一审时被告未基于《民法典》提出损害赔偿请求,二审期间提出的,人民法院应当进行调解,调解不成的,告知当事人另行起诉。

根据《最高人民法院关于适用〈中华人民共和国民法典〉婚姻家庭编的解释(一)》第90条的规定,夫妻双方均有《民法典》第1091条规定的过错情形,一方或者双方向对方提出离婚损害赔偿请求的,人民法院不予支持。

本条虽然规定了离婚损害赔偿制度,但并不是说法院在审理离婚案件时必须判决过错方对无过错方以予赔偿。在离婚案件中无过错方对确实有过错的另一方是否行使赔偿请求权,由受损害的无过错方自行决定,法院不能主动判决离婚损害赔偿。

离婚损害赔偿既应当包括过错方给无过错方造成的财产损害的赔偿,也应当包括过错方给无过错方造成的人身损害、精神损害的赔偿。人民法院应当根据过错方对无过错造成的损害程度以及婚姻当事人的经济状况等判定赔偿数额。根据《最高人民法院关于适用〈中华人民共和国民法典〉婚姻家庭编的解释(一)》第86条的规定,《民法典》第1091条规定的"损害赔偿",包括物质损害赔偿和精神损害赔偿。涉及精神损害赔偿的,适用《最高人民法院关于确定民事侵权精神损害赔偿责任若干问题的解释》的有关规定。

关联法规

《民法典》第1183条;《最高人民法院关于适用〈中华人民共和国民法典〉婚姻家庭编的解释(一)》第1、2、86～90条;《最高人民法院关于确定民事侵权精神损害赔偿责任若干问题的解释》

第一千零九十二条 【一方侵害夫妻共同财产的法律后果】夫妻一方隐藏、转移、变卖、毁损、挥霍夫妻共同财产,或者伪造夫妻共同债务企图侵占另一方财产的,在离婚分割夫妻共同财产时,对该方可以少分或者不分。离婚后,另一方发现有上述行为的,可以向人民法院提起诉讼,请求再次分割夫妻共同财产。

条文注释

根据本条规定,夫妻一方实施的有关财产的违法行为主要是两类:

1. 侵害夫妻共同财产

夫妻共同财产主要指夫妻双方在婚姻关系存续期间归双方共同所有的财产。夫妻共同财产从性质上说,属于共同共有。夫妻在婚姻关系存续期间,无论属于双方或一方的收入,无论各自收入的数额多少,也无论其中一方有无收入,夫妻作为共同生活的伴侣,对共同财产享有平等的所有权。对共同财产,夫妻双方均有依法占有、使用、收益和处分的权利。在共有关系消灭之前,财产权利是一个整体,只有在婚姻关系消灭(离婚或一方死亡)或双方有特别约定时,才能对共同财产进行分割。本法第1062条第2款同时规定,夫妻对共同所有的财产,有平等的处理权。所谓平等的处理权,依照民法关于共同共有的原理,是指夫妻在处分共同财产时,应当平等协商,取得一致意见,任何一方不得违背对方的意志,擅自处理。特别是对共有财产作较大的变动时,如出卖、赠与等,更应征得对方的同意,否则就侵犯了另一方对共有财产的所有权。根据有关司法解释的规定,在共同共有关系存续期间,部分共有人擅自处分共有财产的,一般认定无效。如果对其他共有人造成损失,由擅自处分共有财产的人赔偿。因此,隐藏、转移、变卖、毁损、挥霍夫妻共同财产的行为,是一种侵犯共同财产所有权的民事侵权行为。

隐藏、转移、变卖、毁损、挥霍夫妻共同财产是违法行为。隐藏是指将财产藏匿起来,不让他人发现,另一方无法获知财产的所在从而无法控制。转移是指私自将财产移往他处,或将资金取出移往其他账户,脱离另一方的掌握。变卖是指将财产折价卖给他人。毁损是指采用打碎、拆卸、涂抹等破坏性手段使物品失去原貌，失去或者部分失去原来具有的使用价值和现金价值。挥霍是指对夫妻共有的财产没有目的的，不符合常理的耗费致使其不存在或者价值减损。上述违法行为，在主观上只能是故意的，不包括过失行为，如因不慎将某些共同财产毁坏，只要没有故意，不属于本条规定之列。夫妻一方如果实施了上述行为，就属于对夫妻共同财产的侵害。

2. 侵占另一方财产

另一方财产，主要是指在婚姻关系存续期间，归夫妻一方个人所有的财产。本法第 1063 条规定，下列财产为夫妻一方的个人财产：(1)一方的婚前财产；(2)一方因受到人身损害获得的赔偿或者补偿；(3)遗嘱或者赠与合同中确定只归一方的财产；(4)一方专用的生活用品；(5)其他应当归一方的财产。本法第 1065 条第 1 款中规定，夫妻可以约定婚姻关系存续期间所得的财产以及婚前财产归各自所有或者部分各自所有。夫妻一方对属于自己个人的财产享有占有、使用、支配的权利。在不违背法律规定的情况下，可以依据自己个人的意愿处分自己的财产。但是本法第 1089 条规定，离婚时，夫妻共同债务应当共同偿还。共同财产不足清偿或者财产归各自所有的，由双方协议清偿；协议不成的，由人民法院判决。这一规定，意味着夫妻在离婚时，如果共同财产不足以清偿共同债务时，有可能以夫妻一方的个人财产来承担夫妻共同债务，具体数额由人民法院判决确定。对此，有的夫妻一方就有可能利用这一法律规定，伪造夫妻共同债务，企图侵占另一方的财产。伪造债务是指制造内容虚假的债务凭证，包括合同、欠条等。伪造债务是违法行为的客观表现。在主观上是故意，不是过失行为，是以侵占夫妻另一方财产为目的。只要夫妻一方实施伪造夫妻共同债务的行为，就属于对另一方财产的侵害。

需要注意的是，对通过实施隐藏、转移、变卖、毁损、挥霍手段侵害夫妻共同财产的违法行为，及伪造夫妻共同债务企图侵占另一方财产的违法行为，本条规定，在离婚分割夫妻共同财产时，对该方可以少分或者不分。本条所讲的在离婚分割夫妻共同财产时，是指在离婚诉讼期间。

夫妻共同财产属于夫妻共同共有,依照民法共同共有的理论,原则上,在共同体解体时,对共同共有的财产应当均等分割。若夫妻中的一方存在有以隐藏、转移、变卖、毁损、挥霍手段侵害夫妻共同财产的违法行为,或有伪造夫妻共同债务企图侵占另一方财产的违法行为,可依照本条规定对实施上述违法行为的一方,在分割夫妻共同财产时,可以少分或不分。少分或不分夫妻共同财产,是违法行为实施者理应承担的法律责任。需要说明的是,本条对少分的具体份额或比例以及在何种情况下可以不分、少分,没有作出明确规定,只是规定了"可以"少分或者不分。法院在审判实践中,应当根据违法行为的情节和案件的具体情况作出处理。

本条还对离婚后,即离婚案件已审理终结,人民法院对离婚双方有关财产分割的调解书、判决书已发生法律效力后,当事人又发现一方有隐藏、转移、变卖、毁损、挥霍夫妻共同财产或者伪造夫妻共同债务企图侵占另一方财产行为的处理作了规定。即"离婚后,另一方发现有上述行为的,可以向人民法院提起诉讼,请求再次分割夫妻共同财产"。在离婚案件审理过程中,这部分共同财产由于被一方隐藏、转移、变卖、毁损、挥霍,或伪造债务所侵占而未能发现,因而法院也未能将其作为夫妻共同财产予以分割。夫妻共同财产是共同共有财产,任何一方未经另一方同意而擅自予以隐藏、转移、变卖、毁损、挥霍,或通过伪造债务等非法手段据为己有的,都是对另一方财产所有权的侵害,是一种民事侵权行为。另一方可以依据本条规定,向人民法院提起诉讼,请求再次分割夫妻共同财产。在分割时,关于对隐藏、转移、变卖、毁损、挥霍夫妻共同财产或伪造夫妻共同债务企图侵占另一方财产的可以少分或者不分的原则仍应适用。

关联法规

《最高人民法院关于适用〈中华人民共和国民法典〉婚姻家庭编的解释(一)》第83、84条

第五章　收　　养

第一节　收养关系的成立

第一千零九十三条　【被收养人的条件】下列未成年人,可以被收养:

(一)丧失父母的孤儿;

(二)查找不到生父母的未成年人;

(三)生父母有特殊困难无力抚养的子女。

条文注释

收养是自然人领养他人子女为自己子女的一种民事法律行为,能够起到依法变更亲子关系、转移亲子间权利义务关系的法律效力。

《民法典》将收养制度整体纳入婚姻家庭编中作专章规定,基本保留了原《收养法》的框架结构及主要内容。在被收养人条件方面,《民法典》与原《收养法》相比,最大的变化是对其年龄的限制,即由原来的被收养人应当不满14周岁,修改为未满18周岁的未成年人,符合相应条件均可被收养。除年龄限制的变化之外,收养一章对于被收养人条件的规定基本延续了原《收养法》的规定,未作大的修改,即包括了丧失父母的孤儿、查找不到生父母的未成年人以及生父母有特殊困难无力抚养的子女。

(1)丧失父母的孤儿。此处的"丧失"应指被收养人的父母已经死亡或者被宣告死亡。"父母"不仅包括生父母,还包括养父母以及有扶养关系的继父母。这里需要指出的是,该项不包括父母被宣告失踪的情形。如果父母因查找不到而被宣告失踪,可以考虑适用本条第2项,即"查找不到生父母的未成年人"可以被收养。

(2)查找不到生父母的未成年人。本项规定的"查找不到"是指通过各种方式均无法找到。虽然本条未对“查找不到”的时间加以限制，但从维护收养关系的角度，在操作方面应当有一个合理期间的限制，个人或者有关机关经过一定期间仍查找不到父母的未成年人，可以作为被收养人。此外，需要强调的是，对于暂时脱离生父母，但嗣后又被找回的未成年人，不属于此处的“查找不到”，不应当成为被收养的对象。

(3)生父母有特殊困难无力抚养的子女。与前两项相比，该项当中可作为被收养人的主体并非丧失父母或者父母查找不到，而是由于生父母自身不具备抚养子女的能力，从而产生被收养的需要。本项的“有特殊困难”属于一个包容性较强的表述，既包括生父母因经济困难无力抚养，也包括生父母因身体或者精神原因自身不具备抚养能力等，具体应由有关部门根据情况进行判断是否适用收养。

第一千零九十四条　【送养人的条件】下列个人、组织可以作送养人：

(一)孤儿的监护人；

(二)儿童福利机构；

(三)有特殊困难无力抚养子女的生父母。

条文注释

送养人适格是收养法律关系成立的实质要件，即只有送养人符合相关条件，收养才能有效成立。

1. 关于“孤儿的监护人”

此处的“孤儿”是指其父母死亡或人民法院宣告其父母死亡的未成年人。关于未成年人的监护人，本法第27条规定：“父母是未成年子女的监护人。未成年人的父母已经死亡或者没有监护能力的，由下列有监护能力的人按顺序担任监护人：(一)祖父母、外祖父母；(二)兄、姐；(三)其他愿意担任监护人的个人或者组织，但是须经未成年人住所地的居民委员会、村民委员会或者民政部门同意。”监护制度是对被监护人行为能力的一种补足，是民法上对于无行为能力人和限制行为能力人的人身、财产及其他合法权益进行监督、保护的一种制度。对于未成年人来说,正常情况下是由其父母担任监护人的。在父母死亡或者被宣告死亡后,成为"孤儿"的未成年人就需要由其他主体担任监护人,以保护其合法权益。理解本项规定需要注意两个问题:第一,按照《民法典》总则编的规定,担任孤儿监护人的主体是有顺序限制的,即首先是祖父母、外祖父母,其次是兄、姐,最后是其他愿意担任其监护人的个人或者组织,但须经未成年人住所地的居委会、村委会或者民政部门同意。当然,以上主体担任监护人的前提是必须具备监护能力。第二,孤儿的监护人实施送养行为时,按照本法第1096条的规定,应当受到一定限制。即监护人送养孤儿的,应当征得有抚养义务的人同意。有抚养义务的人不同意送养、监护人不愿意继续履行监护职责的,应当依照《民法典》总则编的规定另行确定监护人。

2. 关于"儿童福利机构"

本项与原《收养法》的规定相比,将"社会福利机构"修改为"儿童福利机构",是指国家设立的对于孤儿、弃儿等进行监管看护的机构。从实践情况来看,我国的社会福利机构主要是指各地民政部门主管的收容、养育孤儿和查找不到生父母的未成年人的社会福利院。

3. 关于"有特殊困难无力抚养子女的生父母"

本项是将特定情形下的生父母作为送养人的规定。生父母作为子女的法定监护人,在一般情况下都要履行监护职责,不得随意将应由自己承担的责任转由他人承担。但在特殊情况下,生父母因存在特殊困难无力承担这一责任时,从有利于未成年人健康成长的角度,可以由生父母将未成年人送养,这也符合本次收养领域确立的最有利于被收养人的原则要求。适用本项规定需要注意以下几点:(1)能够以存在特殊困难无力抚养为由送养子女的只能是生父母,不包括养父母、继父母。(2)生父母必须存在特殊困难才能送养子女。这里的"特殊困难"是一个包容性较强的概念,既包括经济方面的困难,如生父母均不再具备抚养子女的经济能力,也包括身体、精神方面的原因,如因患重大疾病无法继续抚养子女。无论是何种特殊困难,必须在客观上能够导致生父母丧失对被抚养人的抚养能力。(3)根据本法第1097条的规定,生父母在因特殊困难无力抚养子女而决定送养时,必须生父与生母双方共同决定。除非生父母一方不明或者查找不到,才可以单方送养。(4)根据本法第1108条的规定,如果生父母一方死亡,另一方送养时,死亡一方的父母有优先抚养的权利。即在未成年人父母一方死亡的情形下,其父母一方将其送养时,其祖父母或者外祖父母可以优先抚养。

第一千零九十五条 【监护人送养未成年人的特殊规定】未成年人的父母均不具备完全民事行为能力且可能严重危害该未成年人的,该未成年人的监护人可以将其送养。

条文注释

理解本条需要把握以下几点:(1)本条的规范重点放在了"可以送养",即重点强调未成年人的监护人在何种情况下可以送养该未成年人。《民法典》婚姻家庭编在一般规定中新增了"收养应当遵循最有利于被收养人"的原则,这实际上是收养法律关系中最为重要、最能体现收养制度价值与功能的原则。任何有关收养的规则设计,都应当体现这一原则。将本条的规范重点由"原则上不得送养"调整为"何种情况下可以送养",尽管在最终的规范效果上没有实质变化,但传递出的理念变化是明确的,即首先要保障未成年人的利益:当未成年人父母均不具备完全民事行为能力且可能严重危害该未成年人的,监护人就可以送养未成年人。(2)父母尚在的情况下,对于监护人送养未成年人的条件要求是非常严格的。一是要求未成年人的父母双方均不具备完全民事行为能力。二是未成年人父母必须存在可能严重危害该未成年人的情形时,监护人才可将其送养。所谓可能严重危害该未成年人,主要是指其父母存在危害该未成年人的现实危险且达到严重程度的情形。在这种情况下,即使危害行为尚未实际发生,从保护未成年人利益的角度出发,也允许监护人将其送养。(3)此种情况下的送养主体,只能是该未成年人的监护人。

第一千零九十六条 【监护人送养孤儿的特殊规定】监护人送养孤儿的,应当征得有抚养义务的人同意。有抚养义务的人不同意送养、监护人不愿意继续履行监护职责的,应当依照本法第一编的规定另行确定监护人。

条文注释

根据本条规定,监护人送养孤儿的,应当征得有抚养义务的人同意。这里的“有抚养义务的人”,是指孤儿的有负担能力的祖父母、外祖父母、兄、姐。本法第1074条规定,有负担能力的祖父母、外祖父母,对于父母已经死亡或者父母无力抚养的未成年孙子女、外孙子女,有抚养的义务。有负担能力的兄、姐,对于父母已经死亡或者父母无力抚养的未成年弟、妹,有扶养的义务。如果上述主体不同意监护人对孤儿进行送养,而现在的监护人又不愿意继续履行监护职责的,为使被监护人不致处于无人监护的状态,应当依照本法总则编的规定另行确定监护人。

理解本条需要注意以下几点:(1)孤儿的父母死亡后,有资格担任孤儿监护人的主体并不单一,有监护能力的祖父母、外祖父母、兄、姐都可以作为监护主体。但一般情况下,监护人不可能由多人担任,因此,在监护人确定后,为尊重其他有抚养义务的人的意愿,实质上也是为了最大限度地遵循保护未成年人利益的原则,法律要求送养应当征得有抚养义务的人的同意。(2)如果有抚养义务的人不同意送养,监护人又不愿意继续履行监护职责,则要通过变更监护人的方式确保未成年人的利益不受损害。(3)变更监护人应当依照本法总则编的有关规定进行。根据本法第27条第2款的规定,未成年人的父母已经死亡或者没有监护能力的,由下列有监护能力的人按顺序担任监护人:①祖父母、外祖父母;②兄、姐;③其他愿意担任监护人的个人或者组织,但是须经未成年人住所地的居民委员会、村民委员会或者民政部门同意。如果这些主体因监护人的确定产生争议,根据本法第31条第1款的规定,由被监护人住所地的居民委员会、村民委员会或者民政部门指定监护人,有关当事人对指定不服的,可以向人民法院申请指定监护人；有关当事人也可以直接向人民法院申请指定监护人。需要特别指出的是，根据本法第 32 条的规定，没有依法具有监护资格的人的，监护人由民政部门担任，也可以由具备履行监护职责条件的被监护人住所地的居民委员会、村民委员会担任。

第一千零九十七条　【生父母送养】生父母送养子女，应当双方共同送养。生父母一方不明或者查找不到的，可以单方送养。

条文注释

根据本法第 1094 条的规定，有特殊困难无力抚养子女的生父母可以作为送养人，送养其子女。本条即是对生父母送养子女的要求。

理解本条，需要明确以下两点：(1)生父母送养子女应当双方共同送养，这是原则要求。基于父母双方对于抚养子女的平等地位，送养应当双方共同进行。在实践操作层面，可以双方共同表示送养的意思，也可以由一方表达出送养意愿，另一方表示同意。在后一种情况下，这种同意的表示应是明确的、具体的。(2)生父母送养子女可以单方送养，这是例外规定，应当严格限于法律规定的两种情形，即生父母一方不明或者查找不到。所谓生父母一方不明，是指不能确认被收养人的生父或者生母为谁的情况。在这种情况下，如果生父或生母无力抚养子女，应当允许其送养该子女，给子女提供一个更好的成长环境。所谓查找不到，是指经过一定期间，无法查找到生父或者生母的情况。

第一千零九十八条　【收养人的条件】收养人应当同时具备下列条件：

（一）无子女或者只有一名子女；

（二）有抚养、教育和保护被收养人的能力；

（三）未患有在医学上认为不应当收养子女的疾病；

（四）无不利于被收养人健康成长的违法犯罪记录；

（五）年满三十周岁。

条文注释

本条关于收养人年龄的规定与原《收养法》规定保持一致，仍然要求收养人须年满30周岁。当然，此处关于收养人年龄的规定仅是收养人条件中的一项，其即使满足了这一要求，也并不意味着必然具备抚养、教育被收养人的能力，还需要同时满足本条关于收养人条件的其他要求，才可担任收养人。同时，本条仅是对于一般收养条件下收养人最低年龄的规定，对于特殊情形下的收养，则要视情况予以放宽这一限制或者增加其他年龄方面的限制等。

除须年满30周岁外，按照本条规定，收养还须同时具备其他四项条件：

1. 关于收养人无子女或者只有一名子女

此处的“无子女”包括多种情况，收养人无子女主要是指夫妻双方或者一方因不愿生育或不能生育而无子女，或者因所生子女死亡而失去子女，或者指收养人因无配偶而没有子女的情况，即主要是指收养人没有亲生子女，也没有养子女及形成抚养教育关系的继子女。同时，2015年12月27日十二届全国人大常委会第十八次会议对《人口与计划生育法》作了修改，明确规定了“国家提倡一对夫妻生育两个子女”。与此相应，本项关于收养人无子女的要求也相应作了调整，收养人不再需要受到“无子女”的严格限制，在收养人只有一名子女的情形下，依然可以作为收养人再收养其他子女。

2. 关于有抚养、教育和保护被收养人的能力

收养人具备抚养、教育和保护被收养人的能力，这是收养人必须要有的基本条件，主要是指收养人应当具有完全民事行为能力，在身体、智力、经济、道德品行以及教育子女等各个方面均有能力实现对未成年子女的抚养、教育和保护，能够履行父母对子女应尽的义务。

3. 关于未患有在医学上认为不应当收养子女的疾病

在适用“未患有在医学上认为不应当收养子女的疾病”这一规定处理具体问题时，要特别注意须有充分科学的依据，必要时通过专门的医学鉴定加以确定，切不可随意适用该项条件排除特定主体

的收养要求。一般而言,患有一些精神类疾病和传染性疾病可以被认为不适宜收养。在判定某种疾病是否属于不应当收养子女的疾病时,除考虑疾病本身的严重性之外,重点还要考虑此种疾病对于收养关系的影响、对于被收养人可能存在的影响等,综合以上因素,相关部门应谨慎认定。

4. 关于无不利于被收养人健康成长的违法犯罪记录

这是《民法典》新增加的内容,原《收养法》没有类似规定。需要指出的是,并非有过任何违法犯罪记录的人都不能担任收养人,本项强调"无不利于被收养人健康成长的违法犯罪记录",即收养人系从事过与未成年人健康成长有关的违法犯罪的,才会被限制收养。如果收养人的违法犯罪不影响未成年人健康成长,则不受该项条件的限制。

第一千零九十九条 【收养三代以内旁系同辈血亲子女的特殊规定】收养三代以内旁系同辈血亲的子女,可以不受本法第一千零九十三条第三项、第一千零九十四条第三项和第一千一百零二条规定的限制。

华侨收养三代以内旁系同辈血亲的子女,还可以不受本法第一千零九十八条第一项规定的限制。

条文注释

本条第1款是对收养三代以内同辈旁系血亲的子女的条件规定。"三代以内旁系同辈血亲的子女",是指兄弟姐妹的子女、堂兄弟姐妹的子女、表兄弟姐妹的子女。根据本款规定,如果收养三代以内同辈旁系血亲的子女,可以在收养基本条件的基础上,不受以下几项条件的限制:(1)被收养人生父母有特殊困难无力抚养子女。根据本法第1093条的规定,除丧失父母的孤儿以及查找不到生父母的未成年人外,只有其生父母有特殊困难无力抚养时,其才能被纳入被收养人的范围。而根据本条规定,收养人如果收养的是三代以内旁系同辈血亲的子女,可以不受这一限制,即便未成年人的父母并未因特殊困难丧失抚养能力,其仍可以成为被收养的对象。(2)有特殊困难无力抚养子女的生父母。根据本法第1094条的规定,除孤儿的监护人、儿童福利机构外,未成年人的生父母只有在有特殊困难无力抚养子女时,才能成为送养人。而根据本条规定,收养三代以内旁系同辈血亲的子女,即使未成年人的生父母并未因特殊困难而丧失抚养能力,其仍可以成为适格的送养人,因此成立的收养关系仍然有效。(3)根据本法第1102条的规定,无配偶者收养异性子女的,收养人与被收养人的年龄应当相差40周岁以上。而根据本条规定,收养三代以内旁系同辈血亲的子女,即使收养人与被收养人的年龄相差不到40周岁,依然可以成立有效的收养关系。

本条第2款是对华侨收养三代以内旁系同辈血亲子女的条件规定。理解本款要注意以下两点:(1)华侨收养三代以内旁系同辈血亲的子女,首先与一般主体收养三代以内旁系同辈血亲的子女的要求一致,即被收养人可以不受生父母有特殊困难无力抚养子女的限制、送养人可以不受有特殊困难无力抚养子女的生父母的限制以及无配偶者收养异性子女须与被收养人存在40周岁年龄差的限制。(2)在上述基础上,对于华侨收养三代以内旁系同辈血亲的子女,本法进一步放宽限制,还可以不受收养人须无子女或者只有一名子女的限制。也就是说,已拥有两名及两名以上子女的华侨,还可以收养三代以内旁系同辈血亲的子女。

第一千一百条　【收养子女的数量】无子女的收养人可以收养两名子女;有子女的收养人只能收养一名子女。

收养孤儿、残疾未成年人或者儿童福利机构抚养的查找不到生父母的未成年人,可以不受前款和本法第一千零九十八条第一项规定的限制。

条文注释

本条规定与原《收养法》的规定相比,在收养子女数量方面作了重大修改。根据本条第1款规定,无子女的收养人可以收养两名子女;有子女的收养人只能收养一名子女。换言之,如果收养人无子女,其可以收养子女的数量已经不再限于一名,最多可以收养两名;

仅是对于已有子女的收养人而言，只能再收养一名子女。

根据本条第2款规定，收养孤儿、残疾未成年人或者儿童福利机构抚养的查找不到生父母的未成年人，可以不受前款和本法第1098条第1项规定的限制。根据本款规定，对于被收养人属于孤儿、残疾未成年人以及儿童福利机构抚养的查找不到生父母的未成年人这三类之一的被收养人，首先，可以不受本条第1款的限制，即"无子女的收养人可以收养两名子女；有子女的收养人只能收养一名子女"。也就是说，如果收养人收养的是孤儿、残疾未成年人或者儿童福利机构抚养的查找不到生父母的未成年人的，无子女的收养人可以收养两名以上未成年人，有子女的收养人可以收养一名以上未成年人。其次，收养这三类群体中的任何一类，还可以不受本法第1098条第1项规定的限制，即可以不受收养人无子女或者只有一名子女的限制。也就是说，如果收养人意图收养的对象是孤儿、残疾未成年人或者儿童福利机构抚养的查找不到生父母的未成年人，即使收养人自己有子女或者子女数量超过一名，依然可以进行有效的收养行为。

需要说明的是，本条第1款与原《收养法》的规定相比，明确的是"无子女的收养人可以收养两名子女；有子女的收养人只能收养一名子女"。这是区分情况对收养人可以收养子女数量的规定，并不意味着对收养人条件中收养人子女数量的放宽，即收养人仍须无子女或者只有一名子女才可收养，只是对于华侨收养三代以内旁系同辈血亲的子女，因其可以不受"无子女或者只有一名子女"的限制，所以本款的后半句采用的是"有子女的收养人只能收养一名子女"的表述，也就是说，华侨收养三代以内旁系同辈血亲的子女时，尽管可以不受已有子女数量的限制，但也必须受到只能收养一名未成年人的限制，在这一点上，其与一般的收养人相比，没有例外规定。

第一千一百零一条　【共同收养】有配偶者收养子女，应当夫妻共同收养。

第一千一百零二条　【无配偶者收养异性子女】无配偶者收养异性子女的，收养人与被收养人的年龄应当相差四十周岁以上。

条文注释

从本条规定来看，在无配偶者收养子女的情况下，收养人与被收养人须有40周岁以上年龄差的限制已经不仅限于收养人为男性、被收养人为女性的情况。在收养人为无配偶女性、被收养人为未成年男性的情况下，同样应当受到收养人与被收养人须年龄相差40周岁以上的限制。

第一千一百零三条　【继父母收养继子女的特殊规定】继父或者继母经继子女的生父母同意，可以收养继子女，并可以不受本法第一千零九十三条第三项、第一千零九十四条第三项、第一千零九十八条和第一千一百条第一款规定的限制。

条文注释

根据本条规定，继父或者继母收养继子女的，应当满足以下条件：首先，必须经过子女的生父母同意。继父或者继母收养继子女的，一般而言，与继子女共同生活的生母或者生父会表示同意。因为无论最终收养是否成立，继子女与其共同生活的生母或者生父之间的父母子女关系是始终存在的。在这种情况下，与继子女共同生活的生母或者生父如果同意其配偶收养自己的子女，有利于在法律上尽快确定子女与其配偶之间的养父母子女关系，从而进一步稳定再婚后的家庭关系，使子女得到家庭的关爱。相对而言，未与继子女共同生活的生父或者生母对于收养的意见更为重要，因为一旦继父或者继母与继子女之间的收养关系成立，就同时意味着子女与未共同生活的生父或者生母之间的父母子女关系消除，双方尽管在血缘上仍是亲子，但在法律上的父母子女关系将不复存在。因此，继父母与继子女的收养关系若要成立，必须得到生父母的同意。其次，鉴于继父母收养继子女能够使亲子关系更为清晰，因此立法对这种收养在许多方面放宽了收养条件的限制。包括：(1)可以不受本法第1093

条第 3 项的限制。即继父或者继母收养继子女的,继子女不必属于生父母有特殊困难无力抚养的子女。这相当于放宽了对于生父母经济或身体条件方面的要求,无论是否存在特殊困难,只要其主观上同意送养,都可以成立有效的收养关系。(2)可以不受本法第1094 条第 3 项的限制。即生父母作为送养人时不必属于有特殊困难无力抚养子女的情形。本项限制的放宽是从送养人角度作出的规定。一般而言,担任送养人的主体包括三类,即孤儿的监护人、儿童福利机构以及有特殊困难无力抚养子女的生父母。在继父母收养继子女的情况下,生父母作为送养人,即使不属于有特殊困难无力抚养的情形,根据本项规定,依然可以送养子女,成立其与继父或者继母之间的收养关系。(3)可以不受第 1098 条规定的限制。该规定是对收养人应当具备条件的规定,包括子女数量、抚养能力、疾病情况、违法犯罪记录以及年龄等多个方面。在继父母收养继子女的情况下,可以不受这些条件的限制。(4)可以不受第 1100 条第 1 款规定的限制。即在继父母收养继子女的情况下,可以不受无子女的收养人可以收养两名子女;有一名子女的收养人只能收养一名子女这种收养子女数量上的限制。

需要指出的是,尽管本条对于继父母收养继子女作出了多方面的放宽规定,但这并不意味着在收养关系形成后,继父或者继母对于继子女所应承担的义务和责任可以有所减轻。根据本法第 1111 条的规定,自收养关系成立之日起,养父母与养子女间的权利义务关系,适用本法关于父母子女关系的规定。同时,养子女与生父母及其他近亲属间的权利义务关系,因收养关系的成立而消除。因此,继父母自身份转变为养父母后,父母子女间的权利义务都应依法承担,不得推诿。

第一千一百零四条 【收养、送养自愿】收养人收养与送养人送养,应当双方自愿。收养八周岁以上未成年人的,应当征得被收养人的同意。

条文注释

理解本条,需要注意以下几点:(1)成立有效的收养关系,需要收养人有真实、自愿的收养意思表示。这里需要强调的是，收养人收养意愿的作出必须是真实、自愿的，如果收养的意思表示是在受胁迫、欺诈等情况下作出的，就不会产生有效的收养关系，也必将有损被收养人的合法权益。当然，如果有关主体借收养之名行牟利之实，是被法律严格禁止的，要依法承担相应的法律责任。(2)成立有效的收养关系，还需要送养人同意送养的真实意愿。根据本法第1094条的规定，可以担任送养人的个人和组织包括孤儿的监护人、儿童福利机构以及有特殊困难无力抚养子女的生父母。这些主体在依法送养未成年人时，必须要有同意送养的真实意思表示。(3)如果被收养人属于8周岁以上的未成年人，还必须征得被收养人的同意。被收养的未成年人如果年龄在8周岁以上，则其同意被收养是该收养关系成立的前提条件。换言之，即使送养人与收养人达成了收养合意，如果年满8周岁的被收养人不同意被收养，则收养关系不成立。这也是收养应当最有利于被收养人利益的原则体现。

第一千一百零五条 【收养登记、收养公告、收养协议、收养公证、收养评估】收养应当向县级以上人民政府民政部门登记。收养关系自登记之日起成立。

收养查找不到生父母的未成年人的，办理登记的民政部门应当在登记前予以公告。

收养关系当事人愿意签订收养协议的，可以签订收养协议。

收养关系当事人各方或者一方要求办理收养公证的，应当办理收养公证。

县级以上人民政府民政部门应当依法进行收养评估。

条文注释

所谓收养登记，是政府民政部门对申请建立收养关系的当事人，依照法律规定的收养条件进行审查，对符合法定收养条件的准予登记，收养关系随之成立的一项制度，是收养关系合法成立的必经程序。从这一规定来看，收养登记属于一种行政确认行为，行政机关只负责对当事人遵循平等自愿原则所建立的收养关系的合法性及其结果进行审查确认。

本条第1款首先对收养登记作出规定。根据本款规定,收养应当向县级以上人民政府民政部门登记。收养关系自登记之日起成立。负责代表国家进行收养登记的职能部门是民政部门,且在部门层级上必须是县级以上人民政府的民政部门。因此,办理收养登记的法定机关是县级以上人民政府的民政机关。

本条第2款规定,收养查找不到生父母的未成年人的,办理登记的民政部门应当在登记前予以公告。本款对于办理登记的民政部门附加了应予公告的义务,其目的应在于最大限度地查找未成年人的生父母,尽可能地使未成年人回归原始家庭,以最大限度保护未成年人的合法权益。

本条第3款是关于收养协议的规定,即收养关系当事人愿意签订收养协议的,可以签订收养协议。与收养登记不同,本法对于收养协议的签订并非强制性规定,而是可以由当事人根据具体情况自愿选择是否签订。鉴于收养是变更身份的民事法律行为,如果当事人选择签订收养协议,必须由收养人与送养人双方亲自进行,不得由他人代理。收养协议当事人,无论是收养人、送养人还是被收养人,必须符合法律规定的条件要求,其内容也必须符合相关的法律规定。如果被收养人已年满8周岁,收养协议中还必须包含被收养人同意被收养的意思表示。从形式上讲,收养协议应当采用书面形式,双方当事人各执一份,协议自双方当事人在协议上签字盖章之日起生效。

本条第4款是关于收养公证的规定,即收养关系当事人各方或者一方要求办理收养公证的,应当办理收养公证。从这一规定来看,收养公证并非收养的必经程序,只有收养关系的各方当事人或者一方当事人提出办理收养公证的要求时,才依法予以办理。从办理顺序上看,公证一般应当在签订收养协议并且办理收养登记后进行;如果尚未办理收养登记,仅就收养协议进行公证,只能证明协议是真实合法的,并不能证明收养关系已经成立。

本条第5款是关于收养评估的规定,即县级以上人民政府民政部门应当依法进行收养评估。收养评估的内容包括:收养动机、家庭状况、道德品行等方面。通过收养评估,能够更加准确、客观地确定收养人所具备的抚养被收养未成年人的能力,亦能够从程序和实体两方面保障被收养未成年人的利益,体现了最有利于被收养人的收养原则。

关联法规

《中国公民收养子女登记办法》第2~8条;《收养登记工作规范》

第一千一百零六条　【被收养人户口登记】收养关系成立后,公安机关应当按照国家有关规定为被收养人办理户口登记。

条文注释

围绕本条,需要明确以下几点:(1)为被收养人办理户口登记的前提是必须成立收养关系。根据本法第1105条的规定,收养关系自登记之日起成立。只有履行了合法的收养登记程序,成立收养关系后,才能申请公安机关为被收养人办理户口登记。(2)办理户口登记的职能部门是公安机关。(3)根据被收养人的不同情况,需要办理的户口登记类型既包括原始的户口登记,也包括户口迁移登记。比如,在为孤儿、生父母有特殊困难无力抚养的子女办理户口手续时,因其户籍原来可能已落在其生父母或者其他监护人处,因此需要办理的是户口迁移手续;而如果是为儿童福利机构抚养的查找不到生父母的未成年人办理户口手续,因本就无法查知其生父母原来的户籍所在地,此时需要为被收养人办理的就是原始的户籍登记手续。(4)为被收养人办理户口登记,需要依照国家有关规定进行。

关联法规

《中国公民收养子女登记办法》第9、10条

第一千一百零七条　【生父母的亲属、朋友抚养不适用收养】孤儿或者生父母无力抚养的子女,可以由生父母的亲属、朋友抚养;抚养人与被抚养人的关系不适用本章规定。

条文注释

本法第1093条规定了被收养人的范围，包括丧失父母的孤儿、查找不到生父母的未成年人以及生父母有特殊困难无力抚养的子女。也就是说，这三类主体可以通过收养制度来实现权益保护的目的。根据本条规定，通过抚养的方式，也可以实现对于孤儿以及生父母无力抚养的子女的照顾养育，只是抚养人与被抚养人之间的关系不适用本章关于收养的规定。

根据本条规定，当孤儿或者生父母有特殊困难无力抚养的子女没有通过收养重新确立父母子女关系时，生父母的亲属、朋友可以通过抚养未成年人来实现对其权益的保护，其实质是未成年人的抚养权发生了变更。本章有关收养条件、收养人数、收养登记等一系列规定，均不适用于生父母的亲属、朋友抚养未成年人的情形。当然，这里需要指出的是，如果生父母的亲属、朋友在承担了对未成年人的抚养义务之后，因为各种原因出现了无力承担抚养教育未成年人的情形时，从保护未成年人利益的角度考虑，应当及时、再次变更抚养权人，以确保未成年人的利益不致受到损害。

第一千一百零八条 【优先抚养权】配偶一方死亡，另一方送养未成年子女的，死亡一方的父母有优先抚养的权利。

条文注释

根据本条规定，配偶一方死亡，另一方送养未成年子女的，死亡一方的父母有优先抚养的权利。关于本条，需要明确以下几个问题：(1)根据本条规定，当生存一方配偶作出送养其未成年子女的意思表示之时，死亡一方配偶的父母的优先抚养权即产生。同时，优先抚养权作为死亡一方配偶的父母享有的一项民事权利，其可以根据权利自由处分的原则对优先抚养权表示放弃。在放弃的具体方式上，可以分为“明示放弃”与“默示放弃”。前者是指优先抚养权人在送养人送养子女时，明确地表示自己不抚养未成年子女；后者则是指优先抚养权人明知送养人要送养未成年子女，但其既不作出优先抚养的直接、明确的意思表示，但同时也没有阻止他人收养该子女，据此可以推定优先抚养权人放弃了优先抚养权。(2)优先抚养权并不绝对,在有些情况下,从最有利于未成年人利益的角度出发,可以限制甚至剥夺优先抚养权人的优先抚养权。比如,优先抚养权人存在严重危害未成年人身心健康的现实危险、优先抚养权人不具备实际的抚养能力等。此外,如果未成年人的年龄在8周岁以上,在确定抚养权人时还要充分听取未成年人的意愿。(3)在有的情况下,如死亡一方配偶的父母离婚,假如同时主张优先抚养权的,需要首先审查是否同时具备优先抚养权。如果同时具备优先抚养权,就要综合考虑各种因素,并可以听取送养人的意见,确定由其中一人抚养未成年人。(4)优先抚养权的产生具有先决条件,即必须是在配偶一方死亡,另一方送养子女时,死亡一方配偶的父母才可主张。换言之,如果配偶一方死亡,另一方并无送养子女的意思表示,该方作为子女的生父或者生母,仍然是未成年子女的监护人和法定代理人,由其继续承担对子女的抚养、教育及保护义务,死亡一方配偶的父母无权主张优先抚养。

第一千一百零九条　【涉外收养】外国人依法可以在中华人民共和国收养子女。

外国人在中华人民共和国收养子女,应当经其所在国主管机关依照该国法律审查同意。收养人应当提供由其所在国有权机构出具的有关其年龄、婚姻、职业、财产、健康、有无受过刑事处罚等状况的证明材料,并与送养人签订书面协议,亲自向省、自治区、直辖市人民政府民政部门登记。

前款规定的证明材料应当经收养人所在国外交机关或者外交机关授权的机构认证,并经中华人民共和国驻该国使领馆认证,但是国家另有规定的除外。

条文注释

本条第1款规定,外国人依法可以在中华人民共和国收养子女。这里的“依法”是指依照我国有关收养的法律法规实施收养行为。外国人在我国为收养行为,在法律适用方面采取的是属地主义,即必须依照中国有关收养的法律法规进行。同时，本条第2款中还规定，外国人在中华人民共和国收养子女，应当经其所在国主管机关依照该国法律审查同意。这说明，外国人在中国收养子女的，除遵守我国的法律之外，还需要遵守其所在国的法律规定。按照本章有关被收养人、送养人以及收养人条件的规定，外国人在我国收养子女的，必须符合以下实质性条件的要求：(1)被收养人方面，丧失父母的孤儿、查找不到生父母的未成年人以及生父母有特殊困难无力抚养的子女，这三类主体均可以作为涉外收养的被收养人由外国人收养。当然，由于我国的收养仅限于未成年人收养，因此，成年人收养并不在涉外收养的范围之列。(2)送养人方面，根据本法第1094条的规定，孤儿的监护人、儿童福利机构以及有特殊困难无力抚养子女的生父母，均可以作为送养人送养未成年人。(3)收养人条件方面，本法第1098条规定了收养人应当同时具备的条件，包括无子女或者只有一名子女；有抚养、教育和保护被收养人的能力；未患有在医学上认为不应当收养子女的疾病；无不利于被收养人健康成长的违法犯罪记录；年满30周岁等。当然，在有的情形下，个别条件允许适当放宽。比如，华侨收养三代以内旁系同辈血亲的子女，可以不受收养人无子女或者只有一名子女的限制；外国人原则上最多只能收养两名子女，但是如果收养的是孤儿、残疾未成年人或者儿童福利机构抚养的查找不到生父母的未成年人，可以不受收养人数及收养人子女数量的限制。

本条第2款主要是对外国人收养的形式要件的规定。根据规定，收养人应当提供由其所在国有权机构出具的有关其年龄、婚姻、职业、财产、健康、有无受过刑事处罚等状况的证明材料，并与送养人订立书面协议，亲自向省、自治区、直辖市人民政府民政部门登记。

关联法规

《外国人在中华人民共和国收养子女登记办法》

第一千一百一十条　【收养保密义务】收养人、送养人要求保守收养秘密的，其他人应当尊重其意愿，不得泄露。

第二节 收养的效力

第一千一百一十一条 【收养拟制效力】自收养关系成立之日起，养父母与养子女间的权利义务关系，适用本法关于父母子女关系的规定；养子女与养父母的近亲属间的权利义务关系，适用本法关于子女与父母的近亲属关系的规定。

养子女与生父母以及其他近亲属间的权利义务关系，因收养关系的成立而消除。

条文注释

首先，关于养父母与养子女间的权利义务关系。根据本条规定，自收养关系成立之日起，养父母与养子女间的权利义务关系，适用本法关于父母子女关系的规定。本法关于父母子女关系的规定主要集中在总则编及婚姻家庭编。这些规范父母子女权利义务关系的规定，都可在收养关系成立后，适用于养父母子女之间。换言之，尽管收养形成的是拟制血亲，但在法律适用方面，其与自然血亲并无差别。

其次，关于养子女与养父母的近亲属间的权利义务关系。由于收养关系成立后，养父母子女之间同自然血亲的父母子女关系并无二致，因此，在养子女与养父母近亲属关系方面，也同样适用本法关于子女与父母的近亲属之间关系的规定。

最后，本条第 2 款规定，养子女与生父母以及其他近亲属间的权利义务关系，因收养关系的成立而消除。即收养关系成立后，养父母与养子女间形成了拟制的父母子女关系。

第一千一百一十二条 【养子女的姓氏】养子女可以随养父或者养母的姓氏，经当事人协商一致，也可以保留原姓氏。

条文注释

本条规定养子女可以随养父或者养母的姓氏，这与本法人格权编有关子女姓氏选取的规定也是一致的。当然，从另一方面来说，送养人与收养人在收养关系成立时也可能早已约定好未成年子女的姓氏问题，如果双方协商一致，法律也并不禁止未成年人保留原姓氏。比如，在生父母因特殊困难无力抚养而送养子女时，基于情感方面的考虑，生父母可能希望子女在被他人收养之后仍保留原姓氏。此时，如果收养人对此不持异议，当然是允许的。这充分体现了对收养关系当事人意思自治的尊重。

第一千一百一十三条　【无效收养行为】有本法第一编关于民事法律行为无效规定情形或者违反本编规定的收养行为无效。

无效的收养行为自始没有法律约束力。

条文注释

本条对于收养效力的问题，采取了与原《收养法》一致的做法，只规定了收养行为的无效。根据本条规定，在两种情形下，收养行为将被认定为无效：

首先，有本法总则编关于民事法律行为无效规定的情形。本法第143～157条规定了民事法律行为的效力。本法第143条首先从正面规定了民事法律行为有效应当具备的条件，包括：(1)行为人具有相应的民事行为能力；(2)意思表示真实；(3)不违反法律、行政法规的强制性规定，不违背公序良俗。在此基础上，如果不具备或者不完全具备这些条件的民事法律行为，其效力将受到影响，具体可导致无效、可撤销、效力待定等多种效力形态。其中，属于无效民事法律行为的情形包括：(1)无民事行为能力人实施的民事法律行为无效。(2)行为人与相对人以虚假的意思表示实施的民事法律行为无效。(3)违反法律、行政法规的强制性规定的民事法律行为无效。但是，该强制性规定不导致该民事法律行为无效的除外。(4)违背公序良俗的民事法律行为无效。(5)行为人与相对人恶意串通，损害他人合法权益的民事法律行为无效。从以上规定来看，这些无效情形涵盖了行为人行为能力欠缺、意思表示不真实、违法性等各个方面，是总则编对于民事法律行为效力否定性评价的主要依据。收养作为具有人身性质的民事法律行为，自然应当受到总则编有关民事法律行为效力评价规定的约束。如果送养人与收养人之间的收养行为具有上述情形的，则收养应属无效。

其次，违反本编规定的收养行为无效。除具有总则编无效情形的收养行为应属无效收养之外，如果收养行为违反了婚姻家庭编的规定，也应属于无效的收养行为。例如，收养行为违反了有关被收养人、送养人、收养人的条件，以及收养人数的限制以及无配偶者收养异性子女的年龄限制等。又如，未依法向县级以上民政部门办理收养登记。再如，违反有关收养应当遵循最有利于被收养人的原则，保障被收养人和收养人的合法权益的规定，违反禁止借收养名义买卖未成年人的规定等，均为无效收养。

本条第2款规定，无效的收养行为自始没有法律约束力。根据本法第155条的规定，无效的民事法律行为自始没有法律约束力。收养作为具有人身性质的民事法律行为，也应遵循法律行为制度的基本原理，一旦被认定无效，也应当是从行为一开始便没有法律约束力。

关联法规

《民法典》第143～157条

第三节　收养关系的解除

第一千一百一十四条　【协议解除及诉讼解除收养关系】收养人在被收养人成年以前，不得解除收养关系，但是收养人、送养人双方协议解除的除外。养子女八周岁以上的，应当征得本人同意。

收养人不履行抚养义务，有虐待、遗弃等侵害未成年养子女合法权益行为的，送养人有权要求解除养父母与养子女间的收养关系。送养人、收养人不能达成解除收养关系协议的，可以向人民法院提起诉讼。

条文注释

从本条第1款规定来看，协议解除收养关系存在以下特点，需要准确把握：(1)原则上，在被收养人成年以前，收养人不得单方解除收养关系。(2)收养人与送养人经协商一致，可以解除收养关系。在收养人不得随意解除收养关系的原则要求之下，如果收养人与送养人能够协商一致，意味着对未成年人的抚养不会出现问题，从尊重双方当事人意思自治的角度出发，可以允许解除收养关系。(3)养子女8周岁以上的，应当征得其同意。在送养人、收养人就解除收养关系达成一致的前提下，如果养子女已经属于8周岁以上的限制行为能力人，则还需要征得养子女的同意才可解除收养关系。

本条第2款是通过诉讼解除收养关系的规定。理解本款需要注意以下几点：(1)适用本款规定的前提是被收养人尚未成年。(2)本款适用的对象仅为送养人，不适用于收养人或者被收养人。即为保护被收养人的合法权益，赋予送养人在一定条件下提起解除收养关系之诉的权利。(3)本款的适用情形有严格限制，即收养人不履行抚养义务，有虐待、遗弃等侵害未成年养子女合法权益的行为。如果收养人不存在这些行为，则送养人无权提起解除收养关系的诉讼。

第一千一百一十五条 【养父母与成年养子女解除收养关系】养父母与成年养子女关系恶化、无法共同生活的，可以协议解除收养关系。不能达成协议的，可以向人民法院提起诉讼。

条文注释

正确理解和适用本条，需要注意以下几点：(1)本条解决的是养父母与成年养子女关系恶化、无法共同生活时收养关系的解除，不包括养子女为未成年人时的情形。根据本法第1114条的规定，收养人在养子女未成年时，原则上不得解除收养关系，除非收养人、送养人协议解除。如果收养人因无法解除收养关系而对未成年子女不履行抚养义务，甚至虐待、遗弃未成年子女的，送养人可以要求解除收养关系。(2)本条所规范的养父母与成年养子女之间收养关系的解除，既包括协议解除，也包括诉讼解除。当养父母与成年养子女双方关系恶化、无法共同生活时，可以由一方提出解除收养关系的意思表示，另一方如果同意，则双方就可以协议解除。如果一方提出解除，另一方不同意解除或者对解除收养关系的具体内容不认可，则可以通过向法院提起诉讼的方式解除收养关系。无论是养父母还是成年养子女，均享有诉权。(3)养父母与成年养子女解除收养关系的原因是双方关系恶化、无法共同生活，至于引起关系恶化的具体原因本条未作规定。实践中，成年养子女既可能因为生活方式、价值理念的不同而与养父母关系恶化，也可能存在成年后为逃避赡养义务而故意与养父母交恶，无论出于何种原因，此时勉强维持收养关系于双方无益，应允许解除收养关系。

第一千一百一十六条 【解除收养关系登记】当事人协议解除收养关系的，应当到民政部门办理解除收养关系登记。

条文注释

理解本条需要注意以下几点：(1)本条的规范对象是协议解除收养关系。根据本法第1114条、第1115条的规定，协议解除收养关系包括以下几种情形：一是收养人与送养人协议解除收养关系。如果被收养人8周岁以上的，解除收养关系还须得到被收养人本人的同意。二是收养人不履行抚养义务，有虐待、遗弃等侵害未成年养子女合法权益行为的，送养人有权要求解除收养关系。此种情况下，送养人与收养人也可以通过协议的方式解除收养关系。三是养父母与成年养子女关系恶化、无法共同生活的，养父母与成年养子女可以通过协议的方式解除收养关系。因此，在上述三种情形下，如果双方达成了解除收养关系的协议，应当到民政部门办理解除收养关系登记。(2)按照有关程序要求，双方应携带必要的材料，共同到民政部门办理解除收养关系登记。(3)民政部门在办理解除收养关系登记时，应当按照收养的有关规定进行审核，只有符合规定的，才可以办理解除登记。同时，与收养关系自登记之日起成立一样，收养关系也应自解除收养关系登记之日起解除。

关联法规

《中国公民收养子女登记办法》第11、12条

第一千一百一十七条 【收养关系解除的法律后果】收养关系解除后，养子女与养父母以及其他近亲属间的权利义务关系即行消除，与生父母以及其他近亲属间的权利义务关系自行恢复。但是，成年养子女与生父母以及其他近亲属间的权利义务关系是否恢复，可以协商确定。

条文注释

本条规定了在收养关系解除后，养子女与养父母以及其他近亲属的权利义务关系即行消除，而与生父母以及其他近亲属的权利义务关系自行恢复，无须办理任何手续。同时，也不区分协议解除还是诉讼解除，均产生此种法律后果。这样一来，对于未成年被收养人的抚养、教育就不会出现真空，能够自动得以接续，未成年人可以继续在良好的环境下健康成长。另外，如果收养关系解除后，养子女已经成年，意味着子女已经具备完全行为能力，具有独立的思考和认知能力，可以自主决定未来的生活安排，能够依据自己的所思所想规划未来，包括与谁确立亲子关系等。因此，收养关系解除后成年养子女与生父母以及其他近亲属的权利义务关系是否恢复，尊重双方的自由意志，可协商确定。

第一千一百一十八条 【收养关系解除后生活费、抚养费支付】收养关系解除后，经养父母抚养的成年养子女，对缺乏劳动能力又缺乏生活来源的养父母，应当给付生活费。因养子女成年后虐待、遗弃养父母而解除收养关系的，养父母可以要求养子女补偿收养期间支出的抚养费。

生父母要求解除收养关系的，养父母可以要求生父母适当补偿收养期间支出的抚养费；但是，因养父母虐待、遗弃养子女而解除收养关系的除外。

条文注释

正确理解和适用本条,需要注意以下几点:

(1)收养关系解除后,成年养子女应对抚养过自己的、缺乏劳动能力又缺乏生活来源的养父母给付生活费。这里不区分协议解除还是诉讼解除,只要养父母对养子女尽了抚养义务,养子女成年后,对于缺乏劳动能力又缺乏生活来源的养父母,都应当给付生活费。这里需要满足以下几项条件:一是收养关系已经解除。既包括协议解除,也包括诉讼解除。二是养父母须实际抚养过养子女。如果收养关系成立后,养父母并未对养子女尽抚养义务,则其无权要求成年养子女支付生活费。这里体现的仍然是权利义务相对等的原则。三是养父母具有缺乏劳动能力又缺乏生活来源的情形。由于收养关系解除后,养父母与养子女间已经不再具有父母子女关系。此时,要求成年养子女向养父母给付生活费,更多的是基于养父母之前对其的抚养事实。因此,这一情形应该加以限制,即只有在养父母既缺乏劳动能力又缺乏生活来源时,成年养子女才有给付生活费的义务。

(2)根据本法第1115条的规定,养父母与成年养子女关系恶化、无法共同生活的,既可以协议解除收养关系,也可以通过诉讼方式解除收养关系。此种情况下收养关系的解除,既可能因双方生活观念不符所致,也可能因成年养子女有虐待、遗弃养父母的行为所致。在后一种情况下,尽管收养关系最终解除,但养父母可以要求养子女补偿收养期间支出的抚养费。

(3)生父母提出解除收养关系要求的,养父母可以要求生父母适当补偿收养期间支出的抚养费。但这种请求权有两个方面的限制:一是养父母可以要求适当补偿抚养费支出。养父母可以结合自己抚养教育养子女的具体情况,提出一个适当、大致的补偿标准。二是解除收养关系的请求虽由生父母提出,但其原因在于养父母虐待、遗弃养子女的,由于养父母自身存在过错,其无权提出补偿抚养费的请求。

附录一　条文对照

《婚姻法》《收养法》与《民法典》婚姻家庭编对照表①

相关内容	《民法典》
	第一章　一般规定
	第一千零四十条　本编调整因婚姻家庭产生的民事关系。
《婚姻法》第二条　实行婚姻自由、一夫一妻、男女平等的婚姻制度。 保护妇女、儿童和老人的合法权益。 ~~实行计划生育。~~	**第一千零四十一条　婚姻家庭受国家保护。** 实行婚姻自由、一夫一妻、男女平等的婚姻制度。 保护妇女、未成年人、老年人、**残疾人**的合法权益。
《婚姻法》第三条　禁止包办、买卖婚姻和其他干涉婚姻自由的行为。禁止借婚姻索取财物。 禁止重婚。禁止有配偶者与他人同居。禁止家庭暴力。禁止家庭成员间的虐待和遗弃。	**第一千零四十二条**　禁止包办、买卖婚姻和其他干涉婚姻自由的行为。禁止借婚姻索取财物。 禁止重婚。禁止有配偶者与他人同居。 禁止家庭暴力。禁止家庭成员间的虐待和遗弃。
《婚姻法》第四条　夫妻应当互相忠实，互相尊重；家庭成员间应当敬老爱幼，互相帮助，维护平等、和	**第一千零四十三条　家庭应当树立优良家风，弘扬家庭美德，重视家庭文明建设。**

① 本表参考杜月秋、孙政编:《民法典条文对照与重点解读》，法律出版社2020年版。本表中，对《民法典》新增的主要内容，用“**黑体**”格式体现；对变动的主要内容，用“*斜体*”格式体现；对删除的主要内容，用“~~删除线~~”表示。——编者注

续表

相关内容	《民法典》
睦、文明的婚姻家庭关系。	夫妻应当互相忠实，互相尊重，**互相关爱**；家庭成员应当敬老爱幼，互相帮助，维护平等、和睦、文明的婚姻家庭关系。
《收养法》第二条　收养应当有利于*被收养的未成年人的抚养、成长*，保障被收养人和收养人的合法权益~~，遵循平等自愿的原则，并不得违背社会公德~~。 **第二十条**　严禁~~买卖儿童或者~~借收养名义买卖*儿童*。	**第一千零四十四条**　收养应当遵循最有利于*被收养人*的原则，保障被收养人和收养人的合法权益。 禁止借收养名义买卖未成年人。
	第一千零四十五条　亲属包括配偶、血亲和姻亲。 **配偶、父母、子女、兄弟姐妹、祖父母、外祖父母、孙子女、外孙子女为近亲属。** **配偶、父母、子女和其他共同生活的近亲属为家庭成员。**
	第二章　结　　婚
《婚姻法》第五条　结婚*必须*男女双方完全自愿，*不许*任何一方对*他方*加以强迫或任何*第三者*加以干涉。	**第一千零四十六条**　结婚*应当*男女双方完全自愿，*禁止*任何一方对*另一方*加以强迫，*禁止*任何*组织或者个人*加以干涉。
《婚姻法》第六条　结婚年龄，男不得早于二十二周岁，女不得早于二十周岁。~~晚婚晚育应予鼓励。~~	**第一千零四十七条**　结婚年龄，男不得早于二十二周岁，女不得早于二十周岁。
《婚姻法》第七条　有下列情形之一的，禁止结婚：	**第一千零四十八条**　直系血亲或者三代以内的旁系血亲禁止结婚。

续表

相关内容	《民法典》
（一）直系血亲和三代以内的旁系血亲； ~~（二）患有医学上认为不应当结婚的疾病~~。	
《婚姻法》第八条　要求结婚的男女双方*必须*亲自到婚姻登记机关*进行*结婚登记。符合本法规定的，予以登记，发给结婚证。*取得结婚证*，即确立夫妻关系。未办理结婚登记的，应当补办登记。	**第一千零四十九条**　要求结婚的男女双方*应当*亲自到婚姻登记机关*申请*结婚登记。符合本法规定的，予以登记，发给结婚证。*完成结婚登记*，即确立婚姻关系。未办理结婚登记的，应当补办登记。
《婚姻法》第九条　登记结婚后，根据男女双方约定，女方可以成为男方家庭的成员，男方可以成为女方家庭的成员。	**第一千零五十条**　登记结婚后，按照男女双方约定，女方可以成为男方家庭的成员，男方可以成为女方家庭的成员。
《婚姻法》第十条　有下列情形之一的，婚姻无效： （一）重婚的； （二）有禁止结婚的亲属关系的； ~~（三）婚前患有医学上认为不应当结婚的疾病，婚后尚未治愈的；~~ （四）未到法定婚龄的。	**第一千零五十一条**　有下列情形之一的，婚姻无效： （一）重婚； （二）有禁止结婚的亲属关系； （三）未到法定婚龄。
《婚姻法》第十一条　因胁迫结婚的，受胁迫的一方可以向~~婚姻登记机关或~~人民法院请求撤销该婚姻。~~受胁迫的一方~~撤销婚姻的请求，应当*自结婚登记之日起*一年内提出。被非法限制人身自由的当事人请求撤销婚姻的，应当自恢复人身自由之日起一年内提出。	**第一千零五十二条**　因胁迫结婚的，受胁迫的一方可以向人民法院请求撤销婚姻。 请求撤销婚姻的，应当*自胁迫行为终止之日起*一年内提出。 被非法限制人身自由的当事人请求撤销婚姻的，应当自恢复人身自由之日起一年内提出。

续表

相关内容	《民法典》
	第一千零五十三条　一方患有重大疾病的，应当在结婚登记前如实告知另一方；不如实告知的，另一方可以向人民法院请求撤销婚姻。 **请求撤销婚姻的，应当自知道或者应当知道撤销事由之日起一年内提出。**
《婚姻法》第十二条　无效或被撤销的婚姻，*自始无效*。当事人不具有夫妻的权利和义务。同居期间所得的财产，由当事人协议处理；协议不成时，由人民法院根据照顾无过错方的原则判决。对重婚导致的婚姻无效的财产处理，不得侵害合法婚姻当事人的财产权益。当事人所生的子女，适用本法有关父母子女的规定。	**第一千零五十四条**　无效的或者被撤销的婚姻*自始没有法律约束力*，当事人不具有夫妻的权利和义务。同居期间所得的财产，由当事人协议处理；协议不成的，由人民法院根据照顾无过错方的原则判决。对重婚导致的无效婚姻的财产处理，不得侵害合法婚姻当事人的财产权益。当事人所生的子女，适用本法关于父母子女的规定。 **婚姻无效或者被撤销的，无过错方有权请求损害赔偿。**
	第三章　家 庭 关 系
	第一节　夫 妻 关 系
《婚姻法》第十三条　夫妻在家庭中地位平等。	**第一千零五十五条**　夫妻在**婚姻**家庭中地位平等。
《婚姻法》第十四条　夫妻双方都有各用自己姓名的权利。	**第一千零五十六条**　夫妻双方都有各自使用自己姓名的权利。
《婚姻法》第十五条　夫妻双方都有参加生产、工作、学习和社会活动的自由，一方不得对*他方*加以限制或干涉。	**第一千零五十七条**　夫妻双方都有参加生产、工作、学习和社会活动的自由，一方不得对另一方加以限制或者干涉。

续表

相关内容	《民法典》
《婚姻法》第二十一条第一款 父母对子女有抚养教育的义务~~；子女对父母有赡养扶助的义务~~。	**第一千零五十八条** *夫妻双方*平等享有**对未成年子女抚养、教育和保护的权利**，*共同承担***对未成年**子女抚养、教育和**保护**的义务。
《婚姻法》第二十条 夫妻有互相扶养的义务。 *一方不履行扶养义务时，需要扶养的一方*，有要求对方付给扶养费的权利。	**第一千零五十九条** 夫妻有相互扶养的义务。 *需要扶养的一方，在另一方不履行扶养义务时*，有要求其给付扶养费的权利。
	第一千零六十条 夫妻一方因家庭日常生活需要而实施的民事法律行为，对夫妻双方发生效力，但是夫妻一方与相对人另有约定的除外。 **夫妻之间对一方可以实施的民事法律行为范围的限制，不得对抗善意相对人。**
《婚姻法》第二十四条第一款 夫妻有相互继承遗产的权利。	**第一千零六十一条** 夫妻有相互继承遗产的权利。
《婚姻法》第十七条 夫妻在婚姻关系存续期间所得的下列财产，归夫妻共同所有： （一）工资、奖金； （二）生产、经营的收益； （三）知识产权的收益； （四）继承或赠与所得的财产，但*本法第十八条第三项规定的除外*； （五）其他应当归共同所有的财产。 夫妻对共同*所有的*财产，有平等的处理权。	**第一千零六十二条** 夫妻在婚姻关系存续期间所得的下列财产，**为夫妻的共同财产**，归夫妻共同所有： （一）工资、奖金、**劳务报酬**； （二）生产、经营、**投资**的收益； （三）知识产权的收益； （四）继承或者受赠的财产，但*是本法第一千零六十三条第三项规定的除外*； （五）其他应当归共同所有的财产。 夫妻对共同财产，有平等的处理权。

续表

相关内容	《民法典》
《婚姻法》第十八条 *有下列情形之一的，为夫妻一方的财产：* （一）一方的婚前财产； （二）一方因*身体受到伤害获得的医疗费、残疾人生活补助费等费用*； （三）遗嘱或赠与合同中确定只归夫或妻一方的财产； （四）一方专用的生活用品； （五）其他应当归一方的财产。	**第一千零六十三条** 下列财产为夫妻一方的**个人**财产： （一）一方的婚前财产； （二）一方因*受到人身损害获得的赔偿或者补偿*； （三）遗嘱或者赠与合同中确定只归一方的财产； （四）一方专用的生活用品； （五）其他应当归一方的财产。
	第一千零六十四条 夫妻双方共同签名或者夫妻一方事后追认等共同意思表示所负的债务，以及夫妻一方在婚姻关系存续期间以个人名义为家庭日常生活需要所负的债务，属于夫妻共同债务。 **夫妻一方在婚姻关系存续期间以个人名义超出家庭日常生活需要所负的债务，不属于夫妻共同债务；但是，债权人能够证明该债务用于夫妻共同生活、共同生产经营或者基于夫妻双方共同意思表示的除外。**
《婚姻法》第十九条 *夫妻*可以约定婚姻关系存续期间所得的财产以及婚前财产归各自所有、共同所有或部分各自所有、部分共同所有。约定应当采用书面形式。没有约定或约定不明确的，适用本法*第十七条、第十八条*的规定。	**第一千零六十五条** *男女双方*可以约定婚姻关系存续期间所得的财产以及婚前财产归各自所有、共同所有或者部分各自所有、部分共同所有。约定应当采用书面形式。没有约定或者约定不明确的，适用本法*第一千零六十二条、第一千零六十三条*的规定。

续表

相关内容	《民法典》
夫妻对婚姻关系存续期间所得的财产以及婚前财产的约定，对双方具有约束力。 夫妻对婚姻关系存续期间所得的财产约定归各自所有的，夫或妻一方对外所负的债务，第三人知道该约定的，以夫或妻一方*所有*的财产清偿。	夫妻对婚姻关系存续期间所得的财产以及婚前财产的约定，对双方具有法律约束力。 夫妻对婚姻关系存续期间所得的财产约定归各自所有，夫或者妻一方对外所负的债务，*相对*人知道该约定的，以夫或者妻一方的个人财产清偿。
	第一千零六十六条　婚姻关系存续期间，有下列情形之一的，夫妻一方可以向人民法院请求分割共同财产： **（一）一方有隐藏、转移、变卖、毁损、挥霍夫妻共同财产或者伪造夫妻共同债务等严重损害夫妻共同财产利益的行为；** **（二）一方负有法定扶养义务的人患重大疾病需要医治，另一方不同意支付相关医疗费用。**
	第二节　父母子女关系和其他近亲属关系
《婚姻法》第二十一条　~~父母对子女有抚养教育的义务；子女对父母有赡养扶助的义务。~~ 父母不履行抚养义务时，未成年的或不能独立生活的子女，有要求父母付给抚养费的权利。 子女不履行赡养义务时，无劳动能力的或生活困难的父母，有要求子女付给赡养费的权利。	**第一千零六十七条**　父母不履行抚养义务的，未成年子女或者不能独立生活的**成年**子女，有要求父母给付抚养费的权利。 **成年**子女不履行赡养义务的，缺乏劳动能力或者生活困难的父母，有要求**成年**子女给付赡养费的权利。

续表

相关内容	《民法典》
~~禁止溺婴、弃婴和其他残害婴儿的行为。~~	
《婚姻法》第二十三条 父母有保护和教育未成年子女的权利和义务。在未成年子女*对国家、集体或他*人造成损害时，父母*有*承担民事责任*的义务*。	**第一千零六十八条** 父母有教育、保护未成年子女的权利和义务。未成年子女造成*他*人损害的，父母应当*依法*承担民事责任。
《婚姻法》第三十条 子女应当尊重父母的婚姻权利，不得干涉父母再婚以及婚后的生活。子女对父母的赡养义务，不因父母的婚姻关系变化而终止。	**第一千零六十九条** 子女应当尊重父母的婚姻权利，不得干涉父母**离婚**、再婚以及婚后的生活。子女对父母的赡养义务，不因父母的婚姻关系变化而终止。
《婚姻法》第二十四条第二款 父母和子女有相互继承遗产的权利。	**第一千零七十条** 父母和子女有相互继承遗产的权利。
《婚姻法》第二十五条 非婚生子女享有与婚生子女同等的权利，*任何人*不得加以危害和歧视。 不直接抚养非婚生子女的生父或生母，应当负担子*女的生活费和教育费，直至子女能独立生活为止*。	**第一千零七十一条** 非婚生子女享有与婚生子女同等的权利，*任何组织或者个人*不得加以危害和歧视。 不直接抚养非婚生子女的生父或者生母，应当负担*未成年子女或者不能独立生活的成年子女的抚养费*。
《婚姻法》第二十七条 继父母与继子女间，不得虐待或歧视。 继父或继母和受其抚养教育的继子女间的权利和义务，适用本法对父母子女关系的有关规定。	**第一千零七十二条** 继父母与继子女间，不得虐待或者歧视。 继父或者继母和受其抚养教育的继子女间的权利义务关系，适用本法关于父母子女关系的规定。

续表

相关内容	《民法典》
	第一千零七十三条　对亲子关系有异议且有正当理由的，父或者母可以向人民法院提起诉讼，请求确认或者否认亲子关系。 **对亲子关系有异议且有正当理由的，成年子女可以向人民法院提起诉讼，请求确认亲子关系。**
《婚姻法》第二十八条　有负担能力的祖父母、外祖父母，对于父母已经死亡或父母无力抚养的未成年的孙子女、外孙子女，有抚养的义务。有负担能力的孙子女、外孙子女，对于子女已经死亡或子女无力赡养的祖父母、外祖父母，有赡养的义务。	**第一千零七十四条**　有负担能力的祖父母、外祖父母，对于父母已经死亡或者父母无力抚养的未成年孙子女、外孙子女，有抚养的义务。 有负担能力的孙子女、外孙子女，对于子女已经死亡或者子女无力赡养的祖父母、外祖父母，有赡养的义务。
《婚姻法》第二十九条　有负担能力的兄、姐，对于父母已经死亡或父母无力抚养的未成年的弟、妹，有扶养的义务。由兄、姐抚养长大的有负担能力的弟、妹，对于缺乏劳动能力又缺乏生活来源的兄、姐，有扶养的义务。	**第一千零七十五条**　有负担能力的兄、姐，对于父母已经死亡或者父母无力抚养的未成年弟、妹，有扶养的义务。 由兄、姐扶养长大的有负担能力的弟、妹，对于缺乏劳动能力又缺乏生活来源的兄、姐，有扶养的义务。
	第四章　离　　婚
《婚姻法》第三十一条　*男女*双方自愿离婚的，*准予离婚。双方必须*到婚姻登记机关申请离婚。婚姻登记机关查明双方确实是自愿并对子*女和财产问题*已有*适当处理*时，发给离婚证。	**第一千零七十六条**　*夫妻*双方自愿离婚的，*应当签订书面离婚协议，并亲自*到婚姻登记机关申请离婚**登记**。 离婚协议应当载明双方自愿离婚的意思表示和对子*女抚养、财产以及债务处理*等事项*协商*一致的意见。

续表

相关内容	《民法典》
	第一千零七十七条　自婚姻登记机关收到离婚登记申请之日起三十日内，任何一方不愿意离婚的，可以向婚姻登记机关撤回离婚登记申请。 **前款规定期限届满后三十日内，双方应当亲自到婚姻登记机关申请发给离婚证；未申请的，视为撤回离婚登记申请。**
《婚姻法》第三十一条　*男女*双方自愿离婚的，准予离婚。双方必须到婚姻登记机关申请离婚。婚姻登记机关查明双方确实是自愿并对子*女和财产问题*已有*适当处理*时，发给离婚证。	**第一千零七十八条**　婚姻登记机关查明双方确实是自愿离婚，并已经对子*女抚养*、*财产以及债务处理*等事项*协商一致*的，*予以登记*，发给离婚证。
《婚姻法》第三十二条　*男女*一方要求离婚的，可由*有关部门*进行调解或直接向人民法院提出离婚诉讼。 人民法院审理离婚案件，应当进行调解；如感情确已破裂，调解无效，应准予离婚。 有下列情形之一，调解无效的，应准予离婚： （一）重婚或*有配偶者*与他人同居的； （二）实施家庭暴力或虐待、遗弃家庭成员的； （三）有赌博、吸毒等恶习屡教不改的； （四）因感情不和分居满二年的；	**第一千零七十九条**　*夫妻*一方要求离婚的，可以由*有关组织*进行调解或者直接向人民法院提起离婚诉讼。 人民法院审理离婚案件，应当进行调解；如果感情确已破裂，调解无效的，应当准予离婚。 有下列情形之一，调解无效的，应当准予离婚： （一）重婚或*者*与他人同居； （二）实施家庭暴力或者虐待、遗弃家庭成员； （三）有赌博、吸毒等恶习屡教不改； （四）因感情不和分居满二年；

续表

相关内容	《民法典》
（五）其他导致夫妻感情破裂的情形。 一方被宣告失踪，另一方提出离婚诉讼的，应准予离婚。	（五）其他导致夫妻感情破裂的情形。 一方被宣告失踪，另一方提起离婚诉讼的，应当准予离婚。 **经人民法院判决不准离婚后，双方又分居满一年，一方再次提起离婚诉讼的，应当准予离婚。**
	第一千零八十条　完成离婚登记，或者离婚判决书、调解书生效，即解除婚姻关系。
《婚姻法》第三十三条　现役军人的配偶要求离婚，*须得*军人同意，但军人一方有重大过错的除外。	**第一千零八十一条**　现役军人的配偶要求离婚，*应当征得*军人同意，但是军人一方有重大过错的除外。
《婚姻法》第三十四条　女方在怀孕期间、分娩后一年内或中止妊娠后六个月内，男方不得提出离婚。女方提出离婚的，或人民法院认为确有必要受理男方离婚请求的，*不在此限*。	**第一千零八十二条**　女方在怀孕期间、分娩后一年内或者终止妊娠后六个月内，男方不得提出离婚；但是，女方提出离婚或者人民法院认为确有必要受理男方离婚请求的除外。
《婚姻法》第三十五条　离婚后，男女双方自愿恢复*夫妻*关系的，*必须*到婚姻登记机关进行*复婚*登记。	**第一千零八十三条**　离婚后，男女双方自愿恢复*婚姻*关系的，*应当*到婚姻登记机关*重新*进行*结婚*登记。

续表

相关内容	《民法典》
《婚姻法》第三十六条　父母与子女间的关系，不因父母离婚而消除。离婚后，子女无论由父或母直接抚养，仍是父母双方的子女。 离婚后，父母对于子女仍有抚养和教育的权利和义务。 离婚后，*哺乳期内*的子女，以*随哺乳的母亲抚养*为原则。*哺乳期后*的子女，如双方因抚养问题发生争执不能达成协议时，由人民法院根据子*女的权益和双方的具体情况*判决。	**第一千零八十四条**　父母与子女间的关系，不因父母离婚而消除。离婚后，子女无论由父或者母直接抚养，仍是父母双方的子女。 离婚后，父母对于子女仍有抚养、教育、**保护**的权利和义务。 离婚后，*不满两周岁*的子女，以由母亲**直接**抚养为原则。*已满两周岁*的子女，父母双方对抚养问题协议不成的，由人民法院根据*双方的具体情况，按照最有利于未成年子女的原则*判决。**子女已满八周岁的，应当尊重其真实意愿。**
《婚姻法》第三十七条　离婚后，一方抚养的子女，另一方应负担*必要的生活费和教育费的一部或全部*，负担费用的多少和期限的长短，由双方协议；协议不成时，由人民法院判决。 *关于子女生活费和教育费*的协议或判决，不妨碍子女在必要时向父母任何一方提出超过协议或判决原定数额的合理要求。	**第一千零八十五条**　离婚后，子女由一方**直接**抚养的，另一方应当负担*部分或者全部抚养费*。负担费用的多少和期限的长短，由双方协议；协议不成的，由人民法院判决。 *前款规定*的协议或者判决，不妨碍子女在必要时向父母任何一方提出超过协议或者判决原定数额的合理要求。
《婚姻法》第三十八条　离婚后，不直接抚养子女的父或母，有探望子女的权利，另一方有协助的义务。 行使探望权利的方式、时间由当事人协议；协议不成时，由人民法院判决。	**第一千零八十六条**　离婚后，不直接抚养子女的父或者母，有探望子女的权利，另一方有协助的义务。 行使探望权利的方式、时间由当事人协议；协议不成的，由人民法院判决。

续表

相关内容	《民法典》
父或母探望子女,不利于子女身心健康的,由人民法院依法中止探望~~的权利~~;中止的事由消失后,应当恢复探望~~的权利~~。	父或者母探望子女,不利于子女身心健康的,由人民法院依法中止探望;中止的事由消失后,应当恢复探望。
《婚姻法》第三十九条　离婚时,夫妻的共同财产由双方协议处理;协议不成时,由人民法院根据财产的具体情况,照顾子女和女方权益的原则判决。 夫或妻在家庭土地承包经营中享有的权益等,应当依法予以保护。	**第一千零八十七条**　离婚时,夫妻的共同财产由双方协议处理;协议不成的,由人民法院根据财产的具体情况,按照照顾子女、女方和**无过错方**权益的原则判决。 对夫或者妻在家庭土地承包经营中享有的权益等,应当依法予以保护。
《婚姻法》第四十条　夫妻~~书面约定婚姻关系存续期间所得的财产归各自所有,~~一方因抚育子女、照料老人、协助另一方工作等付出较多义务的,离婚时有权向另一方请求补偿,另一方应当予以补偿。	**第一千零八十八条**　夫妻一方因抚育子女、照料老年人、协助另一方工作等*负担*较多义务的,离婚时有权向另一方请求补偿,另一方应当给予补偿。**具体办法由双方协议;协议不成的,由人民法院判决**。
《婚姻法》第四十一条　离婚时,*原为夫妻共同生活所负的债务*,应当共同偿还。共同财产不足清偿的,或财产归各自所有的,由双方协议清偿;协议不成时,由人民法院判决。	**第一千零八十九条**　离婚时,夫*妻共同债务*应当共同偿还。共同财产不足清偿或者财产归各自所有的,由双方协议清偿;协议不成的,由人民法院判决。
《婚姻法》第四十二条　离婚时,如一方生活困难,*另一方应从其住房等个人财产中*给予适当帮助。具体办法由双方协议;协议不成时,由人民法院判决。	**第一千零九十条**　离婚时,如果一方生活困难,*有负担能力的另一方*应当给予适当帮助。具体办法由双方协议;协议不成的,由人民法院判决。

续表

相关内容	《民法典》
《婚姻法》第四十六条 有下列情形之一，导致离婚的，无过错方有权请求损害赔偿： （一）重婚的； （二）~~有配偶者~~与他人同居的； （三）实施家庭暴力的； （四）虐待、遗弃家庭成员的。	**第一千零九十一条** 有下列情形之一，导致离婚的，无过错方有权请求损害赔偿： （一）重婚； （二）与他人同居； （三）实施家庭暴力； （四）虐待、遗弃家庭成员； **（五）有其他重大过错**。
《婚姻法》第四十七条 ~~离婚时，~~一方隐藏、转移、变卖、毁损夫妻共同财产，或伪造债务企图侵占另一方财产的，分割夫妻共同财产时，对*隐藏、转移、变卖、毁损夫妻共同财产或伪造债务的一方*，可以少分或不分。离婚后，另一方发现有上述行为的，可以向人民法院提起诉讼，请求再次分割夫妻共同财产。 ~~人民法院对前款规定的妨害民事诉讼的行为，依照民事诉讼法的规定予以制裁~~。	**第一千零九十二条** 夫妻一方隐藏、转移、变卖、毁损、**挥霍**夫妻共同财产，或者伪造**夫妻**共同债务企图侵占另一方财产的，在离婚分割夫妻共同财产时，对该方可以少分或者不分。离婚后，另一方发现有上述行为的，可以向人民法院提起诉讼，请求再次分割夫妻共同财产。
	第五章 收　　养
	第一节 收养关系的成立
《收养法》第四条 下列~~不满十四周岁的~~未成年人可以被收养： （一）丧失父母的孤儿； （二）查找不到生父母的*弃婴和儿童*； （三）生父母有特殊困难无力抚养的子女。	**第一千零九十三条** 下列未成年人，可以被收养： （一）丧失父母的孤儿； （二）查找不到生父母的未成年人； （三）生父母有特殊困难无力抚养的子女。

续表

相关内容	《民法典》
《收养法》第五条　下列公民、组织可以作送养人： （一）孤儿的监护人； （二）社会福利机构； （三）有特殊困难无力抚养子女的生父母。	**第一千零九十四条**　下列个人、组织可以作送养人： （一）孤儿的监护人； （二）*儿童*福利机构； （三）有特殊困难无力抚养子女的生父母。
《收养法》第十二条　未成年人的父母均不具备完全民事行为能力的，该未成年人的*监护人不得将其送养，但父母对该未成年人有严重危害可能的除外*。	**第一千零九十五条**　未成年人的父母均不具备完全民事行为能力*且可能严重危害该未成年人的*，该未成年人的*监护人可以将其送养*。
《收养法》第十三条　监护人送养~~未成年~~孤儿的，*须*征得有抚养义务的人同意。有抚养义务的人不同意送养、监护人不愿意继续履行监护职责的，应当依照*《中华人民共和国民法通则》*的规定变更监护人。	**第一千零九十六条**　监护人送养孤儿的，*应当*征得有抚养义务的人同意。有抚养义务的人不同意送养、监护人不愿意继续履行监护职责的，应当依照*本法第一编*的规定另行确定监护人。
《收养法》第十条第一款　生父母送养子女，*须*双方共同送养。生父母一方不明或者查找不到的可以单方送养。	**第一千零九十七条**　生父母送养子女，*应当*双方共同送养。生父母一方不明或者查找不到的，可以单方送养。
《收养法》第六条　收养人应当同时具备下列条件： （一）无子女； （二）有抚养教育被收养人的能力； （三）未患有在医学上认为不应当收养子女的疾病； （四）年满三十周岁。	**第一千零九十八条**　收养人应当同时具备下列条件： （一）无子女**或者只有一名子女**； （二）有抚养、教育**和保护**被收养人的能力； （三）未患有在医学上认为不应当收养子女的疾病；

续表

相关内容	《民法典》
	（四）无不利于被收养人健康成长的违法犯罪记录； （五）年满三十周岁。
《收养法》第七条 收养三代以内*同辈旁系*血亲的子女，可以不受*本法第四条第三项、第五条第三项、第九条和被收养人不满十四周岁*的限制。 华侨收养三代以内*同辈旁系*血亲的子女，还可以不受*收养人无子女*的限制。	**第一千零九十九条** 收养三代以内*旁系同辈*血亲的子女，可以不受*本法第一千零九十三条第三项、第一千零九十四条第三项和第一千一百零二条规定*的限制。 华侨收养三代以内*旁系同辈*血亲的子女，还可以不受*本法第一千零九十八条第一项规定*的限制。
《收养法》第八条 收养人只能收养一名子女。 收养孤儿、残疾*儿童*或者*社会福利*机构抚养的查找不到生父母的*弃婴和儿童*，可以不受*收养人无子女和收养一名*的限制。	**第一千一百条 无子女的收养人可以收养两名子女；有子女的**收养人只能收养一名子女。 收养孤儿、残疾*未成年人*或者*儿童福利*机构抚养的查找不到生父母的*未成年人*，可以不受*前款和本法第一千零九十八条第一项规定*的限制。
《收养法》第十条第二款 有配偶者收养子女，*须*夫妻共同收养。	**第一千一百零一条** 有配偶者收养子女，*应当*夫妻共同收养。
《收养法》第九条 *无配偶的男性*收养*女性的*，收养人与被收养人的年龄应当相差四十周岁以上。	**第一千一百零二条** *无配偶者*收养*异性子女的*，收养人与被收养人的年龄应当相差四十周岁以上。
《收养法》第十四条 继父或者继母经继子女的生父母同意，可以收养继子女，并可以不受*本法第四条第三项、第五条第三项、第六条和被收养人不满十四周岁以及收养一名*的限制。	**第一千一百零三条** 继父或者继母经继子女的生父母同意，可以收养继子女，并可以不受*本法第一千零九十三条第三项、第一千零九十四条第三项、第一千零九十八条和第一千一百条第一款规定*的限制。

续表

相关内容	《民法典》
《收养法》第十一条　收养人收养与送养人送养，*须*双方自愿。收养年满*十周岁以上*未成年人的，应当征得被收养人的同意。	**第一千一百零四条**　收养人收养与送养人送养，*应当*双方自愿。收养*八周岁以上*未成年人的，应当征得被收养人的同意。
《收养法》第十五条　收养应当向县级以上人民政府民政部门登记。收养关系自登记之日起成立。 收养查找不到生父母的*弃婴和儿童*的，办理登记的民政部门应当在登记前予以公告。 收养关系当事人愿意*订立*收养协议的，可以*订立*收养协议。 收养关系当事人各方或者一方要求办理收养公证的，应当办理收养公证。	**第一千一百零五条**　收养应当向县级以上人民政府民政部门登记。收养关系自登记之日起成立。 收养查找不到生父母的*未成年人*的，办理登记的民政部门应当在登记前予以公告。 收养关系当事人愿意*签订*收养协议的，可以*签订*收养协议。 收养关系当事人各方或者一方要求办理收养公证的，应当办理收养公证。 **县级以上人民政府民政部门应当依法进行收养评估。**
《收养法》第十六条　收养关系成立后，公安*部门*应当*依照*国家有关规定为被收养人办理户口登记。	**第一千一百零六条**　收养关系成立后，公安*机关*应当*按照*国家有关规定为被收养人办理户口登记。
《收养法》第十七条　孤儿或者生父母无力抚养的子女，可以由生父母的亲属、朋友抚养。 抚养人与被抚养人的关系不*适用收养关系*。	**第一千一百零七条**　孤儿或者生父母无力抚养的子女，可以由生父母的亲属、朋友抚养；抚养人与被抚养人的关系不*适用本章规定*。
《收养法》第十八条　配偶一方死亡，另一方送养未成年子女的，死亡一方的父母有优先抚养的权利。	**第一千一百零八条**　配偶一方死亡，另一方送养未成年子女的，死亡一方的父母有优先抚养的权利。

续表

相关内容	《民法典》
《收养法》第二十一条 外国人*依照本法*可以在中华人民共和国收养子女。 外国人在中华人民共和国收养子女，应当经其所在国主管机关依照该国法律审查同意。收养人应当提供由其所在国有权机构出具的有关*收养人*的年龄、婚姻、职业、财产、健康、有无受过刑事处罚等状况的证明材料，该证明材料应当经其所在国外交机关或者外交机关授权的机构认证，并经中华人民共和国驻该国使领馆认证。该收养人应当与送养人订立书面协议，亲自向*省级人民政府民政*部门登记。 ~~收养关系当事人各方或者一方要求办理收养公证的，应当到国务院司法行政部门认定的具有办理涉外公证资格的公证机构办理收养公证。~~	**第一千一百零九条** 外国人*依法*可以在中华人民共和国收养子女。 外国人在中华人民共和国收养子女，应当经其所在国主管机关依照该国法律审查同意。收养人应当提供由其所在国有权机构出具的有关*其*年龄、婚姻、职业、财产、健康、有无受过刑事处罚等状况的证明材料，并与送养人签订书面协议，亲自向省、*自治区、直辖市人民政府民政部门*登记。 *前款规定的证明材料*应当经收养人所在国外交机关或者外交机关授权的机构认证，并经中华人民共和国驻该国使领馆认证，**但是国家另有规定的除外**。
《收养法》第二十二条 收养人、送养人要求保守收养秘密的，其他人应当尊重其意愿，不得泄露。	**第一千一百一十条** 收养人、送养人要求保守收养秘密的，其他人应当尊重其意愿，不得泄露。
	第二节 收养的效力
《收养法》第二十三条 自收养关系成立之日起，养父母与养子女间的权利义务关系，适用*法律*关于父母子女关系的规定；养子女与养父母的近亲属间的权利义务关系，适用*法律*关于子女与父母的近亲属关系的规定。	**第一千一百一十一条** 自收养关系成立之日起，养父母与养子女间的权利义务关系，适用*本法*关于父母子女关系的规定；养子女与养父母的近亲属间的权利义务关系，适用*本法*关于子女与父母的近亲属关系的规定。

续表

相关内容	《民法典》
养子女与生父母及其他近亲属间的权利义务关系，因收养关系的成立而消除。 **《婚姻法》第二十六条**　国家保护合法的收养关系。养父母和养子女间的权利和义务，适用本法对父母子女关系的有关规定。 养子女和生父母间的权利和义务，因收养关系的成立而消除。	养子女与生父母以及其他近亲属间的权利义务关系，因收养关系的成立而消除。
《收养法》第二十四条　养子女可以随养父或者养母的*姓*，经当事人协商一致，也可以保留*原姓*。	**第一千一百一十二条**　养子女可以随养父或者养母的*姓氏*，经当事人协商一致，也可以保留*原姓氏*。
《收养法》第二十五条　违反*《中华人民共和国民法通则》第五十五条和本法*规定的收养行为无法律效力。 *收养行为被人民法院确认无效的，从行为开始时起就没有法律效力。*	**第一千一百一十三条**　有本法*第一编关于民事法律行为无效*规定情形或者违反本编规定的收养行为无效。 *无效的收养行为自始没有法律约束力。*
	第三节　收养关系的解除
《收养法》第二十六条　收养人在被收养人成年以前，不得解除收养关系，但收养人、送养人双方协议解除的除外，养子女*年满十周岁以上*的，应当征得本人同意。	**第一千一百一十四条**　收养人在被收养人成年以前，不得解除收养关系，但是收养人、送养人双方协议解除的除外。养子女*八周岁以上*的，应当征得本人同意。

续表

相关内容	《民法典》
收养人不履行抚养义务，有虐待、遗弃等侵害未成年养子女合法权益行为的，送养人有权要求解除养父母与养子女间的收养关系。送养人、收养人不能达成解除收养关系协议的，可以向人民法院起诉。	收养人不履行抚养义务，有虐待、遗弃等侵害未成年养子女合法权益行为的，送养人有权要求解除养父母与养子女间的收养关系。送养人、收养人不能达成解除收养关系协议的，可以向人民法院提起诉讼。
《收养法》第二十七条　养父母与成年养子女关系恶化、无法共同生活的，可以协议解除收养关系。不能达成协议的，可以向人民法院起诉。	**第一千一百一十五条**　养父母与成年养子女关系恶化、无法共同生活的，可以协议解除收养关系。不能达成协议的，可以向人民法院提起诉讼。
《收养法》第二十八条　当事人协议解除收养关系的，应当到民政部门办理解除收养关系的登记。	**第一千一百一十六条**　当事人协议解除收养关系的，应当到民政部门办理解除收养关系登记。
《收养法》第二十九条　收养关系解除后，养子女与养父母及其他近亲属间的权利义务关系即行消除，与生父母及其他近亲属间的权利义务关系自行恢复，但成年养子女与生父母及其他近亲属间的权利义务关系是否恢复，可以协商确定。	**第一千一百一十七条**　收养关系解除后，养子女与养父母以及其他近亲属间的权利义务关系即行消除，与生父母以及其他近亲属间的权利义务关系自行恢复。但是，成年养子女与生父母以及其他近亲属间的权利义务关系是否恢复，可以协商确定。

续表

相关内容	《民法典》
《收养法》第三十条　收养关系解除后，经养父母抚养的成年养子女，对缺乏劳动能力又缺乏生活来源的养父母，应当给付生活费。因养子女成年后虐待、遗弃养父母而解除收养关系的，养父母可以要求养子女补偿收养期间支出的*生活费和教育费*。 生父母要求解除收养关系的，养父母可以要求生父母适当补偿收养期间支出的*生活费和教育费*，但因养父母虐待、遗弃养子女而解除收养关系的除外。	**第一千一百一十八条**　收养关系解除后，经养父母抚养的成年养子女，对缺乏劳动能力又缺乏生活来源的养父母，应当给付生活费。因养子女成年后虐待、遗弃养父母而解除收养关系的，养父母可以要求养子女补偿收养期间支出的*抚养费*。 生父母要求解除收养关系的，养父母可以要求生父母适当补偿收养期间支出的*抚养费*；但是，因养父母虐待、遗弃养子女而解除收养关系的除外。

附录二　相关法规

中华人民共和国反家庭暴力法

（2015年12月27日第十二届全国人民代表大会常务委员会第十八次会议通过　2015年12月27日中华人民共和国主席令第37号公布　自2016年3月1日起施行）

目　　录

第一章　总　　则
第二章　家庭暴力的预防
第三章　家庭暴力的处置
第四章　人身安全保护令
第五章　法律责任
第六章　附　　则

第一章　总　　则

第一条　【立法目的】为了预防和制止家庭暴力，保护家庭成员的合法权益，维护平等、和睦、文明的家庭关系，促进家庭和谐、社会稳定，制定本法。

第二条　【定义】本法所称家庭暴力，是指家庭成员之间以殴打、捆绑、残害、限制人身自由以及经常性谩骂、恐吓等方式实施的身体、精神等侵害行为。

第三条　【家庭成员之间的义务】家庭成员之间应当互相帮助，互相关爱，和睦相处，履行家庭义务。

反家庭暴力是国家、社会和每个家庭的共同责任。

国家禁止任何形式的家庭暴力。

第四条　【政府职责】县级以上人民政府负责妇女儿童工作的机构，负责组织、协调、指导、督促有关部门做好反家庭暴力工作。

县级以上人民政府有关部门、司法机关、人民团体、社会组织、居民委员会、村民委员会、企业事业单位，应当依照本法和有关法律规定，做好反家庭暴力工作。

各级人民政府应当对反家庭暴力工作给予必要的经费保障。

第五条　【反家庭暴力工作的原则】反家庭暴力工作遵循预防为主，教育、矫治与惩处相结合原则。

反家庭暴力工作应当尊重受害人真实意愿，保护当事人隐私。

未成年人、老年人、残疾人、孕期和哺乳期的妇女、重病患者遭受家庭暴力的，应当给予特殊保护。

第二章　家庭暴力的预防

第六条　【宣传教育】国家开展家庭美德宣传教育，普及反家庭暴力知识，增强公民反家庭暴力意识。

工会、共产主义青年团、妇女联合会、残疾人联合会应当在各自工作范围内，组织开展家庭美德和反家庭暴力宣传教育。

广播、电视、报刊、网络等应当开展家庭美德和反家庭暴力宣传。

学校、幼儿园应当开展家庭美德和反家庭暴力教育。

第七条　【业务培训、统计】县级以上人民政府有关部门、司法机关、妇女联合会应当将预防和制止家庭暴力纳入业务培训和统计工作。

医疗机构应当做好家庭暴力受害人的诊疗记录。

第八条　【乡镇人民政府、街道办事处的职责】乡镇人民政府、街道办事处应当组织开展家庭暴力预防工作，居民委员会、村民委员会、社会工作服务机构应当予以配合协助。

第九条　【政府支持】各级人民政府应当支持社会工作服务机构等社会组织开展心理健康咨询、家庭关系指导、家庭暴力预防知识教育等服务。

第十条　【调解家庭纠纷】人民调解组织应当依法调解家庭纠纷，预防和减少家庭暴力的发生。

第十一条　【用人单位的职责】用人单位发现本单位人员有家庭暴力情

况的，应当给予批评教育，并做好家庭矛盾的调解、化解工作。

第十二条 【监护人的职责】未成年人的监护人应当以文明的方式进行家庭教育，依法履行监护和教育职责，不得实施家庭暴力。

第三章 家庭暴力的处置

第十三条 【投诉、反映和求助】家庭暴力受害人及其法定代理人、近亲属可以向加害人或者受害人所在单位、居民委员会、村民委员会、妇女联合会等单位投诉、反映或者求助。有关单位接到家庭暴力投诉、反映或者求助后，应当给予帮助、处理。

家庭暴力受害人及其法定代理人、近亲属也可以向公安机关报案或者依法向人民法院起诉。

单位、个人发现正在发生的家庭暴力行为，有权及时劝阻。

第十四条 【报案】学校、幼儿园、医疗机构、居民委员会、村民委员会、社会工作服务机构、救助管理机构、福利机构及其工作人员在工作中发现无民事行为能力人、限制民事行为能力人遭受或者疑似遭受家庭暴力的，应当及时向公安机关报案。公安机关应当对报案人的信息予以保密。

第十五条 【公安机关接到报案后的工作】公安机关接到家庭暴力报案后应当及时出警，制止家庭暴力，按照有关规定调查取证，协助受害人就医、鉴定伤情。

无民事行为能力人、限制民事行为能力人因家庭暴力身体受到严重伤害、面临人身安全威胁或者处于无人照料等危险状态的，公安机关应当通知并协助民政部门将其安置到临时庇护场所、救助管理机构或者福利机构。

第十六条 【告诫书的出具和内容】家庭暴力情节较轻，依法不给予治安管理处罚的，由公安机关对加害人给予批评教育或者出具告诫书。

告诫书应当包括加害人的身份信息、家庭暴力的事实陈述、禁止加害人实施家庭暴力等内容。

第十七条 【告诫书的送达】公安机关应当将告诫书送交加害人、受害人，并通知居民委员会、村民委员会。

居民委员会、村民委员会、公安派出所应当对收到告诫书的加害人、受害人进行查访，监督加害人不再实施家庭暴力。

第十八条　【设立临时庇护场所】县级或者设区的市级人民政府可以单独或者依托救助管理机构设立临时庇护场所，为家庭暴力受害人提供临时生活帮助。

第十九条　【法律援助和诉讼费用的缓减免】法律援助机构应当依法为家庭暴力受害人提供法律援助。

人民法院应当依法对家庭暴力受害人缓收、减收或者免收诉讼费用。

第二十条　【人民法院对家庭暴力事实的认定依据】人民法院审理涉及家庭暴力的案件，可以根据公安机关出警记录、告诫书、伤情鉴定意见等证据，认定家庭暴力事实。

第二十一条　【监护人资格的撤销】监护人实施家庭暴力严重侵害被监护人合法权益的，人民法院可以根据被监护人的近亲属、居民委员会、村民委员会、县级人民政府民政部门等有关人员或者单位的申请，依法撤销其监护人资格，另行指定监护人。

被撤销监护人资格的加害人，应当继续负担相应的赡养、扶养、抚养费用。

第二十二条　【对加害人进行法治教育】工会、共产主义青年团、妇女联合会、残疾人联合会、居民委员会、村民委员会等应当对实施家庭暴力的加害人进行法治教育，必要时可以对加害人、受害人进行心理辅导。

第四章　人身安全保护令

第二十三条　【申请人身安全保护令】当事人因遭受家庭暴力或者面临家庭暴力的现实危险，向人民法院申请人身安全保护令的，人民法院应当受理。

当事人是无民事行为能力人、限制民事行为能力人，或者因受到强制、威吓等原因无法申请人身安全保护令的，其近亲属、公安机关、妇女联合会、居民委员会、村民委员会、救助管理机构可以代为申请。

第二十四条　【申请方式】申请人身安全保护令应当以书面方式提出；书面申请确有困难的，可以口头申请，由人民法院记入笔录。

第二十五条　【管辖法院】人身安全保护令案件由申请人或者被申请人居住地、家庭暴力发生地的基层人民法院管辖。

第二十六条 【以裁定形式作出】人身安全保护令由人民法院以裁定形式作出。

第二十七条 【作出人身安全保护令的条件】作出人身安全保护令，应当具备下列条件：

（一）有明确的被申请人；

（二）有具体的请求；

（三）有遭受家庭暴力或者面临家庭暴力现实危险的情形。

第二十八条 【作出人身安全保护令或者驳回申请的时限】人民法院受理申请后，应当在七十二小时内作出人身安全保护令或者驳回申请；情况紧急的，应当在二十四小时内作出。

第二十九条 【措施】人身安全保护令可以包括下列措施：

（一）禁止被申请人实施家庭暴力；

（二）禁止被申请人骚扰、跟踪、接触申请人及其相关近亲属；

（三）责令被申请人迁出申请人住所；

（四）保护申请人人身安全的其他措施。

第三十条 【有效期】人身安全保护令的有效期不超过六个月，自作出之日起生效。人身安全保护令失效前，人民法院可以根据申请人的申请撤销、变更或者延长。

第三十一条 【复议】申请人对驳回申请不服或者被申请人对人身安全保护令不服的，可以自裁定生效之日起五日内向作出裁定的人民法院申请复议一次。人民法院依法作出人身安全保护令的，复议期间不停止人身安全保护令的执行。

第三十二条 【送达】人民法院作出人身安全保护令后，应当送达申请人、被申请人、公安机关以及居民委员会、村民委员会等有关组织。人身安全保护令由人民法院执行，公安机关以及居民委员会、村民委员会等应当协助执行。

第五章 法律责任

第三十三条 【实施家庭暴力的法律责任】加害人实施家庭暴力，构成违反治安管理行为的，依法给予治安管理处罚；构成犯罪的，依法追究刑事责任。

第三十四条 【被申请人违反人身安全保护令的法律责任】被申请人违反人身安全保护令，构成犯罪的，依法追究刑事责任；尚不构成犯罪的，人民法院应当给予训诫，可以根据情节轻重处以一千元以下罚款、十五日以下拘留。

第三十五条 【不依据规定向公安机关报案的法律责任】学校、幼儿园、医疗机构、居民委员会、村民委员会、社会工作服务机构、救助管理机构、福利机构及其工作人员未依照本法第十四条规定向公安机关报案，造成严重后果的，由上级主管部门或者本单位对直接负责的主管人员和其他直接责任人员依法给予处分。

第三十六条 【国家工作人员违反职责的法律责任】负有反家庭暴力职责的国家工作人员玩忽职守、滥用职权、徇私舞弊的，依法给予处分；构成犯罪的，依法追究刑事责任。

第六章 附 则

第三十七条 【参照适用】家庭成员以外共同生活的人之间实施的暴力行为，参照本法规定执行。

第三十八条 【施行日期】本法自 2016 年 3 月 1 日起施行。

中华人民共和国
未成年人保护法

（1991年9月4日第七届全国人民代表大会常务委员会第二十一次会议通过　2006年12月29日第十届全国人民代表大会常务委员会第二十五次会议第一次修订　根据2012年10月26日第十一届全国人民代表大会常务委员会第二十九次会议《关于修改〈中华人民共和国未成年人保护法〉的决定》第一次修正　2020年10月17日第十三届全国人民代表大会常务委员会第二十二次会议第二次修订　根据2024年4月26日第十四届全国人民代表大会常务委员会第九次会议《关于修改〈中华人民共和国农业技术推广法〉、〈中华人民共和国未成年人保护法〉、〈中华人民共和国生物安全法〉的决定》第二次修正）

目　　录

第一章　总　　则
第二章　家庭保护
第三章　学校保护
第四章　社会保护
第五章　网络保护
第六章　政府保护
第七章　司法保护
第八章　法律责任
第九章　附　　则

第一章　总　　则

第一条　【立法目的】为了保护未成年人身心健康,保障未成年人合法权益,促进未成年人德智体美劳全面发展,培养有理想、有道德、有文化、有纪律的社会主义建设者和接班人,培养担当民族复兴大任的时代新人,根据宪法,制定本法。

第二条　【未成年人定义】本法所称未成年人是指未满十八周岁的公民。

第三条　【未成年人平等享有权利】国家保障未成年人的生存权、发展权、受保护权、参与权等权利。

未成年人依法平等地享有各项权利,不因本人及其父母或者其他监护人的民族、种族、性别、户籍、职业、宗教信仰、教育程度、家庭状况、身心健康状况等受到歧视。

第四条　【未成年人保护的基本原则和要求】保护未成年人,应当坚持最有利于未成年人的原则。处理涉及未成年人事项,应当符合下列要求:

(一)给予未成年人特殊、优先保护;

(二)尊重未成年人人格尊严;

(三)保护未成年人隐私权和个人信息;

(四)适应未成年人身心健康发展的规律和特点;

(五)听取未成年人的意见;

(六)保护与教育相结合。

第五条　【教育指导原则】国家、社会、学校和家庭应当对未成年人进行理想教育、道德教育、科学教育、文化教育、法治教育、国家安全教育、健康教育、劳动教育,加强爱国主义、集体主义和中国特色社会主义的教育,培养爱祖国、爱人民、爱劳动、爱科学、爱社会主义的公德,抵制资本主义、封建主义和其他腐朽思想的侵蚀,引导未成年人树立和践行社会主义核心价值观。

第六条　【社会共同责任】保护未成年人,是国家机关、武装力量、政党、人民团体、企业事业单位、社会组织、城乡基层群众性自治组织、未成年人的监护人以及其他成年人的共同责任。

国家、社会、学校和家庭应当教育和帮助未成年人维护自身合法权益,增强自我保护的意识和能力。

第七条　【监护人和国家在监护方面的责任】未成年人的父母或者其他监护人依法对未成年人承担监护职责。

国家采取措施指导、支持、帮助和监督未成年人的父母或者其他监护人履行监护职责。

第八条　【政府对未成年人保护工作的保障】县级以上人民政府应当将未成年人保护工作纳入国民经济和社会发展规划，相关经费纳入本级政府预算。

第九条　【协调机制】各级人民政府应当重视和加强未成年人保护工作。县级以上人民政府负责妇女儿童工作的机构，负责未成年人保护工作的组织、协调、指导、督促，有关部门在各自职责范围内做好相关工作。

第十条　【群团组织及有关社会组织职责】共产主义青年团、妇女联合会、工会、残疾人联合会、关心下一代工作委员会、青年联合会、学生联合会、少年先锋队以及其他人民团体、有关社会组织，应当协助各级人民政府及其有关部门、人民检察院、人民法院做好未成年人保护工作，维护未成年人合法权益。

第十一条　【检举、控告和强制报告制度】任何组织或者个人发现不利于未成年人身心健康或者侵犯未成年人合法权益的情形，都有权劝阻、制止或者向公安、民政、教育等有关部门提出检举、控告。

国家机关、居民委员会、村民委员会、密切接触未成年人的单位及其工作人员，在工作中发现未成年人身心健康受到侵害、疑似受到侵害或者面临其他危险情形的，应当立即向公安、民政、教育等有关部门报告。

有关部门接到涉及未成年人的检举、控告或者报告，应当依法及时受理、处置，并以适当方式将处理结果告知相关单位和人员。

第十二条　【未成年人保护科学研究】国家鼓励和支持未成年人保护方面的科学研究，建设相关学科、设置相关专业，加强人才培养。

第十三条　【未成年人调查统计制度】国家建立健全未成年人统计调查制度，开展未成年人健康、受教育等状况的统计、调查和分析，发布未成年人保护的有关信息。

第十四条　【表彰和奖励】国家对保护未成年人有显著成绩的组织和个人给予表彰和奖励。

第二章　家 庭 保 护

第十五条　【监护人及家庭成员的家庭教育职责】未成年人的父母或者其他监护人应当学习家庭教育知识，接受家庭教育指导，创造良好、和睦、文明的家庭环境。

共同生活的其他成年家庭成员应当协助未成年人的父母或者其他监护人抚养、教育和保护未成年人。

第十六条　【父母或者其他监护人监护职责】未成年人的父母或者其他监护人应当履行下列监护职责：

（一）为未成年人提供生活、健康、安全等方面的保障；

（二）关注未成年人的生理、心理状况和情感需求；

（三）教育和引导未成年人遵纪守法、勤俭节约，养成良好的思想品德和行为习惯；

（四）对未成年人进行安全教育，提高未成年人的自我保护意识和能力；

（五）尊重未成年人受教育的权利，保障适龄未成年人依法接受并完成义务教育；

（六）保障未成年人休息、娱乐和体育锻炼的时间，引导未成年人进行有益身心健康的活动；

（七）妥善管理和保护未成年人的财产；

（八）依法代理未成年人实施民事法律行为；

（九）预防和制止未成年人的不良行为和违法犯罪行为，并进行合理管教；

（十）其他应当履行的监护职责。

第十七条　【监护中的禁止性行为】未成年人的父母或者其他监护人不得实施下列行为：

（一）虐待、遗弃、非法送养未成年人或者对未成年人实施家庭暴力；

（二）放任、教唆或者利用未成年人实施违法犯罪行为；

（三）放任、唆使未成年人参与邪教、迷信活动或者接受恐怖主义、分裂主义、极端主义等侵害；

（四）放任、唆使未成年人吸烟（含电子烟，下同）、饮酒、赌博、流浪乞讨或者欺凌他人；

（五）放任或者迫使应当接受义务教育的未成年人失学、辍学；

（六）放任未成年人沉迷网络，接触危害或者可能影响其身心健康的图书、报刊、电影、广播电视节目、音像制品、电子出版物和网络信息等；

（七）放任未成年人进入营业性娱乐场所、酒吧、互联网上网服务营业场所等不适宜未成年人活动的场所；

（八）允许或者迫使未成年人从事国家规定以外的劳动；

（九）允许、迫使未成年人结婚或者为未成年人订立婚约；

（十）违法处分、侵吞未成年人的财产或者利用未成年人牟取不正当利益；

（十一）其他侵犯未成年人身心健康、财产权益或者不依法履行未成年人保护义务的行为。

第十八条　【监护人安全保障义务】未成年人的父母或者其他监护人应当为未成年人提供安全的家庭生活环境，及时排除引发触电、烫伤、跌落等伤害的安全隐患；采取配备儿童安全座椅、教育未成年人遵守交通规则等措施，防止未成年人受到交通事故的伤害；提高户外安全保护意识，避免未成年人发生溺水、动物伤害等事故。

第十九条　【尊重未成年人意见】未成年人的父母或者其他监护人应当根据未成年人的年龄和智力发展状况，在作出与未成年人权益有关的决定前，听取未成年人的意见，充分考虑其真实意愿。

第二十条　【监护人报告义务】未成年人的父母或者其他监护人发现未成年人身心健康受到侵害、疑似受到侵害或者其他合法权益受到侵犯的，应当及时了解情况并采取保护措施；情况严重的，应当立即向公安、民政、教育等部门报告。

第二十一条　【临时照护】未成年人的父母或者其他监护人不得使未满八周岁或者由于身体、心理原因需要特别照顾的未成年人处于无人看护状态，或者将其交由无民事行为能力、限制民事行为能力、患有严重传染性疾病或者其他不适宜的人员临时照护。

未成年人的父母或者其他监护人不得使未满十六周岁的未成年人脱离监护单独生活。

第二十二条　【长期照护的条件】未成年人的父母或者其他监护人因外

出务工等原因在一定期限内不能完全履行监护职责的，应当委托具有照护能力的完全民事行为能力人代为照护；无正当理由的，不得委托他人代为照护。

未成年人的父母或者其他监护人在确定被委托人时，应当综合考虑其道德品质、家庭状况、身心健康状况、与未成年人生活情感上的联系等情况，并听取有表达意愿能力未成年人的意见。

具有下列情形之一的，不得作为被委托人：

（一）曾实施性侵害、虐待、遗弃、拐卖、暴力伤害等违法犯罪行为；

（二）有吸毒、酗酒、赌博等恶习；

（三）曾拒不履行或者长期怠于履行监护、照护职责；

（四）其他不适宜担任被委托人的情形。

第二十三条　【委托长期照护时父母的义务】未成年人的父母或者其他监护人应当及时将委托照护情况书面告知未成年人所在学校、幼儿园和实际居住地的居民委员会、村民委员会，加强和未成年人所在学校、幼儿园的沟通；与未成年人、被委托人至少每周联系和交流一次，了解未成年人的生活、学习、心理等情况，并给予未成年人亲情关爱。

未成年人的父母或者其他监护人接到被委托人、居民委员会、村民委员会、学校、幼儿园等关于未成年人心理、行为异常的通知后，应当及时采取干预措施。

第二十四条　【父母离婚对未成年子女的义务】未成年人的父母离婚时，应当妥善处理未成年子女的抚养、教育、探望、财产等事宜，听取有表达意愿能力未成年人的意见。不得以抢夺、藏匿未成年子女等方式争夺抚养权。

未成年人的父母离婚后，不直接抚养未成年子女的一方应当依照协议、人民法院判决或者调解确定的时间和方式，在不影响未成年人学习、生活的情况下探望未成年子女，直接抚养的一方应当配合，但被人民法院依法中止探望权的除外。

第三章　学 校 保 护

第二十五条　【全面贯彻国家教育方针政策】学校应当全面贯彻国家教育方针，坚持立德树人，实施素质教育，提高教育质量，注重培养未成年学生认知能力、合作能力、创新能力和实践能力，促进未成年学生全面发展。

学校应当建立未成年学生保护工作制度,健全学生行为规范,培养未成年学生遵纪守法的良好行为习惯。

第二十六条 【幼儿园教育、保育职责】幼儿园应当做好保育、教育工作,遵循幼儿身心发展规律,实施启蒙教育,促进幼儿在体质、智力、品德等方面和谐发展。

第二十七条 【尊重人格尊严】学校、幼儿园的教职员工应当尊重未成年人人格尊严,不得对未成年人实施体罚、变相体罚或者其他侮辱人格尊严的行为。

第二十八条 【保障未成年学生受教育的权利】学校应当保障未成年学生受教育的权利,不得违反国家规定开除、变相开除未成年学生。

学校应当对尚未完成义务教育的辍学未成年学生进行登记并劝返复学;劝返无效的,应当及时向教育行政部门书面报告。

第二十九条 【关爱帮扶并不得歧视未成年学生】学校应当关心、爱护未成年学生,不得因家庭、身体、心理、学习能力等情况歧视学生。对家庭困难、身心有障碍的学生,应当提供关爱;对行为异常、学习有困难的学生,应当耐心帮助。

学校应当配合政府有关部门建立留守未成年学生、困境未成年学生的信息档案,开展关爱帮扶工作。

第三十条 【社会生活指导、心理健康辅导、青春期教育、生命教育】学校应当根据未成年学生身心发展特点,进行社会生活指导、心理健康辅导、青春期教育和生命教育。

第三十一条 【加强劳动教育】学校应当组织未成年学生参加与其年龄相适应的日常生活劳动、生产劳动和服务性劳动,帮助未成年学生掌握必要的劳动知识和技能,养成良好的劳动习惯。

第三十二条 【开展勤俭节约教育活动】学校、幼儿园应当开展勤俭节约、反对浪费、珍惜粮食、文明饮食等宣传教育活动,帮助未成年人树立浪费可耻、节约为荣的意识,养成文明健康、绿色环保的生活习惯。

第三十三条 【保障未成年学生的休息权】学校应当与未成年学生的父母或者其他监护人互相配合,合理安排未成年学生的学习时间,保障其休息、娱乐和体育锻炼的时间。

学校不得占用国家法定节假日、休息日及寒暑假期,组织义务教育阶段的未成年学生集体补课，加重其学习负担。

幼儿园、校外培训机构不得对学龄前未成年人进行小学课程教育。

第三十四条　【学校、幼儿园的卫生保健职责】学校、幼儿园应当提供必要的卫生保健条件，协助卫生健康部门做好在校、在园未成年人的卫生保健工作。

第三十五条　【学校、幼儿园应当保障未成年人安全】学校、幼儿园应当建立安全管理制度，对未成年人进行安全教育，完善安保设施、配备安保人员，保障未成年人在校、在园期间的人身和财产安全。

学校、幼儿园不得在危及未成年人人身安全、身心健康的校舍和其他设施、场所中进行教育教学活动。

学校、幼儿园安排未成年人参加文化娱乐、社会实践等集体活动，应当保护未成年人的身心健康，防止发生人身伤害事故。

第三十六条　【校车安全管理制度】使用校车的学校、幼儿园应当建立健全校车安全管理制度，配备安全管理人员，定期对校车进行安全检查，对校车驾驶人进行安全教育，并向未成年人讲解校车安全乘坐知识，培养未成年人校车安全事故应急处理技能。

第三十七条　【突发事件处置】学校、幼儿园应当根据需要，制定应对自然灾害、事故灾难、公共卫生事件等突发事件和意外伤害的预案，配备相应设施并定期进行必要的演练。

未成年人在校内、园内或者本校、本园组织的校外、园外活动中发生人身伤害事故的，学校、幼儿园应当立即救护，妥善处理，及时通知未成年人的父母或者其他监护人，并向有关部门报告。

第三十八条　【禁止商业行为】学校、幼儿园不得安排未成年人参加商业性活动，不得向未成年人及其父母或者其他监护人推销或者要求其购买指定的商品和服务。

学校、幼儿园不得与校外培训机构合作为未成年人提供有偿课程辅导。

第三十九条　【防治学生欺凌】学校应当建立学生欺凌防控工作制度，对教职员工、学生等开展防治学生欺凌的教育和培训。

学校对学生欺凌行为应当立即制止，通知实施欺凌和被欺凌未成年学生的父母或者其他监护人参与欺凌行为的认定和处理；对相关未成年学生及时给予心理辅导、教育和引导；对相关未成年学生的父母或者其他监护人给予必要的家庭教育指导。

对实施欺凌的未成年学生，学校应当根据欺凌行为的性质和程度，依法加强管教。对严重的欺凌行为，学校不得隐瞒，应当及时向公安机关、教育行政部门报告，并配合相关部门依法处理。

第四十条 【预防性侵害、性骚扰】学校、幼儿园应当建立预防性侵害、性骚扰未成年人工作制度。对性侵害、性骚扰未成年人等违法犯罪行为，学校、幼儿园不得隐瞒，应当及时向公安机关、教育行政部门报告，并配合相关部门依法处理。

学校、幼儿园应当对未成年人开展适合其年龄的性教育，提高未成年人防范性侵害、性骚扰的自我保护意识和能力。对遭受性侵害、性骚扰的未成年人，学校、幼儿园应当及时采取相关的保护措施。

第四十一条 【相关机构参照适用学校保护】婴幼儿照护服务机构、早期教育服务机构、校外培训机构、校外托管机构等应当参照本章有关规定，根据不同年龄阶段未成年人的成长特点和规律，做好未成年人保护工作。

第四章 社会保护

第四十二条 【社会保护的基本内容】全社会应当树立关心、爱护未成年人的良好风尚。

国家鼓励、支持和引导人民团体、企业事业单位、社会组织以及其他组织和个人，开展有利于未成年人健康成长的社会活动和服务。

第四十三条 【居民委员会、村民委员会工作职责】居民委员会、村民委员会应当设置专人专岗负责未成年人保护工作，协助政府有关部门宣传未成年人保护方面的法律法规，指导、帮助和监督未成年人的父母或者其他监护人依法履行监护职责，建立留守未成年人、困境未成年人的信息档案并给予关爱帮扶。

居民委员会、村民委员会应当协助政府有关部门监督未成年人委托照护情况，发现被委托人缺乏照护能力、怠于履行照护职责等情况，应当及时向政府有关部门报告，并告知未成年人的父母或者其他监护人，帮助、督促被委托人履行照护职责。

第四十四条 【社会对未成年人提供福利待遇】爱国主义教育基地、图书馆、青少年宫、儿童活动中心、儿童之家应当对未成年人免费开放；博物馆、纪念馆、科技馆、展览馆、美术馆、文化馆、社区公益性互联网上网服务场所以及影剧院、体育场馆、动物园、植物园、公园等场所，应当按照有关规定对未成年人免费或者优惠开放。

国家鼓励爱国主义教育基地、博物馆、科技馆、美术馆等公共场馆开设未成年人专场，为未成年人提供有针对性的服务。

国家鼓励国家机关、企业事业单位、部队等开发自身教育资源，设立未成年人开放日，为未成年人主题教育、社会实践、职业体验等提供支持。

国家鼓励科研机构和科技类社会组织对未成年人开展科学普及活动。

第四十五条 【免费或者优惠乘坐交通工具】城市公共交通以及公路、铁路、水路、航空客运等应当按照有关规定对未成年人实施免费或者优惠票价。

第四十六条 【母婴设施配备】国家鼓励大型公共场所、公共交通工具、旅游景区景点等设置母婴室、婴儿护理台以及方便幼儿使用的坐便器、洗手台等卫生设施，为未成年人提供便利。

第四十七条 【不得限制应有照顾或者优惠】任何组织或者个人不得违反有关规定，限制未成年人应当享有的照顾或者优惠。

第四十八条 【鼓励有利于未成年人的创作】国家鼓励创作、出版、制作和传播有利于未成年人健康成长的图书、报刊、电影、广播电视节目、舞台艺术作品、音像制品、电子出版物和网络信息等。

第四十九条 【新闻媒体的未成年人保护责任】新闻媒体应当加强未成年人保护方面的宣传，对侵犯未成年人合法权益的行为进行舆论监督。新闻媒体采访报道涉及未成年人事件应当客观、审慎和适度，不得侵犯未成年人的名誉、隐私和其他合法权益。

第五十条 【禁止危害未成年人身心健康内容】禁止制作、复制、出版、发布、传播含有宣扬淫秽、色情、暴力、邪教、迷信、赌博、引诱自杀、恐怖主义、分裂主义、极端主义等危害未成年人身心健康内容的图书、报刊、电影、广播电视节目、舞台艺术作品、音像制品、电子出版物和网络信息等。

第五十一条 【可能影响未成年人身心健康内容的管理】任何组织或者个人出版、发布、传播的图书、报刊、电影、广播电视节目、舞台艺术作品、音像制品、电子出版物或者网络信息，包含可能影响未成年人身心健康内容的，应当以显著方式作出提示。

第五十二条 【禁止儿童色情制品】禁止制作、复制、发布、传播或者持有有关未成年人的淫秽色情物品和网络信息。

第五十三条 【与未成年人有关的广告管理】任何组织或者个人不得刊登、播放、张贴或者散发含有危害未成年人身心健康内容的广告;不得在学校、幼儿园播放、张贴或者散发商业广告;不得利用校服、教材等发布或者变相发布商业广告。

第五十四条 【禁止严重侵犯未成年人权益的行为】禁止拐卖、绑架、虐待、非法收养未成年人,禁止对未成年人实施性侵害、性骚扰。

禁止胁迫、引诱、教唆未成年人参加黑社会性质组织或者从事违法犯罪活动。

禁止胁迫、诱骗、利用未成年人乞讨。

第五十五条 【生产、销售用于未成年人产品的要求】生产、销售用于未成年人的食品、药品、玩具、用具和游戏游艺设备、游乐设施等,应当符合国家或者行业标准,不得危害未成年人的人身安全和身心健康。上述产品的生产者应当在显著位置标明注意事项,未标明注意事项的不得销售。

第五十六条 【公共场所的安全保障义务】未成年人集中活动的公共场所应当符合国家或者行业安全标准,并采取相应安全保护措施。对可能存在安全风险的设施,应当定期进行维护,在显著位置设置安全警示标志并标明适龄范围和注意事项;必要时应当安排专门人员看管。

大型的商场、超市、医院、图书馆、博物馆、科技馆、游乐场、车站、码头、机场、旅游景区景点等场所运营单位应当设置搜寻走失未成年人的安全警报系统。场所运营单位接到求助后,应当立即启动安全警报系统,组织人员进行搜寻并向公安机关报告。

公共场所发生突发事件时,应当优先救护未成年人。

第五十七条 【住宿经营者的安全保护义务】旅馆、宾馆、酒店等住宿经营者接待未成年人入住,或者接待未成年人和成年人共同入住时,应当询问父母或者其他监护人的联系方式、入住人员的身份关系等有关情况;发现有违法犯罪嫌疑的,应当立即向公安机关报告,并及时联系未成年人的父母或者其他监护人。

第五十八条 【不适宜未成年人活动场所在设置和服务的限制】学校、

幼儿园周边不得设置营业性娱乐场所、酒吧、互联网上网服务营业场所等不适宜未成年人活动的场所。营业性歌舞娱乐场所、酒吧、互联网上网服务营业场所等不适宜未成年人活动场所的经营者,不得允许未成年人进入;游艺娱乐场所设置的电子游戏设备,除国家法定节假日外,不得向未成年人提供。经营者应当在显著位置设置未成年人禁入、限入标志;对难以判明是否是未成年人的,应当要求其出示身份证件。

第五十九条　【对未成年人禁烟、禁酒和禁售彩票】学校、幼儿园周边不得设置烟、酒、彩票销售网点。禁止向未成年人销售烟、酒、彩票或者兑付彩票奖金。烟、酒和彩票经营者应当在显著位置设置不向未成年人销售烟、酒或者彩票的标志;对难以判明是否是未成年人的,应当要求其出示身份证件。

任何人不得在学校、幼儿园和其他未成年人集中活动的公共场所吸烟、饮酒。

第六十条　【禁止向未成年人提供、销售危险物品】禁止向未成年人提供、销售管制刀具或者其他可能致人严重伤害的器具等物品。经营者难以判明购买者是否是未成年人的,应当要求其出示身份证件。

第六十一条　【未成年人劳动保护】任何组织或者个人不得招用未满十六周岁未成年人,国家另有规定的除外。

营业性娱乐场所、酒吧、互联网上网服务营业场所等不适宜未成年人活动的场所不得招用已满十六周岁的未成年人。

招用已满十六周岁未成年人的单位和个人应当执行国家在工种、劳动时间、劳动强度和保护措施等方面的规定,不得安排其从事过重、有毒、有害等危害未成年人身心健康的劳动或者危险作业。

任何组织或者个人不得组织未成年人进行危害其身心健康的表演等活动。经未成年人的父母或者其他监护人同意,未成年人参与演出、节目制作等活动,活动组织方应当根据国家有关规定,保障未成年人合法权益。

第六十二条　【从业查询制度】密切接触未成年人的单位招聘工作人员时,应当向公安机关、人民检察院查询应聘者是否具有性侵害、虐待、拐卖、暴力伤害等违法犯罪记录;发现其具有前述行为记录的,不得录用。

密切接触未成年人的单位应当每年定期对工作人员是否具有上述违法犯罪记录进行查询。通过查询或者其他方式发现其工作人员具有上述行为的,应当及时解聘。

第六十三条　【保护未成年人通信自由和通信秘密】任何组织或者个人不得隐匿、毁弃、非法删除未成年人的信件、日记、电子邮件或者其他网络通讯内容。

除下列情形外，任何组织或者个人不得开拆、查阅未成年人的信件、日记、电子邮件或者其他网络通讯内容：

（一）无民事行为能力未成年人的父母或者其他监护人代未成年人开拆、查阅；

（二）因国家安全或者追查刑事犯罪依法进行检查；

（三）紧急情况下为了保护未成年人本人的人身安全。

第五章　网络保护

第六十四条　【网络素养】国家、社会、学校和家庭应当加强未成年人网络素养宣传教育，培养和提高未成年人的网络素养，增强未成年人科学、文明、安全、合理使用网络的意识和能力，保障未成年人在网络空间的合法权益。

第六十五条　【健康网络内容创作与传播】国家鼓励和支持有利于未成年人健康成长的网络内容的创作与传播，鼓励和支持专门以未成年人为服务对象、适合未成年人身心健康特点的网络技术、产品、服务的研发、生产和使用。

第六十六条　【监督检查和惩处非法活动】网信部门及其他有关部门应当加强对未成年人网络保护工作的监督检查，依法惩处利用网络从事危害未成年人身心健康的活动，为未成年人提供安全、健康的网络环境。

第六十七条　【可能影响未成年人身心健康的网络信息】网信部门会同公安、文化和旅游、新闻出版、电影、广播电视等部门根据保护不同年龄阶段未成年人的需要，确定可能影响未成年人身心健康网络信息的种类、范围和判断标准。

第六十八条　【沉迷网络的预防和干预】新闻出版、教育、卫生健康、文化和旅游、网信等部门应当定期开展预防未成年人沉迷网络的宣传教育，监督网络产品和服务提供者履行预防未成年人沉迷网络的义务，指导家庭、学校、社会组织互相配合，采取科学、合理的方式对未成年人沉迷网络进行预防和干预。

任何组织或者个人不得以侵害未成年人身心健康的方式对未成年人沉迷网络进行干预。

第六十九条　【未成年人网络保护软件】学校、社区、图书馆、文化馆、青少年宫等场所为未成年人提供的互联网上网服务设施，应当安装未成年人网络保护软件或者采取其他安全保护技术措施。

智能终端产品的制造者、销售者应当在产品上安装未成年人网络保护软件，或者以显著方式告知用户未成年人网络保护软件的安装渠道和方法。

第七十条　【学校对沉迷网络的预防和处理】学校应当合理使用网络开展教学活动。未经学校允许，未成年学生不得将手机等智能终端产品带入课堂，带入学校的应当统一管理。

学校发现未成年学生沉迷网络的，应当及时告知其父母或者其他监护人，共同对未成年学生进行教育和引导，帮助其恢复正常的学习生活。

第七十一条　【监护人对未成年人的网络保护义务】未成年人的父母或者其他监护人应当提高网络素养，规范自身使用网络的行为，加强对未成年人使用网络行为的引导和监督。

未成年人的父母或者其他监护人应当通过在智能终端产品上安装未成年人网络保护软件、选择适合未成年人的服务模式和管理功能等方式，避免未成年人接触危害或者可能影响其身心健康的网络信息，合理安排未成年人使用网络的时间，有效预防未成年人沉迷网络。

第七十二条　【未成年人个人信息处理以及更正权、删除权】信息处理者通过网络处理未成年人个人信息的，应当遵循合法、正当和必要的原则。处理不满十四周岁未成年人个人信息的，应当征得未成年人的父母或者其他监护人同意，但法律、行政法规另有规定的除外。

未成年人、父母或者其他监护人要求信息处理者更正、删除未成年人个人信息的，信息处理者应当及时采取措施予以更正、删除，但法律、行政法规另有规定的除外。

第七十三条　【私密信息的提示、保护义务】网络服务提供者发现未成年人通过网络发布私密信息的，应当及时提示，并采取必要的保护措施。

第七十四条　【预防未成年人沉迷网络的一般性规定】网络产品和服务提供者不得向未成年人提供诱导其沉迷的产品和服务。

网络游戏、网络直播、网络音视频、网络社交等网络服务提供者应当针对未成年人使用其服务设置相应的时间管理、权限管理、消费管理等功能。

以未成年人为服务对象的在线教育网络产品和服务，不得插入网络游戏链接，不得推送广告等与教学无关的信息。

第七十五条　【网络游戏服务提供者预防沉迷网络义务】网络游戏经依法审批后方可运营。

国家建立统一的未成年人网络游戏电子身份认证系统。网络游戏服务提供者应当要求未成年人以真实身份信息注册并登录网络游戏。

网络游戏服务提供者应当按照国家有关规定和标准，对游戏产品进行分类，作出适龄提示，并采取技术措施，不得让未成年人接触不适宜的游戏或者游戏功能。

网络游戏服务提供者不得在每日二十二时至次日八时向未成年人提供网络游戏服务。

第七十六条　【网络直播服务提供者的义务】网络直播服务提供者不得为未满十六周岁的未成年人提供网络直播发布者账号注册服务；为年满十六周岁的未成年人提供网络直播发布者账号注册服务时，应当对其身份信息进行认证，并征得其父母或者其他监护人同意。

第七十七条　【禁止实施网络欺凌】任何组织或者个人不得通过网络以文字、图片、音视频等形式，对未成年人实施侮辱、诽谤、威胁或者恶意损害形象等网络欺凌行为。

遭受网络欺凌的未成年人及其父母或者其他监护人有权通知网络服务提供者采取删除、屏蔽、断开链接等措施。网络服务提供者接到通知后，应当及时采取必要的措施制止网络欺凌行为，防止信息扩散。

第七十八条　【接受投诉、举报义务】网络产品和服务提供者应当建立便捷、合理、有效的投诉和举报渠道，公开投诉、举报方式等信息，及时受理并处理涉及未成年人的投诉、举报。

第七十九条　【社会公众投诉、举报权】任何组织或者个人发现网络产品、服务含有危害未成年人身心健康的信息，有权向网络产品和服务提供者或者网信、公安等部门投诉、举报。

第八十条　【对用户行为的安全管理义务】网络服务提供者发现用户发布、传播可能影响未成年人身心健康的信息且未作显著提示的，应当作出提示或者通知用户予以提示;未作出提示的,不得传输相关信息。

网络服务提供者发现用户发布、传播含有危害未成年人身心健康内容的信息的,应当立即停止传输相关信息,采取删除、屏蔽、断开链接等处置措施,保存有关记录,并向网信、公安等部门报告。

网络服务提供者发现用户利用其网络服务对未成年人实施违法犯罪行为的,应当立即停止向该用户提供网络服务,保存有关记录,并向公安机关报告。

第六章　政 府 保 护

第八十一条　【未成年人政府保护工作落实主体】县级以上人民政府承担未成年人保护协调机制具体工作的职能部门应当明确相关内设机构或者专门人员,负责承担未成年人保护工作。

乡镇人民政府和街道办事处应当设立未成年人保护工作站或者指定专门人员,及时办理未成年人相关事务;支持、指导居民委员会、村民委员会设立专人专岗,做好未成年人保护工作。

第八十二条　【提供、鼓励、支持家庭教育指导服务】各级人民政府应当将家庭教育指导服务纳入城乡公共服务体系,开展家庭教育知识宣传,鼓励和支持有关人民团体、企业事业单位、社会组织开展家庭教育指导服务。

第八十三条　【政府保障未成年人受教育权利】各级人民政府应当保障未成年人受教育的权利,并采取措施保障留守未成年人、困境未成年人、残疾未成年人接受义务教育。

对尚未完成义务教育的辍学未成年学生,教育行政部门应当责令父母或者其他监护人将其送入学校接受义务教育。

第八十四条　【国家发展托育、学前教育事业】各级人民政府应当发展托育、学前教育事业,办好婴幼儿照护服务机构、幼儿园,支持社会力量依法兴办母婴室、婴幼儿照护服务机构、幼儿园。

县级以上地方人民政府及其有关部门应当培养和培训婴幼儿照护服务机构、幼儿园的保教人员,提高其职业道德素质和业务能力。

第八十五条　【职业教育及职业技能培训】各级人民政府应当发展职业教育,保障未成年人接受职业教育或者职业技能培训,鼓励和支持人民团体、企业事业单位、社会组织为未成年人提供职业技能培训服务。

第八十六条　【残疾未成年人接受教育权利】各级人民政府应当保障具有接受普通教育能力、能适应校园生活的残疾未成年人就近在普通学校、幼儿园接受教育；保障不具有接受普通教育能力的残疾未成年人在特殊教育学校、幼儿园接受学前教育、义务教育和职业教育。

各级人民政府应当保障特殊教育学校、幼儿园的办学、办园条件，鼓励和支持社会力量举办特殊教育学校、幼儿园。

第八十七条　【政府保障校园安全】地方人民政府及其有关部门应当保障校园安全，监督、指导学校、幼儿园等单位落实校园安全责任，建立突发事件的报告、处置和协调机制。

第八十八条　【政府保障校园周边环境安全】公安机关和其他有关部门应当依法维护校园周边的治安和交通秩序，设置监控设备和交通安全设施，预防和制止侵害未成年人的违法犯罪行为。

第八十九条　【未成年人活动场所建设和维护】地方人民政府应当建立和改善适合未成年人的活动场所和设施，支持公益性未成年人活动场所和设施的建设和运行，鼓励社会力量兴办适合未成年人的活动场所和设施，并加强管理。

地方人民政府应当采取措施，鼓励和支持学校在国家法定节假日、休息日及寒暑假期将文化体育设施对未成年人免费或者优惠开放。

地方人民政府应当采取措施，防止任何组织或者个人侵占、破坏学校、幼儿园、婴幼儿照护服务机构等未成年人活动场所的场地、房屋和设施。

第九十条　【卫生保健、传染病防治和心理健康】各级人民政府及其有关部门应当对未成年人进行卫生保健和营养指导，提供卫生保健服务。

卫生健康部门应当依法对未成年人的疫苗预防接种进行规范，防治未成年人常见病、多发病，加强传染病防治和监督管理，做好伤害预防和干预，指导和监督学校、幼儿园、婴幼儿照护服务机构开展卫生保健工作。

教育行政部门应当加强未成年人的心理健康教育，建立未成年人心理问题的早期发现和及时干预机制。卫生健康部门应当做好未成年人心理治疗、心理危机干预以及精神障碍早期识别和诊断治疗等工作。

第九十一条　【政府对困境未成年人实施分类保障】各级人民政府及其有关部门对困境未成年人实施分类保障，采取措施满足其生活、教育、安全、医疗康复、住房等方面的基本需要。

第九十二条　【临时监护的情形】具有下列情形之一的，民政部门应当依法对未成年人进行临时监护：

（一）未成年人流浪乞讨或者身份不明，暂时查找不到父母或者其他监护人；

（二）监护人下落不明且无其他人可以担任监护人；

（三）监护人因自身客观原因或者因发生自然灾害、事故灾难、公共卫生事件等突发事件不能履行监护职责，导致未成年人监护缺失；

（四）监护人拒绝或者怠于履行监护职责，导致未成年人处于无人照料的状态；

（五）监护人教唆、利用未成年人实施违法犯罪行为，未成年人需要被带离安置；

（六）未成年人遭受监护人严重伤害或者面临人身安全威胁，需要被紧急安置；

（七）法律规定的其他情形。

第九十三条　【临时监护方式】对临时监护的未成年人，民政部门可以采取委托亲属抚养、家庭寄养等方式进行安置，也可以交由未成年人救助保护机构或者儿童福利机构进行收留、抚养。

临时监护期间，经民政部门评估，监护人重新具备履行监护职责条件的，民政部门可以将未成年人送回监护人抚养。

第九十四条　【长期监护的法定情形】具有下列情形之一的，民政部门应当依法对未成年人进行长期监护：

（一）查找不到未成年人的父母或者其他监护人；

（二）监护人死亡或者被宣告死亡且无其他人可以担任监护人；

（三）监护人丧失监护能力且无其他人可以担任监护人；

（四）人民法院判决撤销监护人资格并指定由民政部门担任监护人；

（五）法律规定的其他情形。

第九十五条　【民政部门长期监护未成年人的收养】民政部门进行收养评估后，可以依法将其长期监护的未成年人交由符合条件的申请人收养。收养关系成立后，民政部门与未成年人的监护关系终止。

第九十六条　【其他政府职能部门的配合义务和国家监护机构建设】民

政部门承担临时监护或者长期监护职责的，财政、教育、卫生健康、公安等部门应当根据各自职责予以配合。

县级以上人民政府及其民政部门应当根据需要设立未成年人救助保护机构、儿童福利机构，负责收留、抚养由民政部门监护的未成年人。

第九十七条　【建设未成年人保护热线、未成年人保护平台】县级以上人民政府应当开通全国统一的未成年人保护热线，及时受理、转介侵犯未成年人合法权益的投诉、举报；鼓励和支持人民团体、企业事业单位、社会组织参与建设未成年人保护服务平台、服务热线、服务站点，提供未成年人保护方面的咨询、帮助。

第九十八条　【建立违法犯罪人员信息查询系统】国家建立性侵害、虐待、拐卖、暴力伤害等违法犯罪人员信息查询系统，向密切接触未成年人的单位提供免费查询服务。

第九十九条　【培育、引导和规范社会力量】地方人民政府应当培育、引导和规范有关社会组织、社会工作者参与未成年人保护工作，开展家庭教育指导服务，为未成年人的心理辅导、康复救助、监护及收养评估等提供专业服务。

第七章　司法保护

第一百条　【司法保护的总体要求】公安机关、人民检察院、人民法院和司法行政部门应当依法履行职责，保障未成年人合法权益。

第一百零一条　【办理案件的专门机构和专门人员】公安机关、人民检察院、人民法院和司法行政部门应当确定专门机构或者指定专门人员，负责办理涉及未成年人案件。办理涉及未成年人案件的人员应当经过专门培训，熟悉未成年人身心特点。专门机构或者专门人员中，应当有女性工作人员。

公安机关、人民检察院、人民法院和司法行政部门应当对上述机构和人员实行与未成年人保护工作相适应的评价考核标准。

第一百零二条　【办理案件的语言、表达方式等】公安机关、人民检察院、人民法院和司法行政部门办理涉及未成年人案件，应当考虑未成年人身心特点和健康成长的需要，使用未成年人能够理解的语言和表达方式，听取未成年人的意见。

第一百零三条　【未成年人隐私和个人信息保护】公安机关、人民检察院、人民法院、司法行政部门以及其他组织和个人不得披露有关案件中未成年人的姓名、影像、住所、就读学校以及其他可能识别出其身份的信息，但查找失踪、被拐卖未成年人等情形除外。

第一百零四条　【未成年人法律援助或者司法救助】对需要法律援助或者司法救助的未成年人，法律援助机构或者公安机关、人民检察院、人民法院和司法行政部门应当给予帮助，依法为其提供法律援助或者司法救助。

法律援助机构应当指派熟悉未成年人身心特点的律师为未成年人提供法律援助服务。

法律援助机构和律师协会应当对办理未成年人法律援助案件的律师进行指导和培训。

第一百零五条　【检察监督】人民检察院通过行使检察权，对涉及未成年人的诉讼活动等依法进行监督。

第一百零六条　【公益诉讼】未成年人合法权益受到侵犯，相关组织和个人未代为提起诉讼的，人民检察院可以督促、支持其提起诉讼；涉及公共利益的，人民检察院有权提起公益诉讼。

第一百零七条　【审理继承、离婚案件时未成年人保护】人民法院审理继承案件，应当依法保护未成年人的继承权和受遗赠权。

人民法院审理离婚案件，涉及未成年子女抚养问题的，应当尊重已满八周岁未成年子女的真实意愿，根据双方具体情况，按照最有利于未成年子女的原则依法处理。

第一百零八条　【人身安全保护令、撤销监护人资格】未成年人的父母或者其他监护人不依法履行监护职责或者严重侵犯被监护的未成年人合法权益的，人民法院可以根据有关人员或者单位的申请，依法作出人身安全保护令或者撤销监护人资格。

被撤销监护人资格的父母或者其他监护人应当依法继续负担抚养费用。

第一百零九条　【社会调查】人民法院审理离婚、抚养、收养、监护、探望等案件涉及未成年人的，可以自行或者委托社会组织对未成年人的相关情况进行社会调查。

第一百一十条　【法定代理人、合适成年人到场】公安机关、人民检察院、人民法院讯问未成年犯罪嫌疑人、被告人，询问未成年被害人、证人，应当依法通知其法定代理人或者其成年亲属、所在学校的代表等合适成年人到场,并采取适当方式,在适当场所进行,保障未成年人的名誉权、隐私权和其他合法权益。

人民法院开庭审理涉及未成年人案件,未成年被害人、证人一般不出庭作证;必须出庭的,应当采取保护其隐私的技术手段和心理干预等保护措施。

第一百一十一条 【特定未成年被害人的司法保护】公安机关、人民检察院、人民法院应当与其他有关政府部门、人民团体、社会组织互相配合,对遭受性侵害或者暴力伤害的未成年被害人及其家庭实施必要的心理干预、经济救助、法律援助、转学安置等保护措施。

第一百一十二条 【同步录音录像等保护措施】公安机关、人民检察院、人民法院办理未成年人遭受性侵害或者暴力伤害案件,在询问未成年被害人、证人时,应当采取同步录音录像等措施,尽量一次完成;未成年被害人、证人是女性的,应当由女性工作人员进行。

第一百一十三条 【违法犯罪未成年人的保护方针】对违法犯罪的未成年人,实行教育、感化、挽救的方针,坚持教育为主、惩罚为辅的原则。

对违法犯罪的未成年人依法处罚后,在升学、就业等方面不得歧视。

第一百一十四条 【对未尽保护职责单位的监督】公安机关、人民检察院、人民法院和司法行政部门发现有关单位未尽到未成年人教育、管理、救助、看护等保护职责的,应当向该单位提出建议。被建议单位应当在一个月内作出书面回复。

第一百一十五条 【法治宣传教育】公安机关、人民检察院、人民法院和司法行政部门应当结合实际,根据涉及未成年人案件的特点,开展未成年人法治宣传教育工作。

第一百一十六条 【鼓励和支持社会组织参与】国家鼓励和支持社会组织、社会工作者参与涉及未成年人案件中未成年人的心理干预、法律援助、社会调查、社会观护、教育矫治、社区矫正等工作。

第八章 法律责任

第一百一十七条 【违反强制报告义务的法律责任】违反本法第十一条第二款规定,未履行报告义务造成严重后果的,由上级主管部门或者所在单位对直接负责的主管人员和其他直接责任人员依法给予处分。

第一百一十八条　【监护人的法律责任】未成年人的父母或者其他监护人不依法履行监护职责或者侵犯未成年人合法权益的，由其居住地的居民委员会、村民委员会予以劝诫、制止；情节严重的，居民委员会、村民委员会应当及时向公安机关报告。

公安机关接到报告或者公安机关、人民检察院、人民法院在办理案件过程中发现未成年人的父母或者其他监护人存在上述情形的，应当予以训诫，并可以责令其接受家庭教育指导。

第一百一十九条　【学校、幼儿园等机构及其教职员工的法律责任】学校、幼儿园、婴幼儿照护服务等机构及其教职员工违反本法第二十七条、第二十八条、第三十九条规定的，由公安、教育、卫生健康、市场监督管理等部门按照职责分工责令改正；拒不改正或者情节严重的，对直接负责的主管人员和其他直接责任人员依法给予处分。

第一百二十条　【未给予未成年人免费或者优惠待遇的法律责任】违反本法第四十四条、第四十五条、第四十七条规定，未给予未成年人免费或者优惠待遇的，由市场监督管理、文化和旅游、交通运输等部门按照职责分工责令限期改正，给予警告；拒不改正的，处一万元以上十万元以下罚款。

第一百二十一条　【制作危害未成年人身心健康的出版物的法律责任】违反本法第五十条、第五十一条规定的，由新闻出版、广播电视、电影、网信等部门按照职责分工责令限期改正，给予警告，没收违法所得，可以并处十万元以下罚款；拒不改正或者情节严重的，责令暂停相关业务、停产停业或者吊销营业执照、吊销相关许可证，违法所得一百万元以上的，并处违法所得一倍以上十倍以下的罚款，没有违法所得或者违法所得不足一百万元的，并处十万元以上一百万元以下罚款。

第一百二十二条　【场所运营单位和住宿经营者的法律责任】场所运营单位违反本法第五十六条第二款规定、住宿经营者违反本法第五十七条规定的，由市场监督管理、应急管理、公安等部门按照职责分工责令限期改正，给予警告；拒不改正或者造成严重后果的，责令停业整顿或者吊销营业执照、吊销相关许可证，并处一万元以上十万元以下罚款。

第一百二十三条　【营业性娱乐场所等经营者的法律责任】相关经营者违反本法第五十八条、第五十九条第一款、第六十条规定的，由文化和旅游、市场监督管理、烟草专卖、公安等部门按照职责分工责令限期改正，给予警告，没收违法所得，可以并处五万元以下罚款；拒不改正或者情节严重的，责令停业整顿或者吊销营业执照、吊销相关许可证，可以并处五万元以上五十万元以下罚款。

第一百二十四条 【公共场所吸烟、饮酒的法律责任】违反本法第五十九条第二款规定，在学校、幼儿园和其他未成年人集中活动的公共场所吸烟、饮酒的，由卫生健康、教育、市场监督管理等部门按照职责分工责令改正，给予警告，可以并处五百元以下罚款；场所管理者未及时制止的，由卫生健康、教育、市场监督管理等部门按照职责分工给予警告，并处一万元以下罚款。

第一百二十五条 【违反未成年人劳动保护的法律责任】违反本法第六十一条规定的，由文化和旅游、人力资源和社会保障、市场监督管理等部门按照职责分工责令限期改正，给予警告，没收违法所得，可以并处十万元以下罚款；拒不改正或者情节严重的，责令停产停业或者吊销营业执照、吊销相关许可证，并处十万元以上一百万元以下罚款。

第一百二十六条 【密切接触未成年人的单位的法律责任】密切接触未成年人的单位违反本法第六十二条规定，未履行查询义务，或者招用、继续聘用具有相关违法犯罪记录人员的，由教育、人力资源和社会保障、市场监督管理等部门按照职责分工责令限期改正，给予警告，并处五万元以下罚款；拒不改正或者造成严重后果的，责令停业整顿或者吊销营业执照、吊销相关许可证，并处五万元以上五十万元以下罚款，对直接负责的主管人员和其他直接责任人员依法给予处分。

第一百二十七条 【信息处理者及网络产品和服务提供者的法律责任】信息处理者违反本法第七十二条规定，或者网络产品和服务提供者违反本法第七十三条、第七十四条、第七十五条、第七十六条、第七十七条、第八十条规定的，由公安、网信、电信、新闻出版、广播电视、文化和旅游等有关部门按照职责分工责令改正，给予警告，没收违法所得，违法所得一百万元以上的，并处违法所得一倍以上十倍以下罚款，没有违法所得或者违法所得不足一百万元的，并处十万元以上一百万元以下罚款，对直接负责的主管人员和其他责任人员处一万元以上十万元以下罚款；拒不改正或者情节严重的，并可以责令暂停相关业务、停业整顿、关闭网站、吊销营业执照或者吊销相关许可证。

第一百二十八条 【国家机关工作人员渎职的法律责任】国家机关工作

人员玩忽职守、滥用职权、徇私舞弊，损害未成年人合法权益的，依法给予处分。

第一百二十九条　【其他法律责任】违反本法规定，侵犯未成年人合法权益，造成人身、财产或者其他损害的，依法承担民事责任。

违反本法规定，构成违反治安管理行为的，依法给予治安管理处罚；构成犯罪的，依法追究刑事责任。

第九章　附　　则

第一百三十条　【用语含义】本法中下列用语的含义：

（一）密切接触未成年人的单位，是指学校、幼儿园等教育机构；校外培训机构；未成年人救助保护机构、儿童福利机构等未成年人安置、救助机构；婴幼儿照护服务机构、早期教育服务机构；校外托管、临时看护机构；家政服务机构；为未成年人提供医疗服务的医疗机构；其他对未成年人负有教育、培训、监护、救助、看护、医疗等职责的企业事业单位、社会组织等。

（二）学校，是指普通中小学、特殊教育学校、中等职业学校、专门学校。

（三）学生欺凌，是指发生在学生之间，一方蓄意或者恶意通过肢体、语言及网络等手段实施欺压、侮辱，造成另一方人身伤害、财产损失或者精神损害的行为。

第一百三十一条　【外国人、无国籍未成年人的保护】对中国境内未满十八周岁的外国人、无国籍人，依照本法有关规定予以保护。

第一百三十二条　【施行日期】本法自 2021 年 6 月 1 日起施行。

中华人民共和国
老年人权益保障法

（1996年8月29日第八届全国人民代表大会常务委员会第二十一次会议通过　根据2009年8月27日第十一届全国人民代表大会常务委员会第十次会议《关于修改部分法律的决定》第一次修正　2012年12月28日第十一届全国人民代表大会常务委员会第三十次会议修订　根据2015年4月24日第十二届全国人民代表大会常务委员会第十四次会议《关于修改〈中华人民共和国电力法〉等六部法律的决定》第二次修正　根据2018年12月29日第十三届全国人民代表大会常务委员会第七次会议《关于修改〈中华人民共和国劳动法〉等七部法律的决定》第三次修正）

目　　录

第一章　总　　则
第二章　家庭赡养与扶养
第三章　社会保障
第四章　社会服务
第五章　社会优待
第六章　宜居环境
第七章　参与社会发展
第八章　法律责任
第九章　附　　则

第一章 总 则

第一条 【立法目的】为了保障老年人合法权益，发展老龄事业，弘扬中华民族敬老、养老、助老的美德，根据宪法，制定本法。

第二条 【适用范围】本法所称老年人是指六十周岁以上的公民。

第三条 【基本原则】国家保障老年人依法享有的权益。

老年人有从国家和社会获得物质帮助的权利，有享受社会服务和社会优待的权利，有参与社会发展和共享发展成果的权利。

禁止歧视、侮辱、虐待或者遗弃老年人。

第四条 【总体目标】积极应对人口老龄化是国家的一项长期战略任务。

国家和社会应当采取措施，健全保障老年人权益的各项制度，逐步改善保障老年人生活、健康、安全以及参与社会发展的条件，实现老有所养、老有所医、老有所为、老有所学、老有所乐。

第五条 【社会保障】国家建立多层次的社会保障体系，逐步提高对老年人的保障水平。

国家建立和完善以居家为基础、社区为依托、机构为支撑的社会养老服务体系。

倡导全社会优待老年人。

第六条 【政府职责】各级人民政府应当将老龄事业纳入国民经济和社会发展规划，将老龄事业经费列入财政预算，建立稳定的经费保障机制，并鼓励社会各方面投入，使老龄事业与经济、社会协调发展。

国务院制定国家老龄事业发展规划。县级以上地方人民政府根据国家老龄事业发展规划，制定本行政区域的老龄事业发展规划和年度计划。

县级以上人民政府负责老龄工作的机构，负责组织、协调、指导、督促有关部门做好老年人权益保障工作。

第七条 【社会责任】保障老年人合法权益是全社会的共同责任。

国家机关、社会团体、企业事业单位和其他组织应当按照各自职责，做好老年人权益保障工作。

基层群众性自治组织和依法设立的老年人组织应当反映老年人的要求，

维护老年人合法权益，为老年人服务。

提倡、鼓励义务为老年人服务。

第八条 【宣传教育】国家进行人口老龄化国情教育，增强全社会积极应对人口老龄化意识。

全社会应当广泛开展敬老、养老、助老宣传教育活动，树立尊重、关心、帮助老年人的社会风尚。

青少年组织、学校和幼儿园应当对青少年和儿童进行敬老、养老、助老的道德教育和维护老年人合法权益的法制教育。

广播、电影、电视、报刊、网络等应当反映老年人的生活，开展维护老年人合法权益的宣传，为老年人服务。

第九条 【社会研究】国家支持老龄科学研究，建立老年人状况统计调查和发布制度。

第十条 【奖励】各级人民政府和有关部门对维护老年人合法权益和敬老、养老、助老成绩显著的组织、家庭或者个人，对参与社会发展做出突出贡献的老年人，按照国家有关规定给予表彰或者奖励。

第十一条 【老年人的义务】老年人应当遵纪守法，履行法律规定的义务。

第十二条 【法定节日】每年农历九月初九为老年节。

第二章 家庭赡养与扶养

第十三条 【养老基础】老年人养老以居家为基础，家庭成员应当尊重、关心和照料老年人。

第十四条 【赡养人义务】赡养人应当履行对老年人经济上供养、生活上照料和精神上慰藉的义务，照顾老年人的特殊需要。

赡养人是指老年人的子女以及其他依法负有赡养义务的人。

赡养人的配偶应当协助赡养人履行赡养义务。

第十五条 【患病、经济困难、生活不能自理的老年人的赡养】赡养人应当使患病的老年人及时得到治疗和护理；对经济困难的老年人，应当提供医疗费用。

对生活不能自理的老年人，赡养人应当承担照料责任；不能亲自照料的，可以按照老年人的意愿委托他人或者养老机构等照料。

第十六条　【老年人的住房保障】赡养人应当妥善安排老年人的住房，不得强迫老年人居住或者迁居条件低劣的房屋。

老年人自有的或者承租的住房，子女或者其他亲属不得侵占，不得擅自改变产权关系或者租赁关系。

老年人自有的住房，赡养人有维修的义务。

第十七条　【老年人承包的田地及其林木、牲畜的收益】赡养人有义务耕种或者委托他人耕种老年人承包的田地，照管或者委托他人照管老年人的林木和牲畜等，收益归老年人所有。

第十八条　【老年人的精神需求】家庭成员应当关心老年人的精神需求，不得忽视、冷落老年人。

与老年人分开居住的家庭成员，应当经常看望或者问候老年人。

用人单位应当按照国家有关规定保障赡养人探亲休假的权利。

第十九条　【赡养义务的强制性】赡养人不得以放弃继承权或者其他理由，拒绝履行赡养义务。

赡养人不履行赡养义务，老年人有要求赡养人付给赡养费等权利。

赡养人不得要求老年人承担力不能及的劳动。

第二十条　【赡养协议】经老年人同意，赡养人之间可以就履行赡养义务签订协议。赡养协议的内容不得违反法律的规定和老年人的意愿。

基层群众性自治组织、老年人组织或者赡养人所在单位监督协议的履行。

第二十一条　【老年人的婚姻自由】老年人的婚姻自由受法律保护。子女或者其他亲属不得干涉老年人离婚、再婚及婚后的生活。

赡养人的赡养义务不因老年人的婚姻关系变化而消除。

第二十二条　【老年人的财产权益】老年人对个人的财产，依法享有占有、使用、收益和处分的权利，子女或者其他亲属不得干涉，不得以窃取、骗取、强行索取等方式侵犯老年人的财产权益。

老年人有依法继承父母、配偶、子女或者其他亲属遗产的权利，有接受赠与的权利。子女或者其他亲属不得侵占、抢夺、转移、隐匿或者损毁应当由老年人继承或者接受赠与的财产。

老年人以遗嘱处分财产，应当依法为老年配偶保留必要的份额。

第二十三条 【扶养义务】老年人与配偶有相互扶养的义务。

由兄、姐扶养的弟、妹成年后,有负担能力的,对年老无赡养人的兄、姐有扶养的义务。

第二十四条 【不履行赡养、扶养义务】赡养人、扶养人不履行赡养、扶养义务的,基层群众性自治组织、老年人组织或者赡养人、扶养人所在单位应当督促其履行。

第二十五条 【禁止家庭暴力】禁止对老年人实施家庭暴力。

第二十六条 【监护人】具备完全民事行为能力的老年人,可以在近亲属或者其他与自己关系密切、愿意承担监护责任的个人、组织中协商确定自己的监护人。监护人在老年人丧失或者部分丧失民事行为能力时,依法承担监护责任。

老年人未事先确定监护人的,其丧失或者部分丧失民事行为能力时,依照有关法律的规定确定监护人。

第二十七条 【家庭养老支持政策】国家建立健全家庭养老支持政策,鼓励家庭成员与老年人共同生活或者就近居住,为老年人随配偶或者赡养人迁徙提供条件,为家庭成员照料老年人提供帮助。

第三章 社会保障

第二十八条 【养老保险制度】国家通过基本养老保险制度,保障老年人的基本生活。

第二十九条 【医疗保险制度】国家通过基本医疗保险制度,保障老年人的基本医疗需要。享受最低生活保障的老年人和符合条件的低收入家庭中的老年人参加新型农村合作医疗和城镇居民基本医疗保险所需个人缴费部分,由政府给予补贴。

有关部门制定医疗保险办法,应当对老年人给予照顾。

第三十条 【护理保障工作】国家逐步开展长期护理保障工作,保障老年人的护理需求。

对生活长期不能自理、经济困难的老年人,地方各级人民政府应当根据其失能程度等情况给予护理补贴。

第三十一条 【老年人救助】国家对经济困难的老年人给予基本生活、

医疗、居住或者其他救助。

老年人无劳动能力、无生活来源、无赡养人和扶养人，或者其赡养人和扶养人确无赡养能力或者扶养能力的，由地方各级人民政府依照有关规定给予供养或者救助。

对流浪乞讨、遭受遗弃等生活无着的老年人，由地方各级人民政府依照有关规定给予救助。

第三十二条　【住房照顾】地方各级人民政府在实施廉租住房、公共租赁住房等住房保障制度或者进行危旧房屋改造时，应当优先照顾符合条件的老年人。

第三十三条　【老年人福利】国家建立和完善老年人福利制度，根据经济社会发展水平和老年人的实际需要，增加老年人的社会福利。

国家鼓励地方建立八十周岁以上低收入老年人高龄津贴制度。

国家建立和完善计划生育家庭老年人扶助制度。

农村可以将未承包的集体所有的部分土地、山林、水面、滩涂等作为养老基地，收益供老年人养老。

第三十四条　【养老金及其他待遇保障】老年人依法享有的养老金、医疗待遇和其他待遇应当得到保障，有关机构必须按时足额支付，不得克扣、拖欠或者挪用。

国家根据经济发展以及职工平均工资增长、物价上涨等情况，适时提高养老保障水平。

第三十五条　【物质帮助】国家鼓励慈善组织以及其他组织和个人为老年人提供物质帮助。

第三十六条　【扶养、扶助协议】老年人可以与集体经济组织、基层群众性自治组织、养老机构等组织或者个人签订遗赠扶养协议或者其他扶助协议。

负有扶养义务的组织或者个人按照遗赠扶养协议，承担该老年人生养死葬的义务，享有受遗赠的权利。

第四章　社会服务

第三十七条　【社区养老服务】地方各级人民政府和有关部门应当采取

措施，发展城乡社区养老服务，鼓励、扶持专业服务机构及其他组织和个人，为居家的老年人提供生活照料、紧急救援、医疗护理、精神慰藉、心理咨询等多种形式的服务。

对经济困难的老年人，地方各级人民政府应当逐步给予养老服务补贴。

第三十八条　【基础设施】地方各级人民政府和有关部门、基层群众性自治组织，应当将养老服务设施纳入城乡社区配套设施建设规划，建立适应老年人需要的生活服务、文化体育活动、日间照料、疾病护理与康复等服务设施和网点，就近为老年人提供服务。

发扬邻里互助的传统，提倡邻里间关心、帮助有困难的老年人。

鼓励慈善组织、志愿者为老年人服务。倡导老年人互助服务。

第三十九条　【政策支持】各级人民政府应当根据经济发展水平和老年人服务需求，逐步增加对养老服务的投入。

各级人民政府和有关部门在财政、税费、土地、融资等方面采取措施，鼓励、扶持企业事业单位、社会组织或者个人兴办、运营养老、老年人日间照料、老年文化体育活动等设施。

第四十条　【养老服务设施用地】地方各级人民政府和有关部门应当按照老年人口比例及分布情况，将养老服务设施建设纳入城乡规划和土地利用总体规划，统筹安排养老服务设施建设用地及所需物资。

公益性养老服务设施用地，可以依法使用国有划拨土地或者农民集体所有的土地。

养老服务设施用地，非经法定程序不得改变用途。

第四十一条　【养老机构】政府投资兴办的养老机构，应当优先保障经济困难的孤寡、失能、高龄等老年人的服务需求。

第四十二条　【分类管理和评估】国务院有关部门制定养老服务设施建设、养老服务质量和养老服务职业等标准，建立健全养老机构分类管理和养老服务评估制度。

各级人民政府应当规范养老服务收费项目和标准，加强监督和管理。

第四十三条　【养老机构的许可、登记】设立公益性养老机构，应当依法办理相应的登记。

设立经营性养老机构，应当在市场监督管理部门办理登记。

养老机构登记后即可开展服务活动，并向县级以上人民政府民政部门备案。

第四十四条　【综合监管制度】地方各级人民政府加强对本行政区域养老机构管理工作的领导,建立养老机构综合监管制度。

县级以上人民政府民政部门负责养老机构的指导、监督和管理,其他有关部门依照职责分工对养老机构实施监督。

第四十五条　【监督检查措施】县级以上人民政府民政部门依法履行监督检查职责,可以采取下列措施:

(一)向养老机构和个人了解情况;

(二)进入涉嫌违法的养老机构进行现场检查;

(三)查阅或者复制有关合同、票据、账簿及其他有关资料;

(四)发现养老机构存在可能危及人身健康和生命财产安全风险的,责令限期改正,逾期不改正的,责令停业整顿。

县级以上人民政府民政部门调查养老机构涉嫌违法的行为,应当遵守《中华人民共和国行政强制法》和其他有关法律、行政法规的规定。

第四十六条　【养老机构的变更、终止】养老机构变更或者终止的,应当妥善安置收住的老年人,并依照规定到有关部门办理手续。有关部门应当为养老机构妥善安置老年人提供帮助。

第四十七条　【养老服务人才培养】国家建立健全养老服务人才培养、使用、评价和激励制度,依法规范用工,促进从业人员劳动报酬合理增长,发展专职、兼职和志愿者相结合的养老服务队伍。

国家鼓励高等学校、中等职业学校和职业培训机构设置相关专业或者培训项目,培养养老服务专业人才。

第四十八条　【养老服务协议】养老机构应当与接受服务的老年人或者其代理人签订服务协议,明确双方的权利、义务。

养老机构及其工作人员不得以任何方式侵害老年人的权益。

第四十九条　【养老责任保险】国家鼓励养老机构投保责任保险,鼓励保险公司承保责任保险。

第五十条　【老年医疗卫生服务】各级人民政府和有关部门应当将老年医疗卫生服务纳入城乡医疗卫生服务规划,将老年人健康管理和常见病预防等纳入国家基本公共卫生服务项目。鼓励为老年人提供保健、护理、临终关怀等服务。

国家鼓励医疗机构开设针对老年病的专科或者门诊。

医疗卫生机构应当开展老年人的健康服务和疾病防治工作。

第五十一条 【健康教育和医学研究】国家采取措施，加强老年医学的研究和人才培养，提高老年病的预防、治疗、科研水平，促进老年病的早期发现、诊断和治疗。

国家和社会采取措施，开展各种形式的健康教育，普及老年保健知识，增强老年人自我保健意识。

第五十二条 【老龄产业】国家采取措施，发展老龄产业，将老龄产业列入国家扶持行业目录。扶持和引导企业开发、生产、经营适应老年人需要的用品和提供相关的服务。

第五章 社会优待

第五十三条 【优待老年人】县级以上人民政府及其有关部门根据经济社会发展情况和老年人的特殊需要，制定优待老年人的办法，逐步提高优待水平。

对常住在本行政区域内的外埠老年人给予同等优待。

第五十四条 【为老年人及时、便利地享受物质帮助提供条件】各级人民政府和有关部门应当为老年人及时、便利地领取养老金、结算医疗费和享受其他物质帮助提供条件。

第五十五条 【重大事项询问并优先办理】各级人民政府和有关部门办理房屋权属关系变更、户口迁移等涉及老年人权益的重大事项时，应当就办理事项是否为老年人的真实意思表示进行询问，并依法优先办理。

第五十六条 【法律援助】老年人因其合法权益受侵害提起诉讼交纳诉讼费确有困难的，可以缓交、减交或者免交；需要获得律师帮助，但无力支付律师费用的，可以获得法律援助。

鼓励律师事务所、公证处、基层法律服务所和其他法律服务机构为经济困难的老年人提供免费或者优惠服务。

第五十七条 【医疗便利措施】医疗机构应当为老年人就医提供方便，对老年人就医予以优先。有条件的地方，可以为老年人设立家庭病床，开展巡回医疗、护理、康复、免费体检等服务。

提倡为老年人义诊。

第五十八条　【优先、优惠服务】提倡与老年人日常生活密切相关的服务行业为老年人提供优先、优惠服务。

城市公共交通、公路、铁路、水路和航空客运，应当为老年人提供优待和照顾。

第五十九条　【享受精神文化生活】博物馆、美术馆、科技馆、纪念馆、公共图书馆、文化馆、影剧院、体育场馆、公园、旅游景点等场所，应当对老年人免费或者优惠开放。

第六十条　【筹劳义务免除】农村老年人不承担兴办公益事业的筹劳义务。

第六章　宜居环境

第六十一条　【宜居环境建设】国家采取措施，推进宜居环境建设，为老年人提供安全、便利和舒适的环境。

第六十二条　【服务设施建设】各级人民政府在制定城乡规划时，应当根据人口老龄化发展趋势、老年人口分布和老年人的特点，统筹考虑适合老年人的公共基础设施、生活服务设施、医疗卫生设施和文化体育设施建设。

第六十三条　【工程建设标准体系】国家制定和完善涉及老年人的工程建设标准体系，在规划、设计、施工、监理、验收、运行、维护、管理等环节加强相关标准的实施与监督。

第六十四条　【无保障设施建设】国家制定无障碍设施工程建设标准。新建、改建和扩建道路、公共交通设施、建筑物、居住区等，应当符合国家无障碍设施工程建设标准。

各级人民政府和有关部门应当按照国家无障碍设施工程建设标准，优先推进与老年人日常生活密切相关的公共服务设施的改造。

无障碍设施的所有人和管理人应当保障无障碍设施正常使用。

第六十五条　【宜居社区建设】国家推动老年宜居社区建设，引导、支持老年宜居住宅的开发，推动和扶持老年人家庭无障碍设施的改造，为老年人创造无障碍居住环境。

第七章　参与社会发展

第六十六条　【重视老年人作用】国家和社会应当重视、珍惜老年人的知识、技能、经验和优良品德，发挥老年人的专长和作用，保障老年人参与经济、政治、文化和社会生活。

第六十七条　【组织活动】老年人可以通过老年人组织，开展有益身心健康的活动。

第六十八条　【听取老年人和老年人组织的意见建议】制定法律、法规、规章和公共政策，涉及老年人权益重大问题的，应当听取老年人和老年人组织的意见。

老年人和老年人组织有权向国家机关提出老年人权益保障、老龄事业发展等方面的意见和建议。

第六十九条　【对老年人参与社会活动的支持和保障】国家为老年人参与社会发展创造条件。根据社会需要和可能，鼓励老年人在自愿和量力的情况下，从事下列活动：

（一）对青少年和儿童进行社会主义、爱国主义、集体主义和艰苦奋斗等优良传统教育；

（二）传授文化和科技知识；

（三）提供咨询服务；

（四）依法参与科技开发和应用；

（五）依法从事经营和生产活动；

（六）参加志愿服务、兴办社会公益事业；

（七）参与维护社会治安、协助调解民间纠纷；

（八）参加其他社会活动。

第七十条　【合法收入保护】老年人参加劳动的合法收入受法律保护。

任何单位和个人不得安排老年人从事危害其身心健康的劳动或者危险作业。

第七十一条　【老年人教育】老年人有继续受教育的权利。

国家发展老年教育，把老年教育纳入终身教育体系，鼓励社会办好各类老年学校。

各级人民政府对老年教育应当加强领导，统一规划，加大投入。

第七十二条　【老年人文化生活】国家和社会采取措施，开展适合老年人的群众性文化、体育、娱乐活动，丰富老年人的精神文化生活。

第八章　法律责任

第七十三条　【侵权救济】老年人合法权益受到侵害的，被侵害人或者其代理人有权要求有关部门处理，或者依法向人民法院提起诉讼。

人民法院和有关部门，对侵犯老年人合法权益的申诉、控告和检举，应当依法及时受理，不得推诿、拖延。

第七十四条　【不作为或失职处理】不履行保护老年人合法权益职责的部门或者组织，其上级主管部门应当给予批评教育，责令改正。

国家工作人员违法失职，致使老年人合法权益受到损害的，由其所在单位或者上级机关责令改正，或者依法给予处分；构成犯罪的，依法追究刑事责任。

第七十五条　【纠纷处理】老年人与家庭成员因赡养、扶养或者住房、财产等发生纠纷，可以申请人民调解委员会或者其他有关组织进行调解，也可以直接向人民法院提起诉讼。

人民调解委员会或者其他有关组织调解前款纠纷时，应当通过说服、疏导等方式化解矛盾和纠纷；对有过错的家庭成员，应当给予批评教育。

人民法院对老年人追索赡养费或者扶养费的申请，可以依法裁定先予执行。

第七十六条　【干涉婚姻自由，拒不履行赡养、扶养义务，虐待或实施家庭暴力的处罚】干涉老年人婚姻自由，对老年人负有赡养义务、扶养义务而拒绝赡养、扶养，虐待老年人或者对老年人实施家庭暴力的，由有关单位给予批评教育；构成违反治安管理行为的，依法给予治安管理处罚；构成犯罪的，依法追究刑事责任。

第七十七条　【侵害老年人财物的处罚】家庭成员盗窃、诈骗、抢夺、侵占、勒索、故意损毁老年人财物，构成违反治安管理行为的，依法给予治安管理处罚；构成犯罪的，依法追究刑事责任。

第七十八条　【侮辱、诽谤老年人的处罚】侮辱、诽谤老年人，构成违反治安管理行为的，依法给予治安管理处罚；构成犯罪的，依法追究刑事责任。

第七十九条　【养老机构及其工作人员侵害老年人人身、财产权益的处罚】养老机构及其工作人员侵害老年人人身和财产权益，或者未按照约定提供服务的，依法承担民事责任；有关主管部门依法给予行政处罚；构成犯罪的，依法追究刑事责任。

第八十条　【对渎职行为的处罚】对养老机构负有管理和监督职责的部门及其工作人员滥用职权、玩忽职守、徇私舞弊的，对直接负责的主管人员和其他直接责任人员依法给予处分；构成犯罪的，依法追究刑事责任。

第八十一条　【不履行优待老年人义务的处理】不按规定履行优待老年人义务的，由有关主管部门责令改正。

第八十二条　【工程设施不符合规定的处罚】涉及老年人的工程不符合国家规定的标准或者无障碍设施所有人、管理人未尽到维护和管理职责的，由有关主管部门责令改正；造成损害的，依法承担民事责任；对有关单位、个人依法给予行政处罚；构成犯罪的，依法追究刑事责任。

第九章　附　　则

第八十三条　【变通或补充规定的制度】民族自治地方的人民代表大会，可以根据本法的原则，结合当地民族风俗习惯的具体情况，依照法定程序制定变通的或者补充的规定。

第八十四条　【溯及效力】本法施行前设立的养老机构不符合本法规定条件的，应当限期整改。具体办法由国务院民政部门制定。

第八十五条　【施行日期】本法自 2013 年 7 月 1 日起施行。

中华人民共和国妇女权益保障法

（1992 年 4 月 3 日第七届全国人民代表大会第五次会议通过　根据 2005 年 8 月 28 日第十届全国人民代表大会常务委员会第十七次会议《关于修改〈中华人民共和国妇女权益保障法〉的决定》第一次修正　根据 2018 年 10 月 26 日第十三届全国人民代表大会常务委员会第六次会议《关于修改〈中华人民共和国野生动物保护法〉等十五部法律的决定》第二次修正　2022 年 10 月 30 日第十三届全国人民代表大会常务委员会第三十七次会议修订）

目　　录

第一章　总　　则
第二章　政治权利
第三章　人身和人格权益
第四章　文化教育权益
第五章　劳动和社会保障权益
第六章　财产权益
第七章　婚姻家庭权益
第八章　救济措施
第九章　法律责任
第十章　附　　则

第一章　总　　则

第一条　【立法目的与立法依据】为了保障妇女的合法权益，促进男女平等和妇女全面发展,充分发挥妇女在全面建设社会主义现代化国家中的作用,弘扬社会主义核心价值观,根据宪法,制定本法。

第二条　【基本原则】男女平等是国家的基本国策。妇女在政治的、经济的、文化的、社会的和家庭的生活等各方面享有同男子平等的权利。

国家采取必要措施,促进男女平等,消除对妇女一切形式的歧视,禁止排斥、限制妇女依法享有和行使各项权益。

国家保护妇女依法享有的特殊权益。

第三条　【保障妇女合法权益的工作机制及政府责任】坚持中国共产党对妇女权益保障工作的领导,建立政府主导、各方协同、社会参与的保障妇女权益工作机制。

各级人民政府应当重视和加强妇女权益的保障工作。

县级以上人民政府负责妇女儿童工作的机构,负责组织、协调、指导、督促有关部门做好妇女权益的保障工作。

县级以上人民政府有关部门在各自的职责范围内做好妇女权益的保障工作。

第四条　【保障妇女合法权益的主体责任】保障妇女的合法权益是全社会的共同责任。国家机关、社会团体、企业事业单位、基层群众性自治组织以及其他组织和个人,应当依法保障妇女的权益。

国家采取有效措施,为妇女依法行使权利提供必要的条件。

第五条　【妇女发展纲要、规划和经费保障】国务院制定和组织实施中国妇女发展纲要,将其纳入国民经济和社会发展规划,保障和促进妇女在各领域的全面发展。

县级以上地方各级人民政府根据中国妇女发展纲要,制定和组织实施本行政区域的妇女发展规划,将其纳入国民经济和社会发展规划。

县级以上人民政府应当将妇女权益保障所需经费列入本级预算。

第六条　【妇联等群团组织的责任】中华全国妇女联合会和地方各级妇女联合会依照法律和中华全国妇女联合会章程,代表和维护各族各界妇女的利益,做好维护妇女权益、促进男女平等和妇女全面发展的工作。

工会、共产主义青年团、残疾人联合会等群团组织应当在各自的工作范围内,做好维护妇女权益的工作。

第七条　【妇女自身的义务要求】国家鼓励妇女自尊、自信、自立、自强,运用法律维护自身合法权益。

妇女应当遵守国家法律，尊重社会公德、职业道德和家庭美德，履行法律所规定的义务。

第八条　【法律法规政策性别平等评估机制】有关机关制定或者修改涉及妇女权益的法律、法规、规章和其他规范性文件，应当听取妇女联合会的意见，充分考虑妇女的特殊权益，必要时开展男女平等评估。

第九条　【性别统计调查和发布制度】国家建立健全妇女发展状况统计调查制度，完善性别统计监测指标体系，定期开展妇女发展状况和权益保障统计调查和分析，发布有关信息。

第十条　【男女平等基本国策宣传教育】国家将男女平等基本国策纳入国民教育体系，开展宣传教育，增强全社会的男女平等意识，培育尊重和关爱妇女的社会风尚。

第十一条　【表彰和奖励】国家对保障妇女合法权益成绩显著的组织和个人，按照有关规定给予表彰和奖励。

第二章　政治权利

第十二条　【国家保障男女平等政治权利的义务】国家保障妇女享有与男子平等的政治权利。

第十三条　【妇女参政的具体内容】妇女有权通过各种途径和形式，依法参与管理国家事务、管理经济和文化事业、管理社会事务。

妇女和妇女组织有权向各级国家机关提出妇女权益保障方面的意见和建议。

第十四条　【妇女的选举权和被选举权】妇女享有与男子平等的选举权和被选举权。

全国人民代表大会和地方各级人民代表大会的代表中，应当保证有适当数量的妇女代表。国家采取措施，逐步提高全国人民代表大会和地方各级人民代表大会的妇女代表的比例。

居民委员会、村民委员会成员中，应当保证有适当数量的妇女成员。

第十五条　【国家保障女干部的培养和选拔】国家积极培养和选拔女干

部，重视培养和选拔少数民族女干部。

国家机关、群团组织、企业事业单位培养、选拔和任用干部，应当坚持男女平等的原则，并有适当数量的妇女担任领导成员。

妇女联合会及其团体会员，可以向国家机关、群团组织、企业事业单位推荐女干部。

国家采取措施支持女性人才成长。

第十六条　【妇联的政治参与】妇女联合会代表妇女积极参与国家和社会事务的民主协商、民主决策、民主管理和民主监督。

第十七条　【有关部门重视妇女权益的保障】对于有关妇女权益保障工作的批评或者合理可行的建议，有关部门应当听取和采纳；对于有关侵害妇女权益的申诉、控告和检举，有关部门应当查清事实，负责处理，任何组织和个人不得压制或者打击报复。

第三章　人身和人格权益

第十八条　【国家保障妇女的人身和人格权益】国家保障妇女享有与男子平等的人身和人格权益。

第十九条　【妇女的人身自由不受侵犯】妇女的人身自由不受侵犯。禁止非法拘禁和以其他非法手段剥夺或者限制妇女的人身自由；禁止非法搜查妇女的身体。

第二十条　【妇女的人格尊严不受侵犯】妇女的人格尊严不受侵犯。禁止用侮辱、诽谤等方式损害妇女的人格尊严。

第二十一条　【妇女的生命权、身体权、健康权】妇女的生命权、身体权、健康权不受侵犯。禁止虐待、遗弃、残害、买卖以及其他侵害女性生命健康权益的行为。

禁止进行非医学需要的胎儿性别鉴定和选择性别的人工终止妊娠。

医疗机构施行生育手术、特殊检查或者特殊治疗时，应当征得妇女本人同意；在妇女与其家属或者关系人意见不一致时，应当尊重妇女本人意愿。

第二十二条　【禁止拐卖、绑架妇女】禁止拐卖、绑架妇女；禁止收买被拐卖、绑架的妇女；禁止阻碍解救被拐卖、绑架的妇女。

各级人民政府和公安、民政、人力资源和社会保障、卫生健康等部门及村民委员会、居民委员会按照各自的职责及时发现报告，并采取措施解救被拐卖、绑架的妇女，做好被解救妇女的安置、救助和关爱等工作。妇女联合会协助和配合做好有关工作。任何组织和个人不得歧视被拐卖、绑架的妇女。

第二十三条　【禁止性骚扰】禁止违背妇女意愿，以言语、文字、图像、肢体行为等方式对其实施性骚扰。

受害妇女可以向有关单位和国家机关投诉。接到投诉的有关单位和国家机关应当及时处理，并书面告知处理结果。

受害妇女可以向公安机关报案，也可以向人民法院提起民事诉讼，依法请求行为人承担民事责任。

第二十四条　【预防女学生遭受性骚扰】学校应当根据女学生的年龄阶段，进行生理卫生、心理健康和自我保护教育，在教育、管理、设施等方面采取措施，提高其防范性侵害、性骚扰的自我保护意识和能力，保障女学生的人身安全和身心健康发展。

学校应当建立有效预防和科学处置性侵害、性骚扰的工作制度。对性侵害、性骚扰女学生的违法犯罪行为，学校不得隐瞒，应当及时通知受害未成年女学生的父母或者其他监护人，向公安机关、教育行政部门报告，并配合相关部门依法处理。

对遭受性侵害、性骚扰的女学生，学校、公安机关、教育行政部门等相关单位和人员应当保护其隐私和个人信息，并提供必要的保护措施。

第二十五条　【用人单位采取措施预防和制止对妇女的性骚扰】用人单位应当采取下列措施预防和制止对妇女的性骚扰：

（一）制定禁止性骚扰的规章制度；

（二）明确负责机构或者人员；

（三）开展预防和制止性骚扰的教育培训活动；

（四）采取必要的安全保卫措施；

（五）设置投诉电话、信箱等，畅通投诉渠道；

（六）建立和完善调查处置程序，及时处置纠纷并保护当事人隐私和个人信息；

（七）支持、协助受害妇女依法维权，必要时为受害妇女提供心理疏导；

（八）其他合理的预防和制止性骚扰措施。

第二十六条　【住宿经营者的安全保障和及时报告义务】住宿经营者应当及时准确登记住宿人员信息，健全住宿服务规章制度，加强安全保障措施；发现可能侵害妇女权益的违法犯罪行为，应当及时向公安机关报告。

第二十七条　【禁止妇女及利用妇女进行色情活动】禁止卖淫、嫖娼；禁止组织、强迫、引诱、容留、介绍妇女卖淫或者对妇女进行猥亵活动；禁止组织、强迫、引诱、容留、介绍妇女在任何场所或者利用网络进行淫秽表演活动。

第二十八条　【妇女的人格权益】妇女的姓名权、肖像权、名誉权、荣誉权、隐私权和个人信息等人格权益受法律保护。

媒体报道涉及妇女事件应当客观、适度，不得通过夸大事实、过度渲染等方式侵害妇女的人格权益。

禁止通过大众传播媒介或者其他方式贬低损害妇女人格。未经本人同意，不得通过广告、商标、展览橱窗、报纸、期刊、图书、音像制品、电子出版物、网络等形式使用妇女肖像，但法律另有规定的除外。

第二十九条　【人身安全保护令】禁止以恋爱、交友为由或者在终止恋爱关系、离婚之后，纠缠、骚扰妇女，泄露、传播妇女隐私和个人信息。

妇女遭受上述侵害或者面临上述侵害现实危险的，可以向人民法院申请人身安全保护令。

第三十条　【妇女健康服务体系】国家建立健全妇女健康服务体系，保障妇女享有基本医疗卫生服务，开展妇女常见病、多发病的预防、筛查和诊疗，提高妇女健康水平。

国家采取必要措施，开展经期、孕期、产期、哺乳期和更年期的健康知识普及、卫生保健和疾病防治，保障妇女特殊生理时期的健康需求，为有需要的妇女提供心理健康服务支持。

第三十一条　【政府设立妇幼保健机构、社会力量参与妇女卫生健康事业、用人单位定期为女职工安排健康检查】县级以上地方人民政府应当设立妇幼保健机构，为妇女提供保健以及常见病防治服务。

国家鼓励和支持社会力量通过依法捐赠、资助或者提供志愿服务等方式，参与妇女卫生健康事业，提供安全的生理健康用品或者服务，满足妇女多样化、差异化的健康需求。

用人单位应当定期为女职工安排妇科疾病、乳腺疾病检查以及妇女特殊需要的其他健康检查。

第三十二条 【妇女享有生育自由】妇女依法享有生育子女的权利，也有不生育子女的自由。

第三十三条 【妇女全生育周期系统保健制度】国家实行婚前、孕前、孕产期和产后保健制度，逐步建立妇女全生育周期系统保健制度。医疗保健机构应当提供安全、有效的医疗保健服务，保障妇女生育安全和健康。

有关部门应当提供安全、有效的避孕药具和技术，保障妇女的健康和安全。

第三十四条 【配备妇女需要的公共设施】各级人民政府在规划、建设基础设施时，应当考虑妇女的特殊需求，配备满足妇女需要的公共厕所和母婴室等公共设施。

第四章 文化教育权益

第三十五条 【国家对男女平等文化教育权利的保障】国家保障妇女享有与男子平等的文化教育权利。

第三十六条 【义务教育阶段的各方保障义务】父母或者其他监护人应当履行保障适龄女性未成年人接受并完成义务教育的义务。

对无正当理由不送适龄女性未成年人入学的父母或者其他监护人，由当地乡镇人民政府或者县级人民政府教育行政部门给予批评教育，依法责令其限期改正。居民委员会、村民委员会应当协助政府做好相关工作。

政府、学校应当采取有效措施，解决适龄女性未成年人就学存在的实际困难，并创造条件，保证适龄女性未成年人完成义务教育。

第三十七条 【特殊政策保障】学校和有关部门应当执行国家有关规定，保障妇女在入学、升学、授予学位、派出留学、就业指导和服务等方面享有与男子平等的权利。

学校在录取学生时，除国家规定的特殊专业外，不得以性别为由拒绝录取女性或者提高对女性的录取标准。

各级人民政府应当采取措施，保障女性平等享有接受中高等教育的权利和机会。

第三十八条 【政府的扫盲责任】各级人民政府应当依照规定把扫除妇

女中的文盲、半文盲工作，纳入扫盲和扫盲后继续教育规划，采取符合妇女特点的组织形式和工作方法，组织、监督有关部门具体实施。

第三十九条　【为妇女终身学习创造条件】国家健全全民终身学习体系，为妇女终身学习创造条件。

各级人民政府和有关部门应当采取措施，根据城镇和农村妇女的需要，组织妇女接受职业教育和实用技术培训。

第四十条　【保障妇女享有与男子平等从事科学、技术、文学、艺术和其他文化活动的权利】国家机关、社会团体和企业事业单位应当执行国家有关规定，保障妇女从事科学、技术、文学、艺术和其他文化活动，享有与男子平等的权利。

第五章　劳动和社会保障权益

第四十一条　【与男子平等劳动权利和社会保障权利的国家保障】国家保障妇女享有与男子平等的劳动权利和社会保障权利。

第四十二条　【政府促进妇女就业职责】各级人民政府和有关部门应当完善就业保障政策措施，防止和纠正就业性别歧视，为妇女创造公平的就业创业环境，为就业困难的妇女提供必要的扶持和援助。

第四十三条　【对妇女实施就业性别歧视具体表现】用人单位在招录（聘）过程中，除国家另有规定外，不得实施下列行为：

（一）限定为男性或者规定男性优先；

（二）除个人基本信息外，进一步询问或者调查女性求职者的婚育情况；

（三）将妊娠测试作为入职体检项目；

（四）将限制结婚、生育或者婚姻、生育状况作为录（聘）用条件；

（五）其他以性别为由拒绝录（聘）用妇女或者差别化地提高对妇女录（聘）用标准的行为。

第四十四条　【将女职工权益保护纳入劳动（聘用）协议和集体合同】用人单位在录（聘）用女职工时，应当依法与其签订劳动（聘用）合同或者服务协议，劳动（聘用）合同或者服务协议中应当具备女职工特殊保护条款，并不得规定限制女职工结婚、生育等内容。

职工一方与用人单位订立的集体合同中应当包含男女平等和女职工权益保护相关内容,也可以就相关内容制定专章、附件或者单独订立女职工权益保护专项集体合同。

第四十五条 【男女同工同酬】实行男女同工同酬。妇女在享受福利待遇方面享有与男子平等的权利。

第四十六条 【男女享有平等的晋升和培训机会的权利】在晋职、晋级、评聘专业技术职称和职务、培训等方面,应当坚持男女平等的原则,不得歧视妇女。

第四十七条 【妇女享有特殊劳动保护的权利】用人单位应当根据妇女的特点,依法保护妇女在工作和劳动时的安全、健康以及休息的权利。

妇女在经期、孕期、产期、哺乳期受特殊保护。

第四十八条 【禁止用人单位婚育歧视、退休歧视和对怀产期女职工的解除、终止劳动合同保护】用人单位不得因结婚、怀孕、产假、哺乳等情形,降低女职工的工资和福利待遇,限制女职工晋职、晋级、评聘专业技术职称和职务,辞退女职工,单方解除劳动(聘用)合同或者服务协议。

女职工在怀孕以及依法享受产假期间,劳动(聘用)合同或者服务协议期满的,劳动(聘用)合同或者服务协议期限自动延续至产假结束。但是,用人单位依法解除、终止劳动(聘用)合同、服务协议,或者女职工依法要求解除、终止劳动(聘用)合同、服务协议的除外。

用人单位在执行国家退休制度时,不得以性别为由歧视妇女。

第四十九条 【就业性别歧视行为纳入劳动保障监察范围】人力资源和社会保障部门应当将招聘、录取、晋职、晋级、评聘专业技术职称和职务、培训、辞退等过程中的性别歧视行为纳入劳动保障监察范围。

第五十条 【国家对妇女社会保障权的保障】国家发展社会保障事业,保障妇女享有社会保险、社会救助和社会福利等权益。

国家提倡和鼓励为帮助妇女而开展的社会公益活动。

第五十一条 【生育社会保障制度】国家实行生育保险制度,建立健全婴幼儿托育服务等与生育相关的其他保障制度。

国家建立健全职工生育休假制度,保障孕产期女职工依法享有休息休假权益。

地方各级人民政府和有关部门应当按照国家有关规定,为符合条件的困难妇女提供必要的生育救助。

第五十二条　【政府对困难妇女的权益保障】各级人民政府和有关部门应当采取必要措施，加强贫困妇女、老龄妇女、残疾妇女等困难妇女的权益保障，按照有关规定为其提供生活帮扶、就业创业支持等关爱服务。

第六章　财产权益

第五十三条　【国家保障财产权男女平等】国家保障妇女享有与男子平等的财产权利。

第五十四条　【保障妇女在夫妻共同财产和家庭共有财产关系中的财产权益】在夫妻共同财产、家庭共有财产关系中，不得侵害妇女依法享有的权益。

第五十五条　【农村妇女享有与男子平等的权利】妇女在农村集体经济组织成员身份确认、土地承包经营、集体经济组织收益分配、土地征收补偿安置或者征用补偿以及宅基地使用等方面，享有与男子平等的权利。

申请农村土地承包经营权、宅基地使用权等不动产登记，应当在不动产登记簿和权属证书上将享有权利的妇女等家庭成员全部列明。征收补偿安置或者征用补偿协议应当将享有相关权益的妇女列入，并记载权益内容。

第五十六条　【禁止侵害妇女在农村集体经济组织中的权益】村民自治章程、村规民约，村民会议、村民代表会议的决定以及其他涉及村民利益事项的决定，不得以妇女未婚、结婚、离婚、丧偶、户无男性等为由，侵害妇女在农村集体经济组织中的各项权益。

因结婚男方到女方住所落户的，男方和子女享有与所在地农村集体经济组织成员平等的权益。

第五十七条　【保护妇女在城镇集体所有财产关系中的权益】国家保护妇女在城镇集体所有财产关系中的权益。妇女依照法律、法规的规定享有相关权益。

第五十八条　【继承权男女平等】妇女享有与男子平等的继承权。妇女依法行使继承权，不受歧视。

丧偶妇女有权依法处分继承的财产，任何组织和个人不得干涉。

第五十九条　【丧偶儿媳的继承权】丧偶儿媳对公婆尽了主要赡养义务的，作为第一顺序继承人，其继承权不受子女代位继承的影响。

第七章　婚姻家庭权益

第六十条　【婚姻家庭权利平等】国家保障妇女享有与男子平等的婚姻家庭权利。

第六十一条　【婚姻自主权】国家保护妇女的婚姻自主权。禁止干涉妇女的结婚、离婚自由。

第六十二条　【婚前保健服务】国家鼓励男女双方在结婚登记前，共同进行医学检查或者相关健康体检。

第六十三条　【婚姻家庭辅导服务】婚姻登记机关应当提供婚姻家庭辅导服务，引导当事人建立平等、和睦、文明的婚姻家庭关系。

第六十四条　【男方离婚诉权限制】女方在怀孕期间、分娩后一年内或者终止妊娠后六个月内，男方不得提出离婚；但是，女方提出离婚或者人民法院认为确有必要受理男方离婚请求的除外。

第六十五条　【反家庭暴力】禁止对妇女实施家庭暴力。

县级以上人民政府有关部门、司法机关、社会团体、企业事业单位、基层群众性自治组织以及其他组织，应当在各自的职责范围内预防和制止家庭暴力，依法为受害妇女提供救助。

第六十六条　【共同财产平等处理权】妇女对夫妻共同财产享有与其配偶平等的占有、使用、收益和处分的权利，不受双方收入状况等情形的影响。

对夫妻共同所有的不动产以及可以联名登记的动产，女方有权要求在权属证书上记载其姓名；认为记载的权利人、标的物、权利比例等事项有错误的，有权依法申请更正登记或者异议登记，有关机构应当按照其申请依法办理相应登记手续。

第六十七条　【财产调查与申报制度】离婚诉讼期间，夫妻一方申请查询登记在对方名下财产状况且确因客观原因不能自行收集的，人民法院应当进行调查取证，有关部门和单位应当予以协助。

离婚诉讼期间，夫妻双方均有向人民法院申报全部夫妻共同财产的义务。一方隐藏、转移、变卖、损毁、挥霍夫妻共同财产，或者伪造夫妻共同债务企图侵占另一方财产的，在离婚分割夫妻共同财产时，对该方可以少分或者不分财产。

第六十八条　【共同承担家务劳动及补偿制度】夫妻双方应当共同负担家庭义务，共同照顾家庭生活。

女方因抚育子女、照料老人、协助男方工作等负担较多义务的，有权在离婚时要求男方予以补偿。补偿办法由双方协议确定；协议不成的，可以向人民法院提起诉讼。

第六十九条　【共有房屋分割】离婚时，分割夫妻共有的房屋或者处理夫妻共同租住的房屋，由双方协议解决；协议不成的，可以向人民法院提起诉讼。

第七十条　【父母的平等监护权】父母双方对未成年子女享有平等的监护权。

父亲死亡、无监护能力或者有其他情形不能担任未成年子女的监护人的，母亲的监护权任何组织和个人不得干涉。

第七十一条　【丧失生育能力妇女的抚养权保护】女方丧失生育能力的，在离婚处理子女抚养问题时，应当在最有利于未成年子女的条件下，优先考虑女方的抚养要求。

第八章　救济措施

第七十二条　【救济途径】对侵害妇女合法权益的行为，任何组织和个人都有权予以劝阻、制止或者向有关部门提出控告或者检举。有关部门接到控告或者检举后，应当依法及时处理，并为控告人、检举人保密。

妇女的合法权益受到侵害的，有权要求有关部门依法处理，或者依法申请调解、仲裁，或者向人民法院起诉。

对符合条件的妇女，当地法律援助机构或者司法机关应当给予帮助，依法为其提供法律援助或者司法救助。

第七十三条　【妇联组织协助救助的职责】妇女的合法权益受到侵害的，可以向妇女联合会等妇女组织求助。妇女联合会等妇女组织应当维护被侵害妇女的合法权益，有权要求并协助有关部门或者单位查处。有关部门或者单位应当依法查处，并予以答复；不予处理或者处理不当的，县级以上人民政府负责妇女儿童工作的机构、妇女联合会可以向其提出督促处理意见，必要时可以提请同级人民政府开展督查。

受害妇女进行诉讼需要帮助的，妇女联合会应当给予支持和帮助。

第七十四条　【工会、妇联组织协助对用人单位的监督】用人单位侵害妇女劳动和社会保障权益的，人力资源和社会保障部门可以联合工会、妇女联合会约谈用人单位，依法进行监督并要求其限期纠正。

第七十五条　【侵害妇女农村集体经济组织成员权益的法律救济】妇女在农村集体经济组织成员身份确认等方面权益受到侵害的，可以申请乡镇人民政府等进行协调，或者向人民法院起诉。

乡镇人民政府应当对村民自治章程、村规民约，村民会议、村民代表会议的决定以及其他涉及村民利益事项的决定进行指导，对其中违反法律、法规和国家政策规定，侵害妇女合法权益的内容责令改正；受侵害妇女向农村土地承包仲裁机构申请仲裁或者向人民法院起诉的，农村土地承包仲裁机构或者人民法院应当依法受理。

第七十六条　【妇女权益保护服务热线的构建和维护】县级以上人民政府应当开通全国统一的妇女权益保护服务热线，及时受理、移送有关侵害妇女合法权益的投诉、举报；有关部门或者单位接到投诉、举报后，应当及时予以处置。

鼓励和支持群团组织、企业事业单位、社会组织和个人参与建设妇女权益保护服务热线，提供妇女权益保护方面的咨询、帮助。

第七十七条　【公益诉讼】侵害妇女合法权益，导致社会公共利益受损的，检察机关可以发出检察建议；有下列情形之一的，检察机关可以依法提起公益诉讼：

（一）确认农村妇女集体经济组织成员身份时侵害妇女权益或者侵害妇女享有的农村土地承包和集体收益、土地征收征用补偿分配权益和宅基地使用权益；

（二）侵害妇女平等就业权益；

（三）相关单位未采取合理措施预防和制止性骚扰；

（四）通过大众传播媒介或者其他方式贬低损害妇女人格；

（五）其他严重侵害妇女权益的情形。

第七十八条 【诉讼支持】国家机关、社会团体、企业事业单位对侵害妇女权益的行为，可以支持受侵害的妇女向人民法院起诉。

第九章 法律责任

第七十九条 【政府部门及基层自治组织违反强制报告义务的法律责任】违反本法第二十二条第二款规定，未履行报告义务的，依法对直接负责的主管人员和其他直接责任人员给予处分。

第八十条 【性骚扰行为人和监管失职单位的法律责任】违反本法规定，对妇女实施性骚扰的，由公安机关给予批评教育或者出具告诫书，并由所在单位依法给予处分。

学校、用人单位违反本法规定，未采取必要措施预防和制止性骚扰，造成妇女权益受到侵害或者社会影响恶劣的，由上级机关或者主管部门责令改正；拒不改正或者情节严重的，依法对直接负责的主管人员和其他直接责任人员给予处分。

第八十一条 【住宿经营者违反报告义务的法律责任】违反本法第二十六条规定，未履行报告等义务的，依法给予警告、责令停业整顿或者吊销营业执照、吊销相关许可证，并处一万元以上五万元以下罚款。

第八十二条 【贬低损害妇女人格行为的法律责任】违反本法规定，通过大众传播媒介或者其他方式贬低损害妇女人格的，由公安、网信、文化旅游、广播电视、新闻出版或者其他有关部门依据各自的职权责令改正，并依法给予行政处罚。

第八十三条 【用人单位侵害妇女合法权益行为的法律责任】用人单位违反本法第四十三条和第四十八条规定的，由人力资源和社会保障部门责令改正；拒不改正或者情节严重的，处一万元以上五万元以下罚款。

第八十四条 【国家机关及其工作人员未依法履职的法律责任】违反本法规定，对侵害妇女权益的申诉、控告、检举，推诿、拖延、压制不予查处，或者对提出申诉、控告、检举的人进行打击报复的，依法责令改正，并对直接负责的主管人员和其他直接责任人员给予处分。

国家机关及其工作人员未依法履行职责,对侵害妇女权益的行为未及时制止或者未给予受害妇女必要帮助,造成严重后果的,依法对直接负责的主管人员和其他直接责任人员给予处分。

违反本法规定,侵害妇女人身和人格权益、文化教育权益、劳动和社会保障权益、财产权益以及婚姻家庭权益的,依法责令改正,直接负责的主管人员和其他直接责任人员属于国家工作人员的,依法给予处分。

第八十五条 【行政责任、民事责任与刑事责任】违反本法规定,侵害妇女的合法权益,其他法律、法规规定行政处罚的,从其规定;造成财产损失或者人身损害的,依法承担民事责任;构成犯罪的,依法追究刑事责任。

第十章 附 则

第八十六条 【施行日期】本法自2023年1月1日起施行。

中华人民共和国母婴保健法

(1994年10月27日第八届全国人民代表大会常务委员会第十次会议通过 根据2009年8月27日第十一届全国人民代表大会常务委员会第十次会议《关于修改部分法律的决定》第一次修正 根据2017年11月4日第十二届全国人民代表大会常务委员会第三十次会议《关于修改〈中华人民共和国会计法〉等十一部法律的决定》第二次修正)

目 录

第一章 总 则
第二章 婚前保健

第三章　孕产期保健
第四章　技术鉴定
第五章　行政管理
第六章　法律责任
第七章　附　　则

第一章　总　　则

第一条　【立法目的】为了保障母亲和婴儿健康，提高出生人口素质，根据宪法，制定本法。

第二条　【国家扶持】国家发展母婴保健事业，提供必要条件和物质帮助，使母亲和婴儿获得医疗保健服务。

国家对边远贫困地区的母婴保健事业给予扶持。

第三条　【政府领导】各级人民政府领导母婴保健工作。

母婴保健事业应当纳入国民经济和社会发展计划。

第四条　【主管部门】国务院卫生行政部门主管全国母婴保健工作，根据不同地区情况提出分级分类指导原则，并对全国母婴保健工作实施监督管理。

国务院其他有关部门在各自职责范围内，配合卫生行政部门做好母婴保健工作。

第五条　【教育、科研】国家鼓励、支持母婴保健领域的教育和科学研究，推广先进、实用的母婴保健技术，普及母婴保健科学知识。

第六条　【奖励】对在母婴保健工作中做出显著成绩和在母婴保健科学研究中取得显著成果的组织和个人，应当给予奖励。

第二章　婚前保健

第七条　【婚前保健服务】医疗保健机构应当为公民提供婚前保健服务。

婚前保健服务包括下列内容：

（一）婚前卫生指导：关于性卫生知识、生育知识和遗传病知识的教育；

（二）婚前卫生咨询：对有关婚配、生育保健等问题提供医学意见；

（三）婚前医学检查：对准备结婚的男女双方可能患影响结婚和生育的疾病进行医学检查。

第八条　【疾病检查】婚前医学检查包括对下列疾病的检查：

（一）严重遗传性疾病；

（二）指定传染病；

（三）有关精神病。

经婚前医学检查，医疗保健机构应当出具婚前医学检查证明。

第九条　【暂缓结婚】经婚前医学检查，对患指定传染病在传染期内或者有关精神病在发病期内的，医师应当提出医学意见；准备结婚的男女双方应当暂缓结婚。

第十条　【不宜生育】经婚前医学检查，对诊断患医学上认为不宜生育的严重遗传性疾病的，医师应当向男女双方说明情况，提出医学意见；经男女双方同意，采取长效避孕措施或者施行结扎手术后不生育的，可以结婚。但《中华人民共和国婚姻法》规定禁止结婚的除外。

第十一条　【医学技术鉴定】接受婚前医学检查的人员对检查结果持有异议的，可以申请医学技术鉴定，取得医学鉴定证明。

第十二条　【结婚登记】男女双方在结婚登记时，应当持有婚前医学检查证明或者医学鉴定证明。

第十三条　【实施办法】省、自治区、直辖市人民政府根据本地区的实际情况，制定婚前医学检查制度实施办法。

省、自治区、直辖市人民政府对婚前医学检查应当规定合理的收费标准，对边远贫困地区或者交费确有困难的人员应当给予减免。

第三章　孕产期保健

第十四条　【孕产期保健服务内容】医疗保健机构应当为育龄妇女和孕产妇提供孕产期保健服务。

孕产期保健服务包括下列内容：

（一）母婴保健指导：对孕育健康后代以及严重遗传性疾病和碘缺乏病

等地方病的发病原因、治疗和预防方法提供医学意见；

（二）孕妇、产妇保健：为孕妇、产妇提供卫生、营养、心理等方面的咨询和指导以及产前定期检查等医疗保健服务；

（三）胎儿保健：为胎儿生长发育进行监护，提供咨询和医学指导；

（四）新生儿保健：为新生儿生长发育、哺乳和护理提供医疗保健服务。

第十五条 【医学指导】对患严重疾病或者接触致畸物质，妊娠可能危及孕妇生命安全或者可能严重影响孕妇健康和胎儿正常发育的，医疗保健机构应当予以医学指导。

第十六条 【医学意见】医师发现或者怀疑患严重遗传性疾病的育龄夫妻，应当提出医学意见，育龄夫妻应当根据医师的医学意见采取相应的措施。

第十七条 【胎儿异常】经产前检查，医师发现或者怀疑胎儿异常的，应当对孕妇进行产前诊断。

第十八条 【终止妊娠】经产前诊断，有下列情形之一的，医师应当向夫妻双方说明情况，并提出终止妊娠的医学意见：

（一）胎儿患严重遗传性疾病的；

（二）胎儿有严重缺陷的；

（三）因患严重疾病，继续妊娠可能危及孕妇生命安全或者严重危害孕妇健康的。

第十九条 【终止妊娠和结扎手术】依照本法规定施行终止妊娠或者结扎手术，应当经本人同意，并签署意见。本人无行为能力的，应当经其监护人同意，并签署意见。

依照本法规定施行终止妊娠或者结扎手术的，接受免费服务。

第二十条 【医学检查】生育过严重缺陷患儿的妇女再次妊娠前，夫妻双方应当到县级以上医疗保健机构接受医学检查。

第二十一条 【产伤预防】医师和助产人员应当严格遵守有关操作规程，提高助产技术和服务质量，预防和减少产伤。

第二十二条 【不住院分娩】不能住院分娩的孕妇应当由经过培训、具备相应接生能力的接生人员实行消毒接生。

第二十三条 【家庭接生】医疗保健机构和从事家庭接生的人员按照国务院卫生行政部门的规定，出具统一制发的新生儿出生医学证明；有产妇和婴儿死亡以及新生儿出生缺陷情况的，应当向卫生行政部门报告。

第二十四条 【育儿指导】医疗保健机构为产妇提供科学育儿、合理营养和母乳喂养的指导。

医疗保健机构对婴儿进行体格检查和预防接种，逐步开展新生儿疾病筛查、婴儿多发病和常见病防治等医疗保健服务。

第四章 技 术 鉴 定

第二十五条 【鉴定组织和对象】县级以上地方人民政府可以设立医学技术鉴定组织，负责对婚前医学检查、遗传病诊断和产前诊断结果有异议的进行医学技术鉴定。

第二十六条 【鉴定人员】从事医学技术鉴定的人员，必须具有临床经验和医学遗传学知识，并具有主治医师以上的专业技术职务。

医学技术鉴定组织的组成人员，由卫生行政部门提名，同级人民政府聘任。

第二十七条 【回避】医学技术鉴定实行回避制度。凡与当事人有利害关系，可能影响公正鉴定的人员，应当回避。

第五章 行 政 管 理

第二十八条 【政府职责】各级人民政府应当采取措施，加强母婴保健工作，提高医疗保健服务水平，积极防治由环境因素所致严重危害母亲和婴儿健康的地方性高发性疾病，促进母婴保健事业的发展。

第二十九条 【管理机关】县级以上地方人民政府卫生行政部门管理本行政区域内的母婴保健工作。

第三十条 【监测和技术指导机构】省、自治区、直辖市人民政府卫生行政部门指定的医疗保健机构负责本行政区域内的母婴保健监测和技术指导。

第三十一条 【医疗保健机构职责】医疗保健机构按照国务院卫生行政部门的规定，负责其职责范围内的母婴保健工作，建立医疗保健工作规范，提高医学技术水平，采取各种措施方便人民群众，做好母婴保健服务工作。

第三十二条 【技术标准】医疗保健机构依照本法规定开展婚前医学检查、遗传病诊断、产前诊断以及施行结扎手术和终止妊娠手术的，必须符合国务院卫生行政部门规定的条件和技术标准，并经县级以上地方人民政府卫生行政部门许可。

严禁采用技术手段对胎儿进行性别鉴定，但医学上确有需要的除外。

第三十三条 【合格证书制度】从事本法规定的遗传病诊断、产前诊断的人员，必须经过省、自治区、直辖市人民政府卫生行政部门的考核，并取得相应的合格证书。

从事本法规定的婚前医学检查、施行结扎手术和终止妊娠手术的人员，必须经过县级以上地方人民政府卫生行政部门的考核，并取得相应的合格证书。

第三十四条 【保密】从事母婴保健工作的人员应当严格遵守职业道德，为当事人保守秘密。

第六章 法律责任

第三十五条 【无证从业行为】未取得国家颁发的有关合格证书的，有下列行为之一，县级以上地方人民政府卫生行政部门应当予以制止，并可以根据情节给予警告或者处以罚款：

（一）从事婚前医学检查、遗传病诊断、产前诊断或者医学技术鉴定的；

（二）施行终止妊娠手术的；

（三）出具本法规定的有关医学证明的。

上款第（三）项出具的有关医学证明无效。

第三十六条 【刑事责任对象】未取得国家颁发的有关合格证书，施行终止妊娠手术或者采取其他方法终止妊娠，致人死亡、残疾、丧失或者基本丧失劳动能力的，依照刑法有关规定追究刑事责任。

第三十七条 【执业人员违法】从事母婴保健工作的人员违反本法规定，出具有关虚假医学证明或者进行胎儿性别鉴定的，由医疗保健机构或者卫生行政部门根据情节给予行政处分；情节严重的，依法取消执业资格。

第七章 附则

第三十八条 【专门用语含义】本法下列用语的含义：

指定传染病，是指《中华人民共和国传染病防治法》中规定的艾滋病、淋病、梅毒、麻疯病以及医学上认为影响结婚和生育的其他传染病。

严重遗传性疾病，是指由于遗传因素先天形成，患者全部或者部分丧失自主生活能力，后代再现风险高，医学上认为不宜生育的遗传性疾病。

有关精神病，是指精神分裂症、躁狂抑郁型精神病以及其他重型精神病。

产前诊断，是指对胎儿进行先天性缺陷和遗传性疾病的诊断。

第三十九条　【施行日期】本法自 1995 年 6 月 1 日起施行。

婚姻登记条例

（2003 年 8 月 8 日国务院令第 387 号公布　根据 2024 年 12 月 6 日国务院令第 797 号《关于修改和废止部分行政法规的决定》修订）

第一章　总　　则

第一条　为了规范婚姻登记工作，保障婚姻自由、一夫一妻、男女平等的婚姻制度的实施，保护婚姻当事人的合法权益，根据《中华人民共和国民法典》（以下简称民法典），制定本条例。

第二条　内地居民办理婚姻登记的机关是县级人民政府民政部门或者乡（镇）人民政府，省、自治区、直辖市人民政府可以按照便民原则确定农村居民办理婚姻登记的具体机关。

中国公民同外国人，内地居民同香港特别行政区居民（以下简称香港居民）、澳门特别行政区居民（以下简称澳门居民）、台湾地区居民（以下简称台湾居民）、华侨办理婚姻登记的机关是省、自治区、直辖市人民政府民政部门或者省、自治区、直辖市人民政府民政部门确定的机关。

第三条　婚姻登记机关的婚姻登记员应当接受婚姻登记业务培训，经考核合格，方可从事婚姻登记工作。

婚姻登记机关办理婚姻登记，除按收费标准向当事人收取工本费外，不得收取其他费用或者附加其他义务。

第二章　结婚登记

第四条　内地居民结婚，男女双方应当共同到一方当事人常住户口所在地的婚姻登记机关办理结婚登记。

中国公民同外国人在中国内地结婚的，内地居民同香港居民、澳门居民、台湾居民、华侨在中国内地结婚的，男女双方应当共同到内地居民常住户口所在地的婚姻登记机关办理结婚登记。

第五条　办理结婚登记的内地居民应当出具下列证件和证明材料：

（一）本人的户口簿、身份证；

（二）本人无配偶以及与对方当事人没有直系血亲和三代以内旁系血亲关系的签字声明。

办理结婚登记的香港居民、澳门居民、台湾居民应当出具下列证件和证明材料：

（一）本人的有效通行证、身份证；

（二）经居住地公证机构公证的本人无配偶以及与对方当事人没有直系血亲和三代以内旁系血亲关系的声明。

办理结婚登记的华侨应当出具下列证件和证明材料：

（一）本人的有效护照；

（二）居住国公证机构或者有权机关出具的、经中华人民共和国驻该国使（领）馆认证的本人无配偶以及与对方当事人没有直系血亲和三代以内旁系血亲关系的证明，或者中华人民共和国驻该国使（领）馆出具的本人无配偶以及与对方当事人没有直系血亲和三代以内旁系血亲关系的证明。中华人民共和国缔结或者参加的国际条约另有规定的，按照国际条约规定的证明手续办理。

办理结婚登记的外国人应当出具下列证件和证明材料：

（一）本人的有效护照或者其他有效的国际旅行证件；

（二）所在国公证机构或者有权机关出具的、经中华人民共和国驻该国使(领)馆认证或者该国驻华使(领)馆认证的本人无配偶的证明,或者所在国驻华使(领)馆出具的本人无配偶的证明。中华人民共和国缔结或者参加的国际条约另有规定的,按照国际条约规定的证明手续办理。

办理结婚登记的当事人对外国主管机关依据本条第三款、第四款提及的国际条约出具的证明文书的真实性负责,签署书面声明,并承担相应法律责任。

第六条　办理结婚登记的当事人有下列情形之一的,婚姻登记机关不予登记:

(一)未到法定结婚年龄的;

(二)非双方自愿的;

(三)一方或者双方已有配偶的;

(四)属于直系血亲或者三代以内旁系血亲的。

第七条　婚姻登记机关应当对结婚登记当事人出具的证件、证明材料进行审查并询问相关情况。对当事人符合结婚条件的,应当当场予以登记,发给结婚证;对当事人不符合结婚条件不予登记的,应当向当事人说明理由。

第八条　男女双方补办结婚登记的,适用本条例结婚登记的规定。

第九条　因胁迫结婚的,受胁迫的当事人可以依据民法典第一千零五十二条的规定向人民法院请求撤销婚姻。一方当事人患有重大疾病的,应当在结婚登记前如实告知另一方当事人;不如实告知的,另一方当事人可以依据民法典第一千零五十三条的规定向人民法院请求撤销婚姻。

第三章　离 婚 登 记

第十条　内地居民自愿离婚的,男女双方应当共同到一方当事人常住户口所在地的婚姻登记机关办理离婚登记。

中国公民同外国人在中国内地自愿离婚的,内地居民同香港居民、澳门居民、台湾居民、华侨在中国内地自愿离婚的,男女双方应当共同到内地居民常住户口所在地的婚姻登记机关办理离婚登记。

第十一条　办理离婚登记的内地居民应当出具下列证件和证明材料:

(一)本人的户口簿、身份证;

(二)本人的结婚证;

（三）双方当事人共同签署的离婚协议书。

办理离婚登记的香港居民、澳门居民、台湾居民、华侨、外国人除应当出具前款第（二）项、第（三）项规定的证件、证明材料外，香港居民、澳门居民、台湾居民还应当出具本人的有效通行证、身份证，华侨、外国人还应当出具本人的有效护照或者其他有效国际旅行证件。

离婚协议书应当载明双方当事人自愿离婚的意思表示以及对子女抚养、财产及债务处理等事项协商一致的意见。

第十二条　办理离婚登记的当事人有下列情形之一的，婚姻登记机关不予受理：

（一）未达成离婚协议的；

（二）属于无民事行为能力人或者限制民事行为能力人的；

（三）其结婚登记不是在中国内地办理的。

第十三条　婚姻登记机关应当对离婚登记当事人出具的证件、证明材料进行审查并询问相关情况。对当事人确属自愿离婚，并已对子女抚养、财产、债务等问题达成一致处理意见的，应当当场予以登记，发给离婚证。

第十四条　离婚的男女双方自愿恢复夫妻关系的，应当到婚姻登记机关办理复婚登记。复婚登记适用本条例结婚登记的规定。

第四章　婚姻登记档案和婚姻登记证

第十五条　婚姻登记机关应当建立婚姻登记档案。婚姻登记档案应当长期保管。具体管理办法由国务院民政部门会同国家档案管理部门规定。

第十六条　婚姻登记机关收到人民法院宣告婚姻无效或者撤销婚姻的判决书副本后，应当将该判决书副本收入当事人的婚姻登记档案。

第十七条　结婚证、离婚证遗失或者损毁的，当事人可以持户口簿、身份证向原办理婚姻登记的机关或者一方当事人常住户口所在地的婚姻登记机关申请补领。婚姻登记机关对当事人的婚姻登记档案进行查证，确认属实的，应当为当事人补发结婚证、离婚证。

第五章　罚　　则

第十八条　婚姻登记机关及其婚姻登记员有下列行为之一的，对直接负责的主管人员和其他直接责任人员依法给予行政处分：

（一）为不符合婚姻登记条件的当事人办理婚姻登记的；

（二）玩忽职守造成婚姻登记档案损失的；

（三）办理婚姻登记或者补发结婚证、离婚证超过收费标准收取费用的。

违反前款第（三）项规定收取的费用，应当退还当事人。

第六章　附　　则

第十九条　中华人民共和国驻外使（领）馆可以依照本条例的有关规定，为男女双方均居住于驻在国的中国公民办理婚姻登记。

第二十条　本条例规定的婚姻登记证由国务院民政部门规定式样并监制。

第二十一条　当事人办理婚姻登记或者补领结婚证、离婚证应当交纳工本费。工本费的收费标准由国务院价格主管部门会同国务院财政部门规定并公布。

第二十二条　本条例自 2003 年 10 月 1 日起施行。1994 年 1 月 12 日国务院批准、1994 年 2 月 1 日民政部发布的《婚姻登记管理条例》同时废止。

中国公民收养子女登记办法

（1999 年 5 月 12 日国务院批准　1999 年 5 月 25 日民政部令第 14 号发布　根据 2019 年 3 月 2 日国务院令第 709 号《关于修改部分行政法规的决定》第一次修订　根据 2023 年 7 月 20 日国务院令第 764 号《关于修改和废止部分行政法规的决定》第二次修订）

第一条　为了规范收养登记行为，根据《中华人民共和国民法典》（以下简称民法典），制定本办法。

第二条　中国公民在中国境内收养子女或者协议解除收养关系的，应当依照本办法的规定办理登记。

办理收养登记的机关是县级人民政府民政部门。

第三条　收养登记工作应当坚持中国共产党的领导，遵循最有利于被收养人的原则，保障被收养人和收养人的合法权益。

第四条　收养社会福利机构抚养的查找不到生父母的弃婴、儿童和孤儿的，在社会福利机构所在地的收养登记机关办理登记。

收养非社会福利机构抚养的查找不到生父母的弃婴和儿童的，在弃婴和儿童发现地的收养登记机关办理登记。

收养生父母有特殊困难无力抚养的子女或者由监护人监护的孤儿的，在被收养人生父母或者监护人常住户口所在地（组织作监护人的，在该组织所在地）的收养登记机关办理登记。

收养三代以内同辈旁系血亲的子女，以及继父或者继母收养继子女的，在被收养人生父或者生母常住户口所在地的收养登记机关办理登记。

第五条　收养关系当事人应当亲自到收养登记机关办理成立收养关系的登记手续。

夫妻共同收养子女的，应当共同到收养登记机关办理登记手续；一方因故不能亲自前往的，应当书面委托另一方办理登记手续，委托书应当经过村民委员会或者居民委员会证明或者经过公证。

第六条　收养人应当向收养登记机关提交收养申请书和下列证件、证明材料：

（一）收养人的居民户口簿和居民身份证；

（二）由收养人所在单位或者村民委员会、居民委员会出具的本人婚姻状况和抚养教育被收养人的能力等情况的证明，以及收养人出具的子女情况声明；

（三）县级以上医疗机构出具的未患有在医学上认为不应当收养子女的疾病的身体健康检查证明。

收养查找不到生父母的弃婴、儿童的，并应当提交收养人经常居住地卫生健康主管部门出具的收养人生育情况证明；其中收养非社会福利机构抚养的查找不到生父母的弃婴、儿童的，收养人应当提交下列证明材料：

（一）收养人经常居住地卫生健康主管部门出具的收养人生育情况证明；

（二）公安机关出具的捡拾弃婴、儿童报案的证明。

收养继子女的，可以只提交居民户口簿、居民身份证和收养人与被收养人生父或者生母结婚的证明。

对收养人出具的子女情况声明，登记机关可以进行调查核实。

第七条　送养人应当向收养登记机关提交下列证件和证明材料：

（一）送养人的居民户口簿和居民身份证（组织作监护人的，提交其负责人的身份证件）；

（二）民法典规定送养时应当征得其他有抚养义务的人同意的，并提交其他有抚养义务的人同意送养的书面意见。

社会福利机构为送养人的，并应当提交弃婴、儿童进入社会福利机构的原始记录，公安机关出具的捡拾弃婴、儿童报案的证明，或者孤儿的生父母死亡或者宣告死亡的证明。

监护人为送养人的，并应当提交实际承担监护责任的证明，孤儿的父母死亡或者宣告死亡的证明，或者被收养人生父母无完全民事行为能力并对被收养人有严重危害的证明。

生父母为送养人，有特殊困难无力抚养子女的，还应当提交送养人有特殊困难的声明；因丧偶或者一方下落不明由单方送养的，还应当提交配偶死亡或者下落不明的证明。对送养人有特殊困难的声明，登记机关可以进行调查核实；子女由三代以内同辈旁系血亲收养的，还应当提交公安机关出具的或者经过公证的与收养人有亲属关系的证明。

被收养人是残疾儿童的，并应当提交县级以上医疗机构出具的该儿童的残疾证明。

第八条　收养登记机关收到收养登记申请书及有关材料后，应当自次日起 30 日内进行审查。对符合民法典规定条件的，为当事人办理收养登记，发给收养登记证，收养关系自登记之日起成立；对不符合民法典规定条件的，不予登记，并对当事人说明理由。

收养查找不到生父母的弃婴、儿童的，收养登记机关应当在登记前公告查找其生父母；自公告之日起满 60 日，弃婴、儿童的生父母或者其他监护人未认领的，视为查找不到生父母的弃婴、儿童。公告期间不计算在登记办理期限内。

第九条　收养关系成立后，需要为被收养人办理户口登记或者迁移手续的，由收养人持收养登记证到户口登记机关按照国家有关规定办理。

第十条　收养关系当事人协议解除收养关系的，应当持居民户口簿、居民身份证、收养登记证和解除收养关系的书面协议，共同到被收养人常住户口所在地的收养登记机关办理解除收养关系登记。

第十一条　收养登记机关收到解除收养关系登记申请书及有关材料后，应当自次日起30日内进行审查；对符合民法典规定的，为当事人办理解除收养关系的登记，收回收养登记证，发给解除收养关系证明。

第十二条　为收养关系当事人出具证明材料的组织，应当如实出具有关证明材料。出具虚假证明材料的，由收养登记机关没收虚假证明材料，并建议有关组织对直接责任人员给予批评教育，或者依法给予行政处分、纪律处分。

第十三条　收养关系当事人弄虚作假骗取收养登记的，收养关系无效，由收养登记机关撤销登记，收缴收养登记证。

第十四条　本办法规定的收养登记证、解除收养关系证明的式样，由国务院民政部门制订。

第十五条　华侨以及居住在香港、澳门、台湾地区的中国公民在内地收养子女的，申请办理收养登记的管辖以及所需要出具的证件和证明材料，按照国务院民政部门的有关规定执行。

第十六条　本办法自发布之日起施行。

外国人在中华人民共和国收养子女登记办法

（1999年5月12日国务院批准　1999年5月25日民政部令第15号发布　根据2024年12月6日国务院令第797号《关于修改和废止部分行政法规的决定》修订）

第一条　为了规范涉外收养登记行为，根据《中华人民共和国民法典》

（以下简称民法典），制定本办法。

第二条　外国人在中华人民共和国境内收养子女（以下简称外国人在华收养子女），应当依照本办法办理登记。

收养人夫妻一方为外国人，在华收养子女，也应当依照本办法办理登记。

第三条　外国人在华收养子女，应当符合中国有关收养法律的规定，并应当符合收养人所在国有关收养法律的规定；因收养人所在国法律的规定与中国法律的规定不一致而产生的问题，由两国政府有关部门协商处理。

第四条　外国人在华收养子女，应当通过所在国政府或者政府委托的收养组织（以下简称外国收养组织）向中国政府委托的收养组织（以下简称中国收养组织）转交收养申请并提交收养人的家庭情况报告和证明。

前款规定的收养人的收养申请、家庭情况报告和证明，是指由其所在国有权机构出具，经其所在国外交机关或者外交机关授权的机构认证，并经中华人民共和国驻该国使馆或者领馆认证的，或者履行中华人民共和国缔结或者参加的国际条约规定的证明手续的下列文件：

（一）跨国收养申请书；

（二）出生证明；

（三）婚姻状况证明；

（四）职业、经济收入和财产状况证明；

（五）身体健康检查证明；

（六）有无受过刑事处罚的证明；

（七）收养人所在国主管机关同意其跨国收养子女的证明；

（八）家庭情况报告，包括收养人的身份、收养的合格性和适当性、家庭状况和病史、收养动机以及适合于照顾儿童的特点等。

在华工作或者学习连续居住一年以上的外国人在华收养子女，应当提交前款规定的除身体健康检查证明以外的文件，并应当提交在华所在单位或者有关部门出具的婚姻状况证明，职业、经济收入或者财产状况证明，有无受过刑事处罚证明以及县级以上医疗机构出具的身体健康检查证明。

第五条　送养人应当向省、自治区、直辖市人民政府民政部门提交本人的居民户口簿和居民身份证（社会福利机构作送养人的，应当提交其负责人的身份证件）、被收养人的户籍证明等情况证明，并根据不同情况提交下列有关证明材料：

(一)被收养人的生父母(包括已经离婚的)为送养人的,应当提交生父母有特殊困难无力抚养的证明和生父母双方同意送养的书面意见;其中,被收养人的生父或者生母因丧偶或者一方下落不明,由单方送养的,并应当提交配偶死亡或者下落不明的证明以及死亡的或者下落不明的配偶的父母不行使优先抚养权的书面声明;

(二)被收养人的父母均不具备完全民事行为能力,由被收养人的其他监护人作送养人的,应当提交被收养人的父母不具备完全民事行为能力且对被收养人有严重危害的证明以及监护人有监护权的证明;

(三)被收养人的父母均已死亡,由被收养人的监护人作送养人的,应当提交其生父母的死亡证明、监护人实际承担监护责任的证明,以及其他有抚养义务的人同意送养的书面意见;

(四)由社会福利机构作送养人的,应当提交弃婴、儿童被遗弃和发现的情况证明以及查找其父母或者其他监护人的情况证明;被收养人是孤儿的,应当提交孤儿父母的死亡或者宣告死亡证明,以及有抚养孤儿义务的其他人同意送养的书面意见。

送养残疾儿童的,还应当提交县级以上医疗机构出具的该儿童的残疾证明。

第六条　省、自治区、直辖市人民政府民政部门应当对送养人提交的证件和证明材料进行审查,对查找不到生父母的弃婴和儿童公告查找其生父母;认为被收养人、送养人符合民法典规定条件的,将符合民法典规定的被收养人、送养人名单通知中国收养组织,同时转交下列证件和证明材料:

(一)送养人的居民户口簿和居民身份证(社会福利机构作送养人的,为其负责人的身份证件)复制件;

(二)被收养人是弃婴或者孤儿的证明、户籍证明、成长情况报告和身体健康检查证明的复制件及照片。

省、自治区、直辖市人民政府民政部门查找弃婴或者儿童生父母的公告应当在省级地方报纸上刊登。自公告刊登之日起满60日,弃婴和儿童的生父母或者其他监护人未认领的,视为查找不到生父母的弃婴和儿童。

第七条　中国收养组织对外国收养人的收养申请和有关证明进行审查后,应当在省、自治区、直辖市人民政府民政部门报送的符合民法典规定条件的被收养人中,参照外国收养人的意愿,选择适当的被收养人,并将该被收养人及其送养人的有关情况通过外国政府或者外国收养组织送交外国收养人。外国收养人同意收养的,中国收养组织向其发出来华收养子女通知书,同时通知有关的省、自治区、直辖市人民政府民政部门向送养人发出被收养人已被同意收养的通知。

第八条 外国人来华收养子女,应当亲自来华办理登记手续。夫妻共同收养的,应当共同来华办理收养手续;一方因故不能来华的,应当书面委托另一方。委托书应当经所在国公证和认证。中华人民共和国缔结或者参加的国际条约另有规定的,按照国际条约规定的证明手续办理。

收养人对外国主管机关依据本办法第四条第二款和前款提及的国际条约出具的证明文书的真实性负责,签署书面声明,并承担相应法律责任。

第九条 外国人来华收养子女,应当与送养人订立书面收养协议。协议一式三份,收养人、送养人各执一份,办理收养登记手续时收养登记机关收存一份。

书面协议订立后,收养关系当事人应当共同到被收养人常住户口所在地的省、自治区、直辖市人民政府民政部门办理收养登记。

第十条 收养关系当事人办理收养登记时,应当填写外国人来华收养子女登记申请书并提交收养协议,同时分别提供有关材料。

收养人应当提供下列材料:

(一)中国收养组织发出的来华收养子女通知书;

(二)收养人的身份证件和照片。

送养人应当提供下列材料:

(一)省、自治区、直辖市人民政府民政部门发出的被收养人已被同意收养的通知;

(二)送养人的居民户口簿和居民身份证(社会福利机构作送养人的,为其负责人的身份证件)、被收养人的照片。

第十一条 收养登记机关收到外国人来华收养子女登记申请书和收养人、被收养人及其送养人的有关材料后,应当自次日起7日内进行审查,对符合本办法第十条规定的,为当事人办理收养登记,发给收养登记证书。收养关系自登记之日起成立。

收养登记机关应当将登记结果通知中国收养组织。

第十二条 收养关系当事人办理收养登记后,各方或者一方要求办理收养公证的，应当到收养登记地的具有办理涉外公证资格的公证机构办理收养公证。

第十三条　被收养人出境前，收养人应当凭收养登记证书到收养登记地的公安机关为被收养人办理出境手续。

第十四条　外国人在华收养子女，应当向登记机关交纳登记费。登记费的收费标准按照国家有关规定执行。

中国收养组织是非营利性公益事业单位，为外国收养人提供收养服务，可以收取服务费。服务费的收费标准按照国家有关规定执行。

为抚养在社会福利机构生活的弃婴和儿童，国家鼓励外国收养人、外国收养组织向社会福利机构捐赠。受赠的社会福利机构必须将捐赠财物全部用于改善所抚养的弃婴和儿童的养育条件，不得挪作它用，并应当将捐赠财物的使用情况告知捐赠人。受赠的社会福利机构还应当接受有关部门的监督，并应当将捐赠的使用情况向社会公布。

第十五条　中国收养组织的活动受国务院民政部门监督。

第十六条　本办法自发布之日起施行。1993 年 11 月 3 日国务院批准，1993 年 11 月 10 日司法部、民政部发布的《外国人在中华人民共和国收养子女实施办法》同时废止。

中华人民共和国户口登记条例

（1958 年 1 月 9 日全国人民代表大会常务委员会第九十一次会议通过　1958 年 1 月 9 日中华人民共和国主席令公布　自公布之日起施行）

第一条　为了维持社会秩序，保护公民的权利和利益，服务于社会主义建设，制定本条例。

第二条　中华人民共和国公民，都应当依照本条例的规定履行户口登记。

现役军人的户口登记，由军事机关按照管理现役军人的有关规定办理。

居留在中华人民共和国境内的外国人和无国籍的人的户口登记，除法令另有规定外，适用本条例。

第三条　户口登记工作，由各级公安机关主管。

城市和设有公安派出所的镇，以公安派出所管辖区为户口管辖区；乡和不设公安派出所的镇，以乡、镇管辖区为户口管辖区。乡、镇人民委员会和公安派出所为户口登记机关。

居住在机关、团体、学校、企业、事业等单位内部和公共宿舍的户口，由各单位指定专人，协助户口登记机关办理户口登记；分散居住的户口，由户口登记机关直接办理户口登记。

居住在军事机关和军人宿舍的非现役军人的户口，由各单位指定专人，协助户口登记机关办理户口登记。

农业、渔业、盐业、林业、牧畜业、手工业等生产合作社的户口，由合作社指定专人，协助户口登记机关办理户口登记。合作社以外的户口，由户口登记机关直接办理户口登记。

第四条　户口登记机关应当设立户口登记簿。

城市、水上和设有公安派出所的镇，应当每户发给一本户口簿。

农村以合作社为单位发给户口簿；合作社以外的户口不发给户口簿。

户口登记簿和户口簿登记的事项，具有证明公民身份的效力。

第五条　户口登记以户为单位。同主管人共同居住一处的立为一户，以主管人为户主。单身居住的自立一户，以本人为户主。居住在机关、团体、学校、企业、事业等单位内部和公共宿舍的户口共立一户或者分别立户。户主负责按照本条例的规定申报户口登记。

第六条　公民应当在经常居住的地方登记为常住人口，一个公民只能在一个地方登记为常住人口。

第七条　婴儿出生后一个月以内，由户主、亲属、抚养人或者邻居向婴儿常住地户口登记机关申报出生登记。

弃婴，由收养人或者育婴机关向户口登记机关申报出生登记。

第八条　公民死亡，城市在葬前，农村在一个月以内，由户主、亲属、抚养人或者邻居向户口登记机关申报死亡登记，注销户口。公民如果在暂住地死亡，由暂住地户口登记机关通知常住地户口登记机关注销户口。

公民因意外事故致死或者死因不明，户主、发现人应当立即报告当地公安派出所或者乡、镇人民委员会。

第九条　婴儿出生后，在申报出生登记前死亡的，应当同时申报出生、死亡两项登记。

第十条　公民迁出本户口管辖区，由本人或者户主在迁出前向户口登记机关申报迁出登记，领取迁移证件，注销户口。

公民由农村迁往城市，必须持有城市劳动部门的录用证明，学校的录取证明，或者城市户口登记机关的准予迁入的证明，向常住地户口登记机关申请办理迁出手续。

公民迁往边防地区，必须经过常住地县、市、市辖区公安机关批准。

第十一条　被征集服现役的公民，在入伍前，由本人或者户主持应征公民入伍通知书向常住地户口登记机关申报迁出登记，注销户口，不发迁移证件。

第十二条　被逮捕的人犯，由逮捕机关在通知人犯家属的同时，通知人犯常住地户口登记机关注销户口。

第十三条　公民迁移，从到达迁入地的时候起，城市在三日以内，农村在十日以内，由本人或者户主持迁移证件向户口登记机关申报迁入登记，缴销迁移证件。

没有迁移证件的公民，凭下列证件到迁入地的户口登记机关申报迁入登记：

一、复员、转业和退伍的军人，凭县、市兵役机关或者团以上军事机关发给的证件；

二、从国外回来的华侨和留学生，凭中华人民共和国护照或者入境证件；

三、被人民法院、人民检察院或者公安机关释放的人，凭释放机关发给的证件。

第十四条　被假释、缓刑的犯人，被管制分子和其他依法被剥夺政治权利的人，在迁移的时候，必须经过户口登记机关转报县、市、市辖区人民法院或者公安机关批准，才可以办理迁出登记；到达迁入地后，应当立即向户口登记机关申报迁入登记。

第十五条　公民在常住地市、县范围以外的城市暂住三日以上的，由暂住地的户主或者本人在三日以内向户口登记机关申报暂住登记，离开前申报注销；暂住在旅店的，由旅店设置旅客登记簿随时登记。

公民在常住地市、县范围以内暂住，或者在常住地市、县范围以外的农村暂住，除暂住在旅店的由旅店设置旅客登记簿随时登记以外，不办理暂住登记。

第十六条 公民因私事离开常住地外出、暂住的时间超过三个月的，应当向户口登记机关申请延长时间或者办理迁移手续；既无理由延长时间又无迁移条件的，应当返回常住地。

第十七条 户口登记的内容需要变更或者更正的时候，由户主或者本人向户口登记机关申报；户口登记机关审查属实后予以变更或者更正。

户口登记机关认为必要的时候，可以向申请人索取有关变更或者更正的证明。

第十八条 公民变更姓名，依照下列规定办理：

一、未满十八周岁的人需要变更姓名的时候，由本人或者父母、收养人向户口登记机关申请变更登记；

二、十八周岁以上的人需要变更姓名的时候，由本人向户口登记机关申请变更登记。

第十九条 公民因结婚、离婚、收养、认领、分户、并户、失踪、寻回或者其他事由引起户口变动的时候，由户主或者本人向户口登记机关申报变更登记。

第二十条 有下列情形之一的，根据情节轻重，依法给予治安管理处罚或者追究刑事责任：

一、不按照本条例的规定申报户口的；

二、假报户口的；

三、伪造、涂改、转让、出借、出卖户口证件的；

四、冒名顶替他人户口的；

五、旅店管理人不按照规定办理旅客登记的。

第二十一条 户口登记机关在户口登记工作中，如果发现有反革命分子和其他犯罪分子，应当提请司法机关依法追究刑事责任。

第二十二条 户口簿、册、表格、证件，由中华人民共和国公安部统一制定式样，由省、自治区、直辖市公安机关统筹印制。

公民领取户口簿和迁移证应当缴纳工本费。

第二十三条 民族自治地方的自治机关可以根据本条例的精神，结合当地具体情况，制定单行办法。

第二十四条 本条例自公布之日起施行。

最高人民法院关于适用《中华人民共和国民法典》婚姻家庭编的解释（一）

（2020年12月25日最高人民法院审判委员会第1825次会议通过 2020年12月29日公布 法释〔2020〕22号 自2021年1月1日起施行）

为正确审理婚姻家庭纠纷案件，根据《中华人民共和国民法典》《中华人民共和国民事诉讼法》等相关法律规定，结合审判实践，制定本解释。

一、一 般 规 定

第一条 持续性、经常性的家庭暴力，可以认定为民法典第一千零四十二条、第一千零七十九条、第一千零九十一条所称的“虐待”。

第二条 民法典第一千零四十二条、第一千零七十九条、第一千零九十一条规定的“与他人同居”的情形，是指有配偶者与婚外异性，不以夫妻名义，持续、稳定地共同居住。

第三条 当事人提起诉讼仅请求解除同居关系的，人民法院不予受理；已经受理的，裁定驳回起诉。

当事人因同居期间财产分割或者子女抚养纠纷提起诉讼的，人民法院应当受理。

第四条　当事人仅以民法典第一千零四十三条为依据提起诉讼的，人民法院不予受理；已经受理的，裁定驳回起诉。

第五条　当事人请求返还按照习俗给付的彩礼的，如果查明属于以下情形，人民法院应当予以支持：

（一）双方未办理结婚登记手续；

（二）双方办理结婚登记手续但确未共同生活；

（三）婚前给付并导致给付人生活困难。

适用前款第二项、第三项的规定，应当以双方离婚为条件。

二、结　婚

第六条　男女双方依据民法典第一千零四十九条规定补办结婚登记的，婚姻关系的效力从双方均符合民法典所规定的结婚的实质要件时起算。

第七条　未依据民法典第一千零四十九条规定办理结婚登记而以夫妻名义共同生活的男女，提起诉讼要求离婚的，应当区别对待：

（一）1994 年 2 月 1 日民政部《婚姻登记管理条例》公布实施以前，男女双方已经符合结婚实质要件的，按事实婚姻处理。

（二）1994 年 2 月 1 日民政部《婚姻登记管理条例》公布实施以后，男女双方符合结婚实质要件的，人民法院应当告知其补办结婚登记。未补办结婚登记的，依据本解释第三条规定处理。

第八条　未依据民法典第一千零四十九条规定办理结婚登记而以夫妻名义共同生活的男女，一方死亡，另一方以配偶身份主张享有继承权的，依据本解释第七条的原则处理。

第九条　有权依据民法典第一千零五十一条规定向人民法院就已办理结婚登记的婚姻请求确认婚姻无效的主体，包括婚姻当事人及利害关系人。其中，利害关系人包括：

（一）以重婚为由的，为当事人的近亲属及基层组织；

（二）以未到法定婚龄为由的，为未到法定婚龄者的近亲属；

（三）以有禁止结婚的亲属关系为由的，为当事人的近亲属。

第十条　当事人依据民法典第一千零五十一条规定向人民法院请求确

认婚姻无效,法定的无效婚姻情形在提起诉讼时已经消失的,人民法院不予支持。

第十一条 人民法院受理请求确认婚姻无效案件后,原告申请撤诉的,不予准许。

对婚姻效力的审理不适用调解,应当依法作出判决。

涉及财产分割和子女抚养的,可以调解。调解达成协议的,另行制作调解书;未达成调解协议的,应当一并作出判决。

第十二条 人民法院受理离婚案件后,经审理确属无效婚姻的,应当将婚姻无效的情形告知当事人,并依法作出确认婚姻无效的判决。

第十三条 人民法院就同一婚姻关系分别受理了离婚和请求确认婚姻无效案件的,对于离婚案件的审理,应当待请求确认婚姻无效案件作出判决后进行。

第十四条 夫妻一方或者双方死亡后,生存一方或者利害关系人依据民法典第一千零五十一条的规定请求确认婚姻无效的,人民法院应当受理。

第十五条 利害关系人依据民法典第一千零五十一条的规定,请求人民法院确认婚姻无效的,利害关系人为原告,婚姻关系当事人双方为被告。

夫妻一方死亡的,生存一方为被告。

第十六条 人民法院审理重婚导致的无效婚姻案件时,涉及财产处理的,应当准许合法婚姻当事人作为有独立请求权的第三人参加诉讼。

第十七条 当事人以民法典第一千零五十一条规定的三种无效婚姻以外的情形请求确认婚姻无效的,人民法院应当判决驳回当事人的诉讼请求。

当事人以结婚登记程序存在瑕疵为由提起民事诉讼,主张撤销结婚登记的,告知其可以依法申请行政复议或者提起行政诉讼。

第十八条 行为人以给另一方当事人或者其近亲属的生命、身体、健康、名誉、财产等方面造成损害为要挟,迫使另一方当事人违背真实意愿结婚的,可以认定为民法典第一千零五十二条所称的“胁迫”。

因受胁迫而请求撤销婚姻的,只能是受胁迫一方的婚姻关系当事人本人。

第十九条 民法典第一千零五十二条规定的“一年”,不适用诉讼时效中止、中断或者延长的规定。

受胁迫或者被非法限制人身自由的当事人请求撤销婚姻的,不适用民法典第一百五十二条第二款的规定。

第二十条 民法典第一千零五十四条所规定的“自始没有法律约束力”，是指无效婚姻或者可撤销婚姻在依法被确认无效或者被撤销时，才确定该婚姻自始不受法律保护。

第二十一条 人民法院根据当事人的请求，依法确认婚姻无效或者撤销婚姻的，应当收缴双方的结婚证书并将生效的判决书寄送当地婚姻登记管理机关。

第二十二条 被确认无效或者被撤销的婚姻，当事人同居期间所得的财产，除有证据证明为当事人一方所有的以外，按共同共有处理。

三、夫 妻 关 系

第二十三条 夫以妻擅自中止妊娠侵犯其生育权为由请求损害赔偿的，人民法院不予支持；夫妻双方因是否生育发生纠纷，致使感情确已破裂，一方请求离婚的，人民法院经调解无效，应依照民法典第一千零七十九条第三款第五项的规定处理。

第二十四条 民法典第一千零六十二条第一款第三项规定的“知识产权的收益”，是指婚姻关系存续期间，实际取得或者已经明确可以取得的财产性收益。

第二十五条 婚姻关系存续期间，下列财产属于民法典第一千零六十二条规定的“其他应当归共同所有的财产”：

（一）一方以个人财产投资取得的收益；

（二）男女双方实际取得或者应当取得的住房补贴、住房公积金；

（三）男女双方实际取得或者应当取得的基本养老金、破产安置补偿费。

第二十六条 夫妻一方个人财产在婚后产生的收益，除孳息和自然增值外，应认定为夫妻共同财产。

第二十七条 由一方婚前承租、婚后用共同财产购买的房屋，登记在一方名下的，应当认定为夫妻共同财产。

第二十八条 一方未经另一方同意出售夫妻共同所有的房屋，第三人善意购买、支付合理对价并已办理不动产登记，另一方主张追回该房屋的，人民法院不予支持。

夫妻一方擅自处分共同所有的房屋造成另一方损失，离婚时另一方请求赔偿损失的，人民法院应予支持。

第二十九条　当事人结婚前，父母为双方购置房屋出资的，该出资应当认定为对自己子女个人的赠与，但父母明确表示赠与双方的除外。

当事人结婚后，父母为双方购置房屋出资的，依照约定处理；没有约定或者约定不明确的，按照民法典第一千零六十二条第一款第四项规定的原则处理。

第三十条　军人的伤亡保险金、伤残补助金、医药生活补助费属于个人财产。

第三十一条　民法典第一千零六十三条规定为夫妻一方的个人财产，不因婚姻关系的延续而转化为夫妻共同财产。但当事人另有约定的除外。

第三十二条　婚前或者婚姻关系存续期间，当事人约定将一方所有的房产赠与另一方或者共有，赠与方在赠与房产变更登记之前撤销赠与，另一方请求判令继续履行的，人民法院可以按照民法典第六百五十八条的规定处理。

第三十三条　债权人就一方婚前所负个人债务向债务人的配偶主张权利的，人民法院不予支持。但债权人能够证明所负债务用于婚后家庭共同生活的除外。

第三十四条　夫妻一方与第三人串通，虚构债务，第三人主张该债务为夫妻共同债务的，人民法院不予支持。

夫妻一方在从事赌博、吸毒等违法犯罪活动中所负债务，第三人主张该债务为夫妻共同债务的，人民法院不予支持。

第三十五条　当事人的离婚协议或者人民法院生效判决、裁定、调解书已经对夫妻财产分割问题作出处理的，债权人仍有权就夫妻共同债务向男女双方主张权利。

一方就夫妻共同债务承担清偿责任后，主张由另一方按照离婚协议或者人民法院的法律文书承担相应债务的，人民法院应予支持。

第三十六条　夫或者妻一方死亡的，生存一方应当对婚姻关系存续期间的夫妻共同债务承担清偿责任。

第三十七条　民法典第一千零六十五条第三款所称“相对人知道该约定的”，夫妻一方对此负有举证责任。

第三十八条　婚姻关系存续期间,除民法典第一千零六十六条规定情形以外,夫妻一方请求分割共同财产的,人民法院不予支持。

四、父母子女关系

第三十九条　父或者母向人民法院起诉请求否认亲子关系,并已提供必要证据予以证明,另一方没有相反证据又拒绝做亲子鉴定的,人民法院可以认定否认亲子关系一方的主张成立。

父或者母以及成年子女起诉请求确认亲子关系,并提供必要证据予以证明,另一方没有相反证据又拒绝做亲子鉴定的,人民法院可以认定确认亲子关系一方的主张成立。

第四十条　婚姻关系存续期间,夫妻双方一致同意进行人工授精,所生子女应视为婚生子女,父母子女间的权利义务关系适用民法典的有关规定。

第四十一条　尚在校接受高中及其以下学历教育,或者丧失、部分丧失劳动能力等非因主观原因而无法维持正常生活的成年子女,可以认定为民法典第一千零六十七条规定的"不能独立生活的成年子女"。

第四十二条　民法典第一千零六十七条所称"抚养费",包括子女生活费、教育费、医疗费等费用。

第四十三条　婚姻关系存续期间,父母双方或者一方拒不履行抚养子女义务,未成年子女或者不能独立生活的成年子女请求支付抚养费的,人民法院应予支持。

第四十四条　离婚案件涉及未成年子女抚养的,对不满两周岁的子女,按照民法典第一千零八十四条第三款规定的原则处理。母亲有下列情形之一,父亲请求直接抚养的,人民法院应予支持:

(一)患有久治不愈的传染性疾病或者其他严重疾病,子女不宜与其共同生活;

(二)有抚养条件不尽抚养义务,而父亲要求子女随其生活;

(三)因其他原因,子女确不宜随母亲生活。

第四十五条　父母双方协议不满两周岁子女由父亲直接抚养,并对子女健康成长无不利影响的,人民法院应予支持。

第四十六条　对已满两周岁的未成年子女,父母均要求直接抚养,一方

有下列情形之一的,可予优先考虑:

(一)已做绝育手术或者因其他原因丧失生育能力;

(二)子女随其生活时间较长,改变生活环境对子女健康成长明显不利;

(三)无其他子女,而另一方有其他子女;

(四)子女随其生活,对子女成长有利,而另一方患有久治不愈的传染性疾病或者其他严重疾病,或者有其他不利于子女身心健康的情形,不宜与子女共同生活。

第四十七条　父母抚养子女的条件基本相同,双方均要求直接抚养子女,但子女单独随祖父母或者外祖父母共同生活多年,且祖父母或者外祖父母要求并且有能力帮助子女照顾孙子女或者外孙子女的,可以作为父或者母直接抚养子女的优先条件予以考虑。

第四十八条　在有利于保护子女利益的前提下,父母双方协议轮流直接抚养子女的,人民法院应予支持。

第四十九条　抚养费的数额,可以根据子女的实际需要、父母双方的负担能力和当地的实际生活水平确定。

有固定收入的,抚养费一般可以按其月总收入的百分之二十至三十的比例给付。负担两个以上子女抚养费的,比例可以适当提高,但一般不得超过月总收入的百分之五十。

无固定收入的,抚养费的数额可以依据当年总收入或者同行业平均收入,参照上述比例确定。

有特殊情况的,可以适当提高或者降低上述比例。

第五十条　抚养费应当定期给付,有条件的可以一次性给付。

第五十一条　父母一方无经济收入或者下落不明的,可以用其财物折抵抚养费。

第五十二条　父母双方可以协议由一方直接抚养子女并由直接抚养方负担子女全部抚养费。但是,直接抚养方的抚养能力明显不能保障子女所需费用,影响子女健康成长的,人民法院不予支持。

第五十三条　抚养费的给付期限,一般至子女十八周岁为止。

十六周岁以上不满十八周岁,以其劳动收入为主要生活来源,并能维持当地一般生活水平的,父母可以停止给付抚养费。

第五十四条　生父与继母离婚或者生母与继父离婚时,对曾受其抚养教育的继子女,继父或者继母不同意继续抚养的,仍应由生父或者生母抚养。

第五十五条 离婚后,父母一方要求变更子女抚养关系的,或者子女要求增加抚养费的,应当另行提起诉讼。

第五十六条 具有下列情形之一,父母一方要求变更子女抚养关系的,人民法院应予支持:

(一)与子女共同生活的一方因患严重疾病或者因伤残无力继续抚养子女;

(二)与子女共同生活的一方不尽抚养义务或有虐待子女行为,或者其与子女共同生活对子女身心健康确有不利影响;

(三)已满八周岁的子女,愿随另一方生活,该方又有抚养能力;

(四)有其他正当理由需要变更。

第五十七条 父母双方协议变更子女抚养关系的,人民法院应予支持。

第五十八条 具有下列情形之一,子女要求有负担能力的父或者母增加抚养费的,人民法院应予支持:

(一)原定抚养费数额不足以维持当地实际生活水平;

(二)因子女患病、上学,实际需要已超过原定数额;

(三)有其他正当理由应当增加。

第五十九条 父母不得因子女变更姓氏而拒付子女抚养费。父或者母擅自将子女姓氏改为继母或继父姓氏而引起纠纷的,应当责令恢复原姓氏。

第六十条 在离婚诉讼期间,双方均拒绝抚养子女的,可以先行裁定暂由一方抚养。

第六十一条 对拒不履行或者妨害他人履行生效判决、裁定、调解书中有关子女抚养义务的当事人或者其他人,人民法院可依照民事诉讼法第一百一十一条的规定采取强制措施。

五、离　　婚

第六十二条 无民事行为能力人的配偶有民法典第三十六条第一款规定行为,其他有监护资格的人可以要求撤销其监护资格,并依法指定新的监护人;变更后的监护人代理无民事行为能力一方提起离婚诉讼的,人民法院应予受理。

第六十三条　人民法院审理离婚案件,符合民法典第一千零七十九条第三款规定“应当准予离婚”情形的,不应当因当事人有过错而判决不准离婚。

第六十四条　民法典第一千零八十一条所称的“军人一方有重大过错”,可以依据民法典第一千零七十九条第三款前三项规定及军人有其他重大过错导致夫妻感情破裂的情形予以判断。

第六十五条　人民法院作出的生效的离婚判决中未涉及探望权,当事人就探望权问题单独提起诉讼的,人民法院应予受理。

第六十六条　当事人在履行生效判决、裁定或者调解书的过程中,一方请求中止探望的,人民法院在征询双方当事人意见后,认为需要中止探望的,依法作出裁定;中止探望的情形消失后,人民法院应当根据当事人的请求书面通知其恢复探望。

第六十七条　未成年子女、直接抚养子女的父或者母以及其他对未成年子女负担抚养、教育、保护义务的法定监护人,有权向人民法院提出中止探望的请求。

第六十八条　对于拒不协助另一方行使探望权的有关个人或者组织,可以由人民法院依法采取拘留、罚款等强制措施,但是不能对子女的人身、探望行为进行强制执行。

第六十九条　当事人达成的以协议离婚或者到人民法院调解离婚为条件的财产以及债务处理协议,如果双方离婚未成,一方在离婚诉讼中反悔的,人民法院应当认定该财产以及债务处理协议没有生效,并根据实际情况依照民法典第一千零八十七条和第一千零八十九条的规定判决。

当事人依照民法典第一千零七十六条签订的离婚协议中关于财产以及债务处理的条款,对男女双方具有法律约束力。登记离婚后当事人因履行上述协议发生纠纷提起诉讼的,人民法院应当受理。

第七十条　夫妻双方协议离婚后就财产分割问题反悔,请求撤销财产分割协议的,人民法院应当受理。

人民法院审理后,未发现订立财产分割协议时存在欺诈、胁迫等情形的,应当依法驳回当事人的诉讼请求。

第七十一条　人民法院审理离婚案件,涉及分割发放到军人名下的复员费、自主择业费等一次性费用的,以夫妻婚姻关系存续年限乘以年平均值,所得数额为夫妻共同财产。

前款所称年平均值，是指将发放到军人名下的上述费用总额按具体年限均分得出的数额。其具体年限为人均寿命七十岁与军人入伍时实际年龄的差额。

第七十二条　夫妻双方分割共同财产中的股票、债券、投资基金份额等有价证券以及未上市股份有限公司股份时，协商不成或者按市价分配有困难的，人民法院可以根据数量按比例分配。

第七十三条　人民法院审理离婚案件，涉及分割夫妻共同财产中以一方名义在有限责任公司的出资额，另一方不是该公司股东的，按以下情形分别处理：

（一）夫妻双方协商一致将出资额部分或者全部转让给该股东的配偶，其他股东过半数同意，并且其他股东均明确表示放弃优先购买权的，该股东的配偶可以成为该公司股东；

（二）夫妻双方就出资额转让份额和转让价格等事项协商一致后，其他股东半数以上不同意转让，但愿意以同等条件购买该出资额的，人民法院可以对转让出资所得财产进行分割。其他股东半数以上不同意转让，也不愿意以同等条件购买该出资额的，视为其同意转让，该股东的配偶可以成为该公司股东。

用于证明前款规定的股东同意的证据，可以是股东会议材料，也可以是当事人通过其他合法途径取得的股东的书面声明材料。

第七十四条　人民法院审理离婚案件，涉及分割夫妻共同财产中以一方名义在合伙企业中的出资，另一方不是该企业合伙人的，当夫妻双方协商一致，将其合伙企业中的财产份额全部或者部分转让给对方时，按以下情形分别处理：

（一）其他合伙人一致同意的，该配偶依法取得合伙人地位；

（二）其他合伙人不同意转让，在同等条件下行使优先购买权的，可以对转让所得的财产进行分割；

（三）其他合伙人不同意转让，也不行使优先购买权，但同意该合伙人退伙或者削减部分财产份额的，可以对结算后的财产进行分割；

（四）其他合伙人既不同意转让，也不行使优先购买权，又不同意该合伙人退伙或者削减部分财产份额的，视为全体合伙人同意转让，该配偶依法取得合伙人地位。

第七十五条　夫妻以一方名义投资设立个人独资企业的，人民法院分割夫妻在该个人独资企业中的共同财产时，应当按照以下情形分别处理：

（一）一方主张经营该企业的，对企业资产进行评估后，由取得企业资产所有权一方给予另一方相应的补偿；

（二）双方均主张经营该企业的，在双方竞价基础上，由取得企业资产所有权的一方给予另一方相应的补偿；

（三）双方均不愿意经营该企业的，按照《中华人民共和国个人独资企业法》等有关规定办理。

第七十六条　双方对夫妻共同财产中的房屋价值及归属无法达成协议时，人民法院按以下情形分别处理：

（一）双方均主张房屋所有权并且同意竞价取得的，应当准许；

（二）一方主张房屋所有权的，由评估机构按市场价格对房屋作出评估，取得房屋所有权的一方应当给予另一方相应的补偿；

（三）双方均不主张房屋所有权的，根据当事人的申请拍卖、变卖房屋，就所得价款进行分割。

第七十七条　离婚时双方对尚未取得所有权或者尚未取得完全所有权的房屋有争议且协商不成的，人民法院不宜判决房屋所有权的归属，应当根据实际情况判决由当事人使用。

当事人就前款规定的房屋取得完全所有权后，有争议的，可以另行向人民法院提起诉讼。

第七十八条　夫妻一方婚前签订不动产买卖合同，以个人财产支付首付款并在银行贷款，婚后用夫妻共同财产还贷，不动产登记于首付款支付方名下的，离婚时该不动产由双方协议处理。

依前款规定不能达成协议的，人民法院可以判决该不动产归登记一方，尚未归还的贷款为不动产登记一方的个人债务。双方婚后共同还贷支付的款项及其相对应财产增值部分，离婚时应根据民法典第一千零八十七条第一款规定的原则，由不动产登记一方对另一方进行补偿。

第七十九条　婚姻关系存续期间，双方用夫妻共同财产出资购买以一方父母名义参加房改的房屋，登记在一方父母名下，离婚时另一方主张按照夫妻共同财产对该房屋进行分割的，人民法院不予支持。购买该房屋时的出资，可以作为债权处理。

第八十条　离婚时夫妻一方尚未退休、不符合领取基本养老金条件，另一方请求按照夫妻共同财产分割基本养老金的，人民法院不予支持；婚后以夫妻共同财产缴纳基本养老保险费，离婚时一方主张将养老金账户中婚姻关系存续期间个人实际缴纳部分及利息作为夫妻共同财产分割的，人民法院应予支持。

第八十一条　婚姻关系存续期间，夫妻一方作为继承人依法可以继承的遗产，在继承人之间尚未实际分割，起诉离婚时另一方请求分割的，人民法院应当告知当事人在继承人之间实际分割遗产后另行起诉。

第八十二条　夫妻之间订立借款协议，以夫妻共同财产出借给一方从事个人经营活动或者用于其他个人事务的，应视为双方约定处分夫妻共同财产的行为，离婚时可以按照借款协议的约定处理。

第八十三条　离婚后，一方以尚有夫妻共同财产未处理为由向人民法院起诉请求分割的，经审查该财产确属离婚时未涉及的夫妻共同财产，人民法院应当依法予以分割。

第八十四条　当事人依据民法典第一千零九十二条的规定向人民法院提起诉讼，请求再次分割夫妻共同财产的诉讼时效期间为三年，从当事人发现之日起计算。

第八十五条　夫妻一方申请对配偶的个人财产或者夫妻共同财产采取保全措施的，人民法院可以在采取保全措施可能造成损失的范围内，根据实际情况，确定合理的财产担保数额。

第八十六条　民法典第一千零九十一条规定的“损害赔偿”，包括物质损害赔偿和精神损害赔偿。涉及精神损害赔偿的，适用《最高人民法院关于确定民事侵权精神损害赔偿责任若干问题的解释》的有关规定。

第八十七条　承担民法典第一千零九十一条规定的损害赔偿责任的主体，为离婚诉讼当事人中无过错方的配偶。

人民法院判决不准离婚的案件，对于当事人基于民法典第一千零九十一条提出的损害赔偿请求，不予支持。

在婚姻关系存续期间，当事人不起诉离婚而单独依据民法典第一千零九十一条提起损害赔偿请求的，人民法院不予受理。

第八十八条　人民法院受理离婚案件时，应当将民法典第一千零九十一条等规定中当事人的有关权利义务，书面告知当事人。在适用民法典第一千零九十一条时，应当区分以下不同情况：

（一）符合民法典第一千零九十一条规定的无过错方作为原告基于该条规定向人民法院提起损害赔偿请求的，必须在离婚诉讼的同时提出。

（二）符合民法典第一千零九十一条规定的无过错方作为被告的离婚诉讼案件，如果被告不同意离婚也不基于该条规定提起损害赔偿请求的，可以就此单独提起诉讼。

（三）无过错方作为被告的离婚诉讼案件，一审时被告未基于民法典第一千零九十一条规定提出损害赔偿请求，二审期间提出的，人民法院应当进行调解；调解不成的，告知当事人另行起诉。双方当事人同意由第二审人民法院一并审理的，第二审人民法院可以一并裁判。

第八十九条　当事人在婚姻登记机关办理离婚登记手续后，以民法典第一千零九十一条规定为由向人民法院提出损害赔偿请求的，人民法院应当受理。但当事人在协议离婚时已经明确表示放弃该项请求的，人民法院不予支持。

第九十条　夫妻双方均有民法典第一千零九十一条规定的过错情形，一方或者双方向对方提出离婚损害赔偿请求的，人民法院不予支持。

六、附　　则

第九十一条　本解释自 2021 年 1 月 1 日起施行。

最高人民法院关于适用《中华人民共和国民法典》婚姻家庭编的解释(二)

(2024 年 11 月 25 日最高人民法院审判委员会第 1933 次会议通过　2025 年 1 月 15 日公布　法释〔2025〕1 号　自 2025 年 2 月 1 日起施行)

为正确审理婚姻家庭纠纷案件,根据《中华人民共和国民法典》《中华人民共和国民事诉讼法》等相关法律规定,结合审判实践,制定本解释。

第一条　当事人依据民法典第一千零五十一条第一项规定请求确认重婚的婚姻无效,提起诉讼时合法婚姻当事人已经离婚或者配偶已经死亡,被告以此为由抗辩后一婚姻自以上情形发生时转为有效的,人民法院不予支持。

第二条　夫妻登记离婚后,一方以双方意思表示虚假为由请求确认离婚无效的,人民法院不予支持。

第三条　夫妻一方的债权人有证据证明离婚协议中财产分割条款影响其债权实现,请求参照适用民法典第五百三十八条或者第五百三十九条规定撤销相关条款的,人民法院应当综合考虑夫妻共同财产整体分割及履行情况、子女抚养费负担、离婚过错等因素,依法予以支持。

第四条　双方均无配偶的同居关系析产纠纷案件中,对同居期间所得的财产,有约定的,按照约定处理;没有约定且协商不成的,人民法院按照以下情形分别处理:

(一)各自所得的工资、奖金、劳务报酬、知识产权收益,各自继承或者受赠的财产以及单独生产、经营、投资的收益等,归各自所有;

（二）共同出资购置的财产或者共同生产、经营、投资的收益以及其他无法区分的财产，以各自出资比例为基础，综合考虑共同生活情况、有无共同子女、对财产的贡献大小等因素进行分割。

第五条 婚前或者婚姻关系存续期间，当事人约定将一方所有的房屋转移登记至另一方或者双方名下，离婚诉讼时房屋所有权尚未转移登记，双方对房屋归属或者分割有争议且协商不成的，人民法院可以根据当事人诉讼请求，结合给予目的，综合考虑婚姻关系存续时间、共同生活及孕育共同子女情况、离婚过错、对家庭的贡献大小以及离婚时房屋市场价格等因素，判决房屋归其中一方所有，并确定是否由获得房屋一方对另一方予以补偿以及补偿的具体数额。

婚前或者婚姻关系存续期间，一方将其所有的房屋转移登记至另一方或者双方名下，离婚诉讼中，双方对房屋归属或者分割有争议且协商不成的，如果婚姻关系存续时间较短且给予方无重大过错，人民法院可以根据当事人诉讼请求，判决该房屋归给予方所有，并结合给予目的，综合考虑共同生活及孕育共同子女情况、离婚过错、对家庭的贡献大小以及离婚时房屋市场价格等因素，确定是否由获得房屋一方对另一方予以补偿以及补偿的具体数额。

给予方有证据证明另一方存在欺诈、胁迫、严重侵害给予方或者其近亲属合法权益、对给予方有扶养义务而不履行等情形，请求撤销前两款规定的民事法律行为的，人民法院依法予以支持。

第六条 夫妻一方未经另一方同意，在网络直播平台用夫妻共同财产打赏，数额明显超出其家庭一般消费水平，严重损害夫妻共同财产利益的，可以认定为民法典第一千零六十六条和第一千零九十二条规定的“挥霍”。另一方请求在婚姻关系存续期间分割夫妻共同财产，或者在离婚分割夫妻共同财产时请求对打赏一方少分或者不分的，人民法院应予支持。

第七条 夫妻一方为重婚、与他人同居以及其他违反夫妻忠实义务等目的，将夫妻共同财产赠与他人或者以明显不合理的价格处分夫妻共同财产，另一方主张该民事法律行为违背公序良俗无效的，人民法院应予支持并依照民法典第一百五十七条规定处理。

夫妻一方存在前款规定情形，另一方以该方存在转移、变卖夫妻共同财产行为，严重损害夫妻共同财产利益为由，依据民法典第一千零六十六条规定请求在婚姻关系存续期间分割夫妻共同财产，或者依据民法典第一千零九十二条规定请求在离婚分割夫妻共同财产时对该方少分或者不分的，人民法院应予支持。

第八条　婚姻关系存续期间，夫妻购置房屋由一方父母全额出资，如果赠与合同明确约定只赠与自己子女一方的，按照约定处理；没有约定或者约定不明确的，离婚分割夫妻共同财产时，人民法院可以判决该房屋归出资人子女一方所有，并综合考虑共同生活及孕育共同子女情况、离婚过错、对家庭的贡献大小以及离婚时房屋市场价格等因素，确定是否由获得房屋一方对另一方予以补偿以及补偿的具体数额。

婚姻关系存续期间，夫妻购置房屋由一方父母部分出资或者双方父母出资，如果赠与合同明确约定相应出资只赠与自己子女一方的，按照约定处理；没有约定或者约定不明确的，离婚分割夫妻共同财产时，人民法院可以根据当事人诉讼请求，以出资来源及比例为基础，综合考虑共同生活及孕育共同子女情况、离婚过错、对家庭的贡献大小以及离婚时房屋市场价格等因素，判决房屋归其中一方所有，并由获得房屋一方对另一方予以合理补偿。

第九条　夫妻一方转让用夫妻共同财产出资但登记在自己名下的有限责任公司股权，另一方以未经其同意侵害夫妻共同财产利益为由请求确认股权转让合同无效的，人民法院不予支持，但有证据证明转让人与受让人恶意串通损害另一方合法权益的除外。

第十条　夫妻以共同财产投资有限责任公司，并均登记为股东，双方对相应股权的归属没有约定或者约定不明确，离婚时，一方请求按照股东名册或者公司章程记载的各自出资额确定股权分割比例的，人民法院不予支持；对当事人分割夫妻共同财产的请求，人民法院依照民法典第一千零八十七条规定处理。

第十一条　夫妻一方以另一方可继承的财产为夫妻共同财产、放弃继承侵害夫妻共同财产利益为由主张另一方放弃继承无效的，人民法院不予支持，但有证据证明放弃继承导致放弃一方不能履行法定扶养义务的除外。

第十二条　父母一方或者其近亲属等抢夺、藏匿未成年子女，另一方向人民法院申请人身安全保护令或者参照适用民法典第九百九十七条规定申请人格权侵害禁令的，人民法院依法予以支持。

抢夺、藏匿未成年子女一方以另一方存在赌博、吸毒、家庭暴力等严重侵害未成年子女合法权益情形，主张其抢夺、藏匿行为有合理事由的，人民法院应当告知其依法通过撤销监护人资格、中止探望或者变更抚养关系等途径解决。当事人对其上述主张未提供证据证明且未在合理期限内提出相关请求的，人民法院依照前款规定处理。

第十三条　夫妻分居期间，一方或者其近亲属等抢夺、藏匿未成年子女，致使另一方无法履行监护职责，另一方请求行为人承担民事责任的，人民法院可以参照适用民法典第一千零八十四条关于离婚后子女抚养的有关规定，暂时确定未成年子女的抚养事宜，并明确暂时直接抚养未成年子女一方有协助另一方履行监护职责的义务。

第十四条　离婚诉讼中，父母均要求直接抚养已满两周岁的未成年子女，一方有下列情形之一的，人民法院应当按照最有利于未成年子女的原则，优先考虑由另一方直接抚养：

（一）实施家庭暴力或者虐待、遗弃家庭成员；

（二）有赌博、吸毒等恶习；

（三）重婚、与他人同居或者其他严重违反夫妻忠实义务情形；

（四）抢夺、藏匿未成年子女且另一方不存在本条第一项或者第二项等严重侵害未成年子女合法权益情形；

（五）其他不利于未成年子女身心健康的情形。

第十五条　父母双方以法定代理人身份处分用夫妻共同财产购买并登记在未成年子女名下的房屋后，又以违反民法典第三十五条规定损害未成年子女利益为由向相对人主张该民事法律行为无效的，人民法院不予支持。

第十六条　离婚协议中关于一方直接抚养未成年子女或者不能独立生活的成年子女、另一方不负担抚养费的约定，对双方具有法律约束力。但是，离婚后，直接抚养子女一方经济状况发生变化导致原生活水平显著降低或者子女生活、教育、医疗等必要合理费用确有显著增加，未成年子女或者不能独立生活的成年子女请求另一方支付抚养费的，人民法院依法予以支持，并综合考虑离婚协议整体约定、子女实际需要、另一方的负担能力、当地生活水平等因素，确定抚养费的数额。

前款但书规定情形下，另一方以直接抚养子女一方无抚养能力为由请求变更抚养关系的，人民法院依照民法典第一千零八十四条规定处理。

第十七条　离婚后，不直接抚养子女一方未按照离婚协议约定或者以其他方式作出的承诺给付抚养费，未成年子女或者不能独立生活的成年子女请求其支付欠付的抚养费的，人民法院应予支持。

前款规定情形下，如果子女已经成年并能够独立生活，直接抚养子女一方请求另一方支付欠付的费用的，人民法院依法予以支持。

第十八条　对民法典第一千零七十二条中继子女受继父或者继母抚养教育的事实，人民法院应当以共同生活时间长短为基础，综合考虑共同生活期间继父母是否实际进行生活照料、是否履行家庭教育职责、是否承担抚养费等因素予以认定。

第十九条　生父与继母或者生母与继父离婚后，当事人主张继父或者继母和曾受其抚养教育的继子女之间的权利义务关系不再适用民法典关于父母子女关系规定的，人民法院应予支持，但继父或者继母与继子女存在依法成立的收养关系或者继子女仍与继父或者继母共同生活的除外。

继父母子女关系解除后，缺乏劳动能力又缺乏生活来源的继父或者继母请求曾受其抚养教育的成年继子女给付生活费的，人民法院可以综合考虑抚养教育情况、成年继子女负担能力等因素，依法予以支持，但是继父或者继母曾存在虐待、遗弃继子女等情况的除外。

第二十条　离婚协议约定将部分或者全部夫妻共同财产给予子女，离婚后，一方在财产权利转移之前请求撤销该约定的，人民法院不予支持，但另一方同意的除外。

一方不履行前款离婚协议约定的义务，另一方请求其承担继续履行或者因无法履行而赔偿损失等民事责任的，人民法院依法予以支持。

双方在离婚协议中明确约定子女可以就本条第一款中的相关财产直接主张权利，一方不履行离婚协议约定的义务，子女请求参照适用民法典第五百二十二条第二款规定，由该方承担继续履行或者因无法履行而赔偿损失等民事责任的，人民法院依法予以支持。

离婚协议约定将部分或者全部夫妻共同财产给予子女，离婚后，一方有证据证明签订离婚协议时存在欺诈、胁迫等情形，请求撤销该约定的，人民法院依法予以支持；当事人同时请求分割该部分夫妻共同财产的，人民法院依照民法典第一千零八十七条规定处理。

第二十一条　离婚诉讼中，夫妻一方有证据证明在婚姻关系存续期间因抚育子女、照料老年人、协助另一方工作等负担较多义务，依据民法典第一千零八十八条规定请求另一方给予补偿的，人民法院可以综合考虑负担相应义务投入的时间、精力和对双方的影响以及给付方负担能力、当地居民人均可支配收入等因素，确定补偿数额。

第二十二条　离婚诉讼中，一方存在年老、残疾、重病等生活困难情形，依据民法典第一千零九十条规定请求有负担能力的另一方给予适当帮助的，人民法院可以根据当事人请求，结合另一方财产状况，依法予以支持。

第二十三条　本解释自2025年2月1日起施行。

婚姻登记工作规范

（2015年12月8日民政部修订发布　民发〔2015〕230号
自2016年2月1日起施行）

第一章　总　　则

第一条　为加强婚姻登记规范化管理，维护婚姻当事人的合法权益，根据《中华人民共和国婚姻法》和《婚姻登记条例》，制定本规范。

第二条　各级婚姻登记机关应当依照法律、法规及本规范，认真履行职责，做好婚姻登记工作。

第二章　婚姻登记机关

第三条　婚姻登记机关是依法履行婚姻登记行政职能的机关。

第四条　婚姻登记机关履行下列职责：

（一）办理婚姻登记；

（二）补发婚姻登记证；

（三）撤销受胁迫的婚姻；

（四）建立和管理婚姻登记档案；

（五）宣传婚姻法律法规，倡导文明婚俗。

第五条　婚姻登记管辖按照行政区域划分。

（一）县、不设区的市、市辖区人民政府民政部门办理双方或者一方常住户口在本行政区域内的内地居民之间的婚姻登记。

省级人民政府可以根据实际情况，规定乡（镇）人民政府办理双方或者一方常住户口在本乡（镇）的内地居民之间的婚姻登记。

（二）省级人民政府民政部门或者其确定的民政部门，办理一方常住户口在辖区内的涉外和涉香港、澳门、台湾居民以及华侨的婚姻登记。

办理经济技术开发区、高新技术开发区等特别区域内居民婚姻登记的机关由省级人民政府民政部门提出意见报同级人民政府确定。

（三）现役军人由部队驻地、入伍前常住户口所在地或另一方当事人常住户口所在地婚姻登记机关办理婚姻登记。

婚姻登记机关不得违反上述规定办理婚姻登记。

第六条　具有办理婚姻登记职能的县级以上人民政府民政部门和乡（镇）人民政府应当按照本规范要求设置婚姻登记处。

省级人民政府民政部门设置、变更或撤销婚姻登记处，应当形成文件并对外公布；市、县（市、区）人民政府民政部门、乡（镇）人民政府设置、变更或撤销婚姻登记处，应当形成文件，对外公布并逐级上报省级人民政府民政部门。省级人民政府民政部门应当相应调整婚姻登记信息系统使用相关权限。

第七条　省、市、县（市、区）人民政府民政部门和乡镇人民政府设置的婚姻登记处分别称为：

××省（自治区、直辖市）民政厅（局）婚姻登记处，××市民政局婚姻登记处，××县（市）民政局婚姻登记处；

××市××区民政局婚姻登记处；

××县（市、区）××乡（镇）人民政府婚姻登记处。

县、不设区的市、市辖区人民政府民政部门设置多个婚姻登记处的，应当在婚姻登记处前冠其所在地的地名。

第八条　婚姻登记处应当在门外醒目处悬挂婚姻登记处标牌。标牌尺寸不得小于1500mm×300mm或550mm×450mm。

第九条　婚姻登记处应当按照民政部要求，使用全国婚姻登记工作标识。

第十条　具有办理婚姻登记职能的县级以上人民政府民政部门和乡（镇）人民政府应当刻制婚姻登记工作业务专用印章和钢印。专用印章和钢印为圆形，直径35mm。

婚姻登记工作业务专用印章和钢印，中央刊“★”，“★”外围刊婚姻登记处所属民政厅（局）或乡（镇）人民政府名称，如：“××省民政厅”、“××市民政局”、“××市××区民政局”、“××县民政局”或者“××县××乡（镇）人民政府”。

“★”下方刊“婚姻登记专用章”。民政局设置多个婚姻登记处的，“婚姻登记专用章”下方刊婚姻登记处序号。

第十一条　婚姻登记处应当有独立的场所办理婚姻登记，并设有候登大厅、结婚登记区、离婚登记室和档案室。结婚登记区、离婚登记室可合并为相应数量的婚姻登记室。

婚姻登记场所应当宽敞、庄严、整洁，设有婚姻登记公告栏。

婚姻登记处不得设在婚纱摄影、婚庆服务、医疗等机构场所内，上述服务机构不得设置在婚姻登记场所内。

第十二条　婚姻登记处应当配备以下设备：

（一）复印机；

（二）传真机；

（三）扫描仪；

（四）证件及纸张打印机；

（五）计算机；

（六）身份证阅读器。

第十三条　婚姻登记处可以安装具有音频和视频功能的设备，并妥善保管音频和视频资料。

婚姻登记场所应当配备必要的公共服务设施，婚姻登记当事人应当按照要求合理使用。

第十四条　婚姻登记处实行政务公开，下列内容应当在婚姻登记处公开展示：

（一）本婚姻登记处的管辖权及依据；

（二）婚姻法的基本原则以及夫妻的权利、义务；

（三）结婚登记、离婚登记的条件与程序；

（四）补领婚姻登记证的条件与程序；

（五）无效婚姻及可撤销婚姻的规定；

（六）收费项目与收费标准；

（七）婚姻登记员职责及其照片、编号；

（八）婚姻登记处办公时间和服务电话，设置多个婚姻登记处的，应当同时公布，巡回登记的，应当公布巡回登记时间和地点；

（九）监督电话。

第十五条　婚姻登记处应当备有《中华人民共和国婚姻法》、《婚姻登记条例》及其他有关文件，供婚姻当事人免费查阅。

第十六条　婚姻登记处在工作日应当对外办公，办公时间在办公场所外公告。

第十七条　婚姻登记处应当通过省级婚姻登记信息系统开展实时联网登记，并将婚姻登记电子数据实时传送给民政部婚姻登记信息系统。

各级民政部门应当为本行政区域内婚姻登记管理信息化建设创造条件，并制定婚姻登记信息化管理制度。

婚姻登记处应当将保存的本辖区未录入信息系统的婚姻登记档案录入婚姻登记历史数据补录系统。

第十八条　婚姻登记处应当按照《婚姻登记档案管理办法》的规定管理婚姻登记档案。

第十九条　婚姻登记处应当制定婚姻登记印章、证书、纸制档案、电子档案等管理制度，完善业务学习、岗位责任、考评奖惩等制度。

第二十条　婚姻登记处应当开通婚姻登记网上预约功能和咨询电话，电话号码在当地114查询台登记。

具备条件的婚姻登记处应当开通互联网网页，互联网网页内容应当包括：办公时间、办公地点；管辖权限；申请结婚登记的条件、办理结婚登记的程序；申请离婚登记的条件、办理离婚登记的程序；申请补领婚姻登记证的程序和需要的证明材料、撤销婚姻的程序等内容。

第二十一条　婚姻登记处可以设立婚姻家庭辅导室，通过政府购买服务或公开招募志愿者等方式聘用婚姻家庭辅导员，并在坚持群众自愿的前提下，开展婚姻家庭辅导服务。婚姻家庭辅导员应当具备以下资格之一：

（一）社会工作师；

(二)心理咨询师;

(三)律师;

(四)其他相应专业资格。

第二十二条　婚姻登记处可以设立颁证厅,为有需要的当事人颁发结婚证。

第三章　婚姻登记员

第二十三条　婚姻登记机关应当配备专职婚姻登记员。婚姻登记员人数、编制可以参照《婚姻登记机关等级评定标准》确定。

第二十四条　婚姻登记员由本级民政部门考核、任命。

婚姻登记员应当由设区的市级以上人民政府民政部门进行业务培训,经考核合格,取得婚姻登记员培训考核合格证明,方可从事婚姻登记工作。其他人员不得从事本规范第二十五条规定的工作。

婚姻登记员培训考核合格证明由省级人民政府民政部门统一印制。

婚姻登记员应当至少每2年参加一次设区的市级以上人民政府民政部门举办的业务培训,取得业务培训考核合格证明。

婚姻登记处应当及时将婚姻登记员上岗或离岗信息逐级上报省级人民政府民政部门,省级人民政府民政部门应当根据上报的信息及时调整婚姻登记信息系统使用相关权限。

第二十五条　婚姻登记员的主要职责:

(一)负责对当事人有关婚姻状况声明的监誓;

(二)审查当事人是否具备结婚、离婚、补发婚姻登记证、撤销受胁迫婚姻的条件;

(三)办理婚姻登记手续,签发婚姻登记证;

(四)建立婚姻登记档案。

第二十六条　婚姻登记员应当熟练掌握相关法律法规,熟练使用婚姻登记信息系统,文明执法,热情服务。婚姻登记员一般应具有大学专科以上学历。

婚姻登记员上岗应当佩带标识并统一着装。

第四章　结 婚 登 记

第二十七条　结婚登记应当按照初审—受理—审查—登记（发证）的程序办理。

第二十八条　受理结婚登记申请的条件是：

（一）婚姻登记处具有管辖权；

（二）要求结婚的男女双方共同到婚姻登记处提出申请；

（三）当事人男年满22周岁，女年满20周岁；

（四）当事人双方均无配偶（未婚、离婚、丧偶）；

（五）当事人双方没有直系血亲和三代以内旁系血亲关系；

（六）双方自愿结婚；

（七）当事人提交3张2寸双方近期半身免冠合影照片；

（八）当事人持有本规范第二十九条至第三十五条规定的有效证件。

第二十九条　内地居民办理结婚登记应当提交本人有效的居民身份证和户口簿，因故不能提交身份证的可以出具有效的临时身份证。

居民身份证与户口簿上的姓名、性别、出生日期、公民身份号码应当一致；不一致的，当事人应当先到有关部门更正。

户口簿上的婚姻状况应当与当事人声明一致。不一致的，当事人应当向登记机关提供能够证明其声明真实性的法院生效司法文书、配偶居民死亡医学证明（推断）书等材料；不一致且无法提供相关材料的，当事人应当先到有关部门更正。

当事人声明的婚姻状况与婚姻登记档案记载不一致的，当事人应当向登记机关提供能够证明其声明真实性的法院生效司法文书、配偶居民死亡医学证明（推断）书等材料。

第三十条　现役军人办理结婚登记应当提交本人的居民身份证、军人证件和部队出具的军人婚姻登记证明。

居民身份证、军人证件和军人婚姻登记证明上的姓名、性别、出生日期、公民身份号码应当一致；不一致的，当事人应当先到有关部门更正。

第三十一条　香港居民办理结婚登记应当提交：

（一）港澳居民来往内地通行证或者港澳同胞回乡证；

（二）香港居民身份证；

（三）经香港委托公证人公证的本人无配偶以及与对方当事人没有直系血亲和三代以内旁系血亲关系的声明。

第三十二条　澳门居民办理结婚登记应当提交：

（一）港澳居民来往内地通行证或者港澳同胞回乡证；

（二）澳门居民身份证；

（三）经澳门公证机构公证的本人无配偶以及与对方当事人没有直系血亲和三代以内旁系血亲关系的声明。

第三十三条　台湾居民办理结婚登记应当提交：

（一）台湾居民来往大陆通行证或者其他有效旅行证件；

（二）本人在台湾地区居住的有效身份证；

（三）经台湾公证机构公证的本人无配偶以及与对方当事人没有直系血亲和三代以内旁系血亲关系的声明。

第三十四条　华侨办理结婚登记应当提交：

（一）本人的有效护照；

（二）居住国公证机构或者有权机关出具的、经中华人民共和国驻该国使（领）馆认证的本人无配偶以及与对方当事人没有直系血亲和三代以内旁系血亲关系的证明，或者中华人民共和国驻该国使（领）馆出具的本人无配偶以及与对方当事人没有直系血亲和三代以内旁系血亲关系的证明。

与中国无外交关系的国家出具的有关证明，应当经与该国及中国均有外交关系的第三国驻该国使（领）馆和中国驻第三国使（领）馆认证，或者经第三国驻华使（领）馆认证。

第三十五条　外国人办理结婚登记应当提交：

（一）本人的有效护照或者其他有效的国际旅行证件；

（二）所在国公证机构或者有权机关出具的、经中华人民共和国驻该国使（领）馆认证或者该国驻华使（领）馆认证的本人无配偶的证明，或者所在国驻华使（领）馆出具的本人无配偶证明。

与中国无外交关系的国家出具的有关证明，应当经与该国及中国均有外交关系的第三国驻该国使（领）馆和中国驻第三国使（领）馆认证，或者经第三国驻华使（领）馆认证。

第三十六条　婚姻登记员受理结婚登记申请，应当按照下列程序进行：

（一）询问当事人的结婚意愿；

（二）查验本规范第二十九条至第三十五条规定的相应证件和材料；

（三）自愿结婚的双方各填写一份《申请结婚登记声明书》；《申请结婚登记声明书》中“声明人”一栏的签名必须由声明人在监誓人面前完成并按指纹；

（四）当事人现场复述声明书内容，婚姻登记员作监誓人并在监誓人一栏签名。

第三十七条 婚姻登记员对当事人提交的证件、证明、声明进行审查，符合结婚条件的，填写《结婚登记审查处理表》和结婚证。

第三十八条 《结婚登记审查处理表》的填写：

（一）《结婚登记审查处理表》项目的填写，按照下列规定通过计算机完成：

1.“申请人姓名”：当事人是中国公民的，使用中文填写；当事人是外国人的，按照当事人护照上的姓名填写。

2.“出生日期”：使用阿拉伯数字，按照身份证件上的出生日期填写为“××××年××月××日”。

3.“身份证件号”：当事人是内地居民的，填写居民身份证号；当事人是香港、澳门、台湾居民的，填写香港、澳门、台湾居民身份证号，并在号码后加注“（香港）”、“（澳门）”或者“（台湾）”；当事人是华侨的，填写护照或旅行证件号；当事人是外国人的，填写当事人的护照或旅行证件号。

证件号码前面有字符的，应当一并填写。

4.“国籍”：当事人是内地居民、香港居民、澳门居民、台湾居民、华侨的，填写“中国”；当事人是外国人的，按照护照上的国籍填写；无国籍人，填写“无国籍”。

5.“提供证件情况”：应当将当事人提供的证件、证明逐一填写，不得省略。

6.“审查意见”：填写“符合结婚条件，准予登记”。

7.“结婚登记日期”：使用阿拉伯数字，填写为：“××××年××月××日”。填写的日期应当与结婚证上的登记日期一致。

8.“结婚证字号”：填写式样按照民政部相关规定执行，填写规则见附则。

9."结婚证印制号":填写颁发给当事人的结婚证上印制的号码。

10."承办机关名称":填写承办该结婚登记的婚姻登记处的名称。

(二)"登记员签名":由批准该结婚登记的婚姻登记员亲笔签名,不得使用个人印章或者计算机打印。

(三)在"照片"处粘贴当事人提交的照片,并在骑缝处加盖钢印。

第三十九条 结婚证的填写:

(一)结婚证上"结婚证字号""姓名""性别""出生日期""身份证件号""国籍""登记日期"应当与《结婚登记审查处理表》中相应项目完全一致。

(二)"婚姻登记员":由批准该结婚登记的婚姻登记员使用黑色墨水钢笔或签字笔亲笔签名,签名应清晰可辨,不得使用个人印章或者计算机打印。

(三)在"照片"栏粘贴当事人双方合影照片。

(四)在照片与结婚证骑缝处加盖婚姻登记工作业务专用钢印。

(五)"登记机关":盖婚姻登记工作业务专用印章(红印)。

第四十条 婚姻登记员在完成结婚证填写后,应当进行认真核对、检查。对填写错误、证件被污染或者损坏的,应当将证件报废处理,重新填写。

第四十一条 颁发结婚证,应当在当事人双方均在场时按照下列步骤进行:

(一)向当事人双方询问核对姓名、结婚意愿;

(二)告知当事人双方领取结婚证后的法律关系以及夫妻权利、义务;

(三)见证当事人本人亲自在《结婚登记审查处理表》上的"当事人领证签名并按指纹"一栏中签名并按指纹;

"当事人领证签名并按指纹"一栏不得空白,不得由他人代为填写、代按指纹;

(四)将结婚证分别颁发给结婚登记当事人双方,向双方当事人宣布:取得结婚证,确立夫妻关系;

(五)祝贺新人。

第四十二条 申请补办结婚登记的,当事人填写《申请补办结婚登记声明书》,婚姻登记机关按照结婚登记程序办理。

第四十三条 申请复婚登记的,当事人填写《申请结婚登记声明书》,婚姻登记机关按照结婚登记程序办理。

第四十四条 婚姻登记员每办完一对结婚登记,应当依照《婚姻登记档案管理办法》，对应当存档的材料进行整理、保存，不得出现原始材料丢失、损毁情况。

第四十五条　婚姻登记机关对不符合结婚登记条件的，不予受理。当事人要求出具《不予办理结婚登记告知书》的，应当出具。

第五章　撤销婚姻

第四十六条　受胁迫结婚的婚姻当事人，可以向原办理该结婚登记的机关请求撤销婚姻。

第四十七条　撤销婚姻应当按照初审—受理—审查—报批—公告的程序办理。

第四十八条　受理撤销婚姻申请的条件：

（一）婚姻登记处具有管辖权；

（二）受胁迫的一方和对方共同到婚姻登记机关签署双方无子女抚养、财产及债务问题的声明书；

（三）申请时距结婚登记之日或受胁迫的一方恢复人身自由之日不超过1年；

（四）当事人持有：

1.本人的身份证、结婚证；

2.要求撤销婚姻的书面申请；

3.公安机关出具的当事人被拐卖、解救的相关材料，或者人民法院作出的能够证明当事人被胁迫结婚的判决书。

第四十九条　符合撤销婚姻的，婚姻登记处按以下程序进行：

（一）查验本规范第四十八条规定的证件和证明材料。

（二）当事人在婚姻登记员面前亲自填写《撤销婚姻申请书》，双方当事人在“声明人”一栏签名并按指纹。

（三）当事人宣读本人的申请书，婚姻登记员作监誓人并在监誓人一栏签名。

第五十条　婚姻登记处拟写“关于撤销×××与×××婚姻的决定”报所属民政部门或者乡（镇）人民政府；符合撤销条件的，婚姻登记机关应当批准，并印发撤销决定。

第五十一条　婚姻登记处应当将《关于撤销×××与×××婚姻的决定》送达当事人双方，并在婚姻登记公告栏公告30日。

第五十二条　婚姻登记处对不符合撤销婚姻条件的，应当告知当事人不予撤销原因，并告知当事人可以向人民法院请求撤销婚姻。

第五十三条　除受胁迫结婚之外，以任何理由请求宣告婚姻无效或者撤销婚姻的，婚姻登记机关不予受理。

第六章　离婚登记

第五十四条　离婚登记按照初审—受理—审查—登记（发证）的程序办理。

第五十五条　受理离婚登记申请的条件是：

（一）婚姻登记处具有管辖权；

（二）要求离婚的夫妻双方共同到婚姻登记处提出申请；

（三）双方均具有完全民事行为能力；

（四）当事人持有离婚协议书，协议书中载明双方自愿离婚的意思表示以及对子女抚养、财产及债务处理等事项协商一致的意见；

（五）当事人持有内地婚姻登记机关或者中国驻外使（领）馆颁发的结婚证；

（六）当事人各提交2张2寸单人近期半身免冠照片；

（七）当事人持有本规范第二十九条至第三十五条规定的有效身份证件。

第五十六条　婚姻登记员受理离婚登记申请，应当按照下列程序进行：

（一）分开询问当事人的离婚意愿，以及对离婚协议内容的意愿，并进行笔录，笔录当事人阅后签名。

（二）查验本规范第五十五条规定的证件和材料。申请办理离婚登记的当事人有一本结婚证丢失的，当事人应当书面声明遗失，婚姻登记机关可以根据另一本结婚证办理离婚登记；申请办理离婚登记的当事人两本结婚证都丢失的，当事人应当书面声明结婚证遗失并提供加盖查档专用章的结婚登记档案复印件，婚姻登记机关可根据当事人提供的上述材料办理离婚登记。

（三）双方自愿离婚且对子女抚养、财产及债务处理等事项协商一致的，

双方填写《申请离婚登记声明书》;

《申请离婚登记声明书》中“声明人”一栏的签名必须由声明人在监誓人面前完成并按指纹;

婚姻登记员作监誓人并在监誓人一栏签名。

(四)夫妻双方应当在离婚协议上现场签名;婚姻登记员可以在离婚协议书上加盖“此件与存档件一致,涂改无效。××××婚姻登记处××年××月××日”的长方形印章。协议书夫妻双方各一份,婚姻登记处存档一份。当事人因离婚协议书遗失等原因,要求婚姻登记机关复印其离婚协议书的,按照《婚姻登记档案管理办法》的规定查阅婚姻登记档案。

离婚登记完成后,当事人要求更换离婚协议书或变更离婚协议内容的,婚姻登记机关不予受理。

第五十七条　婚姻登记员对当事人提交的证件、《申请离婚登记声明书》、离婚协议书进行审查,符合离婚条件的,填写《离婚登记审查处理表》和离婚证。

《离婚登记审查处理表》和离婚证分别参照本规范第三十八条、第三十九条规定填写。

第五十八条　婚姻登记员在完成离婚证填写后,应当进行认真核对、检查。对打印或者书写错误、证件被污染或者损坏的,应当将证件报废处理,重新填写。

第五十九条　颁发离婚证,应当在当事人双方均在场时按照下列步骤进行:

(一)向当事人双方询问核对姓名、出生日期、离婚意愿;

(二)见证当事人本人亲自在《离婚登记审查处理表》“当事人领证签名并按指纹”一栏中签名并按指纹;

“当事人领证签名并按指纹”一栏不得空白,不得由他人代为填写、代按指纹;

(三)在当事人的结婚证上加盖条型印章,其中注明“双方离婚,证件失效。××婚姻登记处”。注销后的结婚证复印存档,原件退还当事人;

(四)将离婚证颁发给离婚当事人。

第六十条　婚姻登记员每办完一对离婚登记,应当依照《婚姻登记档案管理办法》,对应当存档的材料进行整理、保存,不得出现原始材料丢失、损毁情况。

第六十一条　婚姻登记机关对不符合离婚登记条件的，不予受理。当事人要求出具《不予办理离婚登记告知书》的，应当出具。

第七章　补领婚姻登记证

第六十二条　当事人遗失、损毁婚姻登记证，可以向原办理该婚姻登记的机关或者一方常住户口所在地的婚姻登记机关申请补领。有条件的省份，可以允许本省居民向本辖区内负责内地居民婚姻登记的机关申请补领婚姻登记证。

第六十三条　婚姻登记机关为当事人补发结婚证、离婚证，应当按照初审—受理—审查—发证程序进行。

第六十四条　受理补领结婚证、离婚证申请的条件是：

（一）婚姻登记处具有管辖权；

（二）当事人依法登记结婚或者离婚，现今仍然维持该状况；

（三）当事人持有本规范第二十九条至第三十五条规定的身份证件；

（四）当事人亲自到婚姻登记处提出申请，填写《申请补领婚姻登记证声明书》。

当事人因故不能到婚姻登记处申请补领婚姻登记证的，有档案可查且档案信息与身份信息一致的，可以委托他人办理。委托办理应当提交当事人的户口簿、身份证和经公证机关公证的授权委托书。委托书应当写明当事人姓名、身份证件号码、办理婚姻登记的时间及承办机关、目前的婚姻状况、委托事由、受委托人的姓名和身份证件号码。受委托人应当同时提交本人的身份证件。

当事人结婚登记档案查找不到的，当事人应当提供充分证据证明婚姻关系，婚姻登记机关经过严格审查，确认当事人存在婚姻关系的，可以为其补领结婚证。

第六十五条　婚姻登记员受理补领婚姻登记证申请，应当按照下列程序进行：

（一）查验本规范第六十四条规定的相应证件和证明材料；

（二）当事人填写《申请补领婚姻登记证声明书》，《申请补领婚姻登记证声明书》中“声明人”一栏的签名必须由声明人在监誓人面前完成并按指纹；

（三）婚姻登记员作监誓人并在监誓人一栏签名；

（四）申请补领结婚证的，双方当事人提交3张2寸双方近期半身免冠合影照片；申请补领离婚证的当事人提交2张2寸单人近期半身免冠照片。

第六十六条　婚姻登记员对当事人提交的证件、证明进行审查，符合补发条件的，填写《补发婚姻登记证审查处理表》和婚姻登记证。《补发婚姻登记证审查处理表》参照本规范第三十八条规定填写。

第六十七条　补发婚姻登记证时，应当向当事人询问核对姓名、出生日期，见证当事人本人亲自在《补发婚姻登记证审查处理表》“当事人领证签名并按指纹”一栏中签名并按指纹，将婚姻登记证发给当事人。

第六十八条　当事人的户口簿上以曾用名的方式反映姓名变更的，婚姻登记机关可以采信。

当事人办理结婚登记时未达到法定婚龄，通过非法手段骗取婚姻登记，其在申请补领时仍未达法定婚龄的，婚姻登记机关不得补发结婚证；其在申请补领时已达法定婚龄的，当事人应对结婚登记情况作出书面说明，婚姻登记机关补发的结婚证登记日期为当事人达到法定婚龄之日。

第六十九条　当事人办理过结婚登记，申请补领时的婚姻状况因离婚或丧偶发生改变的，不予补发结婚证；当事人办理过离婚登记的，申请补领时的婚姻状况因复婚发生改变的，不予补发离婚证。

第七十条　婚姻登记机关对不具备补发结婚证、离婚证受理条件的，不予受理。

第八章　监督与管理

第七十一条　各级民政部门应当建立监督检查制度，定期对本级民政部门设立的婚姻登记处和下级婚姻登记机关进行监督检查。

第七十二条　婚姻登记机关及其婚姻登记员有下列行为之一的，对直接负责的主管人员和其他直接责任人员依法给予行政处分：

（一）为不符合婚姻登记条件的当事人办理婚姻登记的；

（二）违反程序规定办理婚姻登记、发放婚姻登记证、撤销婚姻的；

（三）要求当事人提交《婚姻登记条例》和本规范规定以外的证件材

料的；

（四）擅自提高收费标准或者增加收费项目的；

（五）玩忽职守造成婚姻登记档案损毁的；

（六）购买使用伪造婚姻证书的；

（七）违反规定应用婚姻登记信息系统的。

第七十三条 婚姻登记员违反规定办理婚姻登记，给当事人造成严重后果的，应当由婚姻登记机关承担对当事人的赔偿责任，并对承办人员进行追偿。

第七十四条 婚姻登记证使用单位不得使用非上级民政部门提供的婚姻登记证。各级民政部门发现本行政区域内有使用非上级民政部门提供的婚姻登记证的，应当予以没收，并追究相关责任人的法律责任和行政责任。

第七十五条 婚姻登记机关发现婚姻登记证有质量问题时，应当及时书面报告省级人民政府民政部门或者国务院民政部门。

第七十六条 人民法院作出与婚姻相关的判决、裁定和调解后，当事人将生效司法文书送婚姻登记机关的，婚姻登记机关应当将司法文书复印件存档并将相关信息录入婚姻登记信息系统。

婚姻登记机关应当加强与本地区人民法院的婚姻信息共享工作，完善婚姻信息数据库。

第九章 附 则

第七十七条 本规范规定的当事人无配偶声明或者证明，自出具之日起6个月内有效。

第七十八条 县级或县级以上人民政府民政部门办理婚姻登记的，“结婚证字号”填写式样为“Jaaaaaa－bbbb－cccccc”（其中“aaaaaa”为6位行政区划代码，“bbbb”为当年年号，“cccccc”为当年办理婚姻登记的序号）。“离婚证字号”开头字符为“L”。“补发结婚证字号”开头字符为“BJ”。“补发离婚证字号”开头字符为“BL”。

县级人民政府民政部门设立多个婚姻登记巡回点的，由县级人民政府民政部门明确字号使用规则，规定各登记点使用号段。

乡（镇）人民政府办理婚姻登记的，行政区划代码由6位改为9位（在县级区划代码后增加三位乡镇代码)，其他填写方法与上述规定一致。

对为方便人民群众办理婚姻登记、在行政区划单位之外设立的婚姻登记机关，其行政区划代码由省级人民政府民政部门按照前四位取所属地级市行政区划代码前四位，五六位为序号(从61开始，依次为62、63、……、99)的方式统一编码。

第七十九条　当事人向婚姻登记机关提交的“本人无配偶证明”等材料是外国语言文字的，应当翻译成中文。当事人未提交中文译文的，视为未提交该文件。婚姻登记机关可以接受中国驻外国使领馆或有资格的翻译机构出具的翻译文本。

第八十条　本规范自2016年2月1日起实施。

附件：

1. 申请结婚登记声明书
2. 结婚登记审查处理表
3. 申请补办结婚登记声明书
4. 不予办理结婚登记告知书
5. 撤销婚姻申请书
6. 关于撤销×××与×××婚姻的决定
7. 申请离婚登记声明书
8. 离婚登记审查处理表
9. 不予办理离婚登记告知书
10. 申请补领婚姻登记证声明书
11. 补发婚姻登记证审查处理表

(以上附件略，请查询民政部网站)

家庭寄养管理办法

（2014年9月24日民政部令第54号公布
自2014年12月1日起施行）

第一章　总　　则

第一条　为了规范家庭寄养工作，促进寄养儿童身心健康成长，根据《中华人民共和国未成年人保护法》和国家有关规定，制定本办法。

第二条　本办法所称家庭寄养，是指经过规定的程序，将民政部门监护的儿童委托在符合条件的家庭中养育的照料模式。

第三条　家庭寄养应当有利于寄养儿童的抚育、成长，保障寄养儿童的合法权益不受侵犯。

第四条　国务院民政部门负责全国家庭寄养监督管理工作。

县级以上地方人民政府民政部门负责本行政区域内家庭寄养监督管理工作。

第五条　县级以上地方人民政府民政部门设立的儿童福利机构负责家庭寄养工作的组织实施。

第六条　县级以上人民政府民政部门应当会同有关部门采取措施，鼓励、支持符合条件的家庭参与家庭寄养工作。

第二章　寄养条件

第七条　未满十八周岁、监护权在县级以上地方人民政府民政部门的孤儿、查找不到生父母的弃婴和儿童，可以被寄养。

需要长期依靠医疗康复、特殊教育等专业技术照料的重度残疾儿童，不宜安排家庭寄养。

第八条　寄养家庭应当同时具备下列条件：

（一）有儿童福利机构所在地的常住户口和固定住所。寄养儿童入住后，人均居住面积不低于当地人均居住水平；

（二）有稳定的经济收入，家庭成员人均收入在当地处于中等水平以上；

（三）家庭成员未患有传染病或者精神疾病，以及其他不利于寄养儿童抚育、成长的疾病；

（四）家庭成员无犯罪记录，无不良生活嗜好，关系和睦，与邻里关系融洽；

（五）主要照料人的年龄在三十周岁以上六十五周岁以下，身体健康，具有照料儿童的能力、经验，初中以上文化程度。

具有社会工作、医疗康复、心理健康、文化教育等专业知识的家庭和自愿无偿奉献爱心的家庭，同等条件下优先考虑。

第九条　每个寄养家庭寄养儿童的人数不得超过二人，且该家庭无未满六周岁的儿童。

第十条　寄养残疾儿童，应当优先在具备医疗、特殊教育、康复训练条件的社区中为其选择寄养家庭。

第十一条　寄养年满十周岁以上儿童的，应当征得寄养儿童的同意。

第三章　寄养关系的确立

第十二条　确立家庭寄养关系，应当经过以下程序：

（一）申请。拟开展寄养的家庭应当向儿童福利机构提出书面申请，并提供户口簿、身份证复印件，家庭经济收入和住房情况、家庭成员健康状况以及一致同意申请等证明材料；

（二）评估。儿童福利机构应当组织专业人员或者委托社会工作服务机构等第三方专业机构对提出申请的家庭进行实地调查，核实申请家庭是否具备寄养条件和抚育能力，了解其邻里关系、社会交往、有无犯罪记录、社区环境等情况，并根据调查结果提出评估意见；

（三）审核。儿童福利机构应当根据评估意见对申请家庭进行审核，确定后报主管民政部门备案；

（四）培训。儿童福利机构应当对寄养家庭主要照料人进行培训；

（五）签约。儿童福利机构应当与寄养家庭主要照料人签订寄养协议，明确寄养期限、寄养双方的权利义务、寄养家庭的主要照料人、寄养融合期限、违约责任及处理等事项。家庭寄养协议自双方签字（盖章）之日起生效。

第十三条　寄养家庭应当履行下列义务：

（一）保障寄养儿童人身安全，尊重寄养儿童人格尊严；

（二）为寄养儿童提供生活照料，满足日常营养需要，帮助其提高生活自理能力；

（三）培养寄养儿童健康的心理素质，树立良好的思想道德观念；

（四）按照国家规定安排寄养儿童接受学龄前教育和义务教育。负责与学校沟通，配合学校做好寄养儿童的学校教育；

（五）对患病的寄养儿童及时安排医治。寄养儿童发生急症、重症等情况时，应当及时进行医治，并向儿童福利机构报告；

（六）配合儿童福利机构为寄养的残疾儿童提供辅助矫治、肢体功能康复训练、聋儿语言康复训练等方面的服务；

（七）配合儿童福利机构做好寄养儿童的送养工作；

（八）定期向儿童福利机构反映寄养儿童的成长状况，并接受其探访、培训、监督和指导；

（九）及时向儿童福利机构报告家庭住所变更情况；

（十）保障寄养儿童应予保障的其他权益。

第十四条　儿童福利机构主要承担以下职责：

（一）制定家庭寄养工作计划并组织实施；

（二）负责寄养家庭的招募、调查、审核和签约；

（三）培训寄养家庭中的主要照料人，组织寄养工作经验交流活动；

（四）定期探访寄养儿童，及时处理存在的问题；

（五）监督、评估寄养家庭的养育工作；

（六）建立家庭寄养服务档案并妥善保管；

（七）根据协议规定发放寄养儿童所需款物；

（八）向主管民政部门及时反映家庭寄养工作情况并提出建议。

第十五条　寄养协议约定的主要照料人不得随意变更。确需变更的，应当经儿童福利机构同意，经培训后在家庭寄养协议主要照料人一栏中变更。

第十六条　寄养融合期的时间不得少于六十日。

第十七条　寄养家庭有协议约定的事由在短期内不能照料寄养儿童的，儿童福利机构应当为寄养儿童提供短期养育服务。短期养育服务时间一般不超过三十日。

第十八条　寄养儿童在寄养期间不办理户口迁移手续，不改变与民政部门的监护关系。

第四章　寄养关系的解除

第十九条　寄养家庭提出解除寄养关系的，应当提前一个月向儿童福利机构书面提出解除寄养关系的申请，儿童福利机构应当予以解除。但在融合期内提出解除寄养关系的除外。

第二十条　寄养家庭有下列情形之一的，儿童福利机构应当解除寄养关系：

（一）寄养家庭及其成员有歧视、虐待寄养儿童行为的；

（二）寄养家庭成员的健康、品行不符合本办法第八条第（三）和（四）项规定的；

（三）寄养家庭发生重大变故，导致无法履行寄养义务的；

（四）寄养家庭变更住所后不符合本办法第八条规定的；

（五）寄养家庭借机对外募款敛财的；

（六）寄养家庭不履行协议约定的其他情形。

第二十一条　寄养儿童有下列情形之一的，儿童福利机构应当解除寄养关系：

（一）寄养儿童与寄养家庭关系恶化，确实无法共同生活的；

（二）寄养儿童依法被收养、被亲生父母或者其他监护人认领的；

（三）寄养儿童因就医、就学等特殊原因需要解除寄养关系的。

第二十二条　解除家庭寄养关系，儿童福利机构应当以书面形式通知寄养家庭，并报其主管民政部门备案。家庭寄养关系的解除以儿童福利机构批准时间为准。

第二十三条　儿童福利机构拟送养寄养儿童时，应当在报送被送养人材料的同时通知寄养家庭。

第二十四条 家庭寄养关系解除后,儿童福利机构应当妥善安置寄养儿童,并安排社会工作、医疗康复、心理健康教育等专业技术人员对其进行辅导、照料。

第二十五条 符合收养条件、有收养意愿的寄养家庭,可以依法优先收养被寄养儿童。

第五章 监督管理

第二十六条 县级以上地方人民政府民政部门对家庭寄养工作负有以下监督管理职责:

(一)制定本地区家庭寄养工作政策;

(二)指导、检查本地区家庭寄养工作;

(三)负责寄养协议的备案,监督寄养协议的履行;

(四)协调解决儿童福利机构与寄养家庭之间的争议;

(五)与有关部门协商,及时处理家庭寄养工作中存在的问题。

第二十七条 开展跨县级或者设区的市级行政区域的家庭寄养,应当经过共同上一级人民政府民政部门同意。

不得跨省、自治区、直辖市开展家庭寄养。

第二十八条 儿童福利机构应当聘用具有社会工作、医疗康复、心理健康教育等专业知识的专职工作人员。

第二十九条 家庭寄养经费,包括寄养儿童的养育费用补贴、寄养家庭的劳务补贴和寄养工作经费等。

寄养儿童养育费用补贴按照国家有关规定列支。寄养家庭劳务补贴、寄养工作经费等由当地人民政府予以保障。

第三十条 家庭寄养经费必须专款专用,儿童福利机构不得截留或者挪用。

第三十一条 儿童福利机构可以依法通过与社会组织合作、通过接受社会捐赠获得资助。

与境外社会组织或者个人开展同家庭寄养有关的合作项目,应当按照有关规定办理手续。

第六章　法 律 责 任

第三十二条　寄养家庭不履行本办法规定的义务，或者未经同意变更主要照料人的，儿童福利机构可以督促其改正，情节严重的，可以解除寄养协议。

寄养家庭成员侵害寄养儿童的合法权益，造成人身财产损害的，依法承担民事责任；构成犯罪的，依法追究刑事责任。

第三十三条　儿童福利机构有下列情形之一的，由设立该机构的民政部门进行批评教育，并责令改正；情节严重的，对直接负责的主管人员和其他直接责任人员依法给予处分：

（一）不按照本办法的规定承担职责的；

（二）在办理家庭寄养工作中牟取利益，损害寄养儿童权益的；

（三）玩忽职守导致寄养协议不能正常履行的；

（四）跨省、自治区、直辖市开展家庭寄养，或者未经上级部门同意擅自开展跨县级或者设区的市级行政区域家庭寄养的；

（五）未按照有关规定办理手续，擅自与境外社会组织或者个人开展家庭寄养合作项目的。

第三十四条　县级以上地方人民政府民政部门不履行家庭寄养工作职责，由上一级人民政府民政部门责令其改正。情节严重的，对直接负责的主管人员和其他直接责任人员依法给予处分。

第七章　附　　则

第三十五条　对流浪乞讨等生活无着未成年人承担临时监护责任的未成年人救助保护机构开展家庭寄养，参照本办法执行。

第三十六条　尚未设立儿童福利机构的，由县级以上地方人民政府民政部门负责本行政区域内家庭寄养的组织实施，具体工作参照本办法执行。

第三十七条　本办法自2014年12月1日起施行，2003年颁布的《家庭寄养管理暂行办法》（民发〔2003〕144号）同时废止。

中国边民与毗邻国边民婚姻登记办法

（2012年8月8日民政部令第45号公布
自2012年10月1日起施行）

第一条　为规范边民婚姻登记工作，保护婚姻当事人的合法婚姻权益，根据《中华人民共和国婚姻法》、《婚姻登记条例》，制定本办法。

第二条　本办法所称边民是指中国与毗邻国边界线两侧县级行政区域内有当地常住户口的中国公民和外国人。中国与毗邻国就双方国家边境地区和边民的范围达成有关协议的，适用协议的规定。

第三条　本办法适用于中国边民与毗邻国边民在中国边境地区办理婚姻登记。

第四条　边民办理婚姻登记的机关是边境地区县级人民政府民政部门。

边境地区婚姻登记机关应当按照便民原则在交通不便的乡（镇）巡回登记。

第五条　中国边民与毗邻国边民在中国边境地区结婚，男女双方应当共同到中国一方当事人常住户口所在地的婚姻登记机关办理结婚登记。

第六条　办理结婚登记的中国边民应当出具下列证件、证明材料：

（一）本人的居民户口簿、居民身份证；

（二）本人无配偶以及与对方当事人没有直系血亲和三代以内旁系血亲关系的签字声明。

办理结婚登记的毗邻国边民应当出具下列证明材料：

（一）能够证明本人边民身份的有效护照、国际旅行证件或者边境地区出入境通行证件；

（二）所在国公证机构或者有权机关出具的、经中华人民共和国驻该国使（领）馆认证或者该国驻华使（领）馆认证的本人无配偶的证明，或者所在国驻华使(领)馆出具的本人无配偶的证明,或者由毗邻国边境地区与中国乡(镇)人民政府同级的政府出具的本人无配偶证明。

第七条 办理结婚登记的当事人有下列情形之一的,婚姻登记机关不予登记:

(一)未到中国法定结婚年龄的;

(二)非双方自愿的;

(三)一方或者双方已有配偶的;

(四)属于直系血亲或者三代以内旁系血亲的;

(五)患有医学上认为不应当结婚的疾病的。

第八条 婚姻登记机关应当对结婚登记当事人出具的证件、证明材料进行审查并询问相关情况,对当事人符合结婚条件的,应当当场予以登记,发给结婚证。对当事人不符合结婚条件不予登记的,应当向当事人说明理由。

第九条 男女双方补办结婚登记的,适用本办法关于结婚登记的规定。

第十条 未到婚姻登记机关办理结婚登记以夫妻名义同居生活的,不成立夫妻关系。

第十一条 因受胁迫结婚的,受胁迫的边民可以依据《中华人民共和国婚姻法》第十一条的规定向婚姻登记机关请求撤销其婚姻。受胁迫方应当出具下列证件、证明材料:

(一)本人的身份证件;

(二)结婚证;

(三)要求撤销婚姻的书面申请;

(四)公安机关出具或者人民法院作出的能够证明当事人被胁迫结婚的证明材料。

受胁迫方为毗邻国边民的,其身份证件包括能够证明边民身份的有效护照、国际旅行证件或者边境地区出入境通行证件。

婚姻登记机关经审查认为受胁迫结婚的情况属实且不涉及子女抚养、财产及债务问题的,应当撤销该婚姻,宣告结婚证作废。

第十二条 中国边民与毗邻国边民在中国边境地区自愿离婚的,应当共同到中国边民常住户口所在地的婚姻登记机关办理离婚登记。

第十三条 办理离婚登记的双方当事人应当出具下列证件、证明材料:

(一)本人的结婚证;

（二）双方当事人共同签署的离婚协议书。

除上述材料外，办理离婚登记的中国边民还需要提供本人的居民户口簿和居民身份证，毗邻国边民还需要提供能够证明边民身份的有效护照、国际旅行证件或者边境地区出入境通行证件。

离婚协议书应当载明双方当事人自愿离婚的意思表示以及对子女抚养、财产及债务处理等事项协商一致的意见。

第十四条 办理离婚登记的当事人有下列情形之一的，婚姻登记机关不予受理：

（一）未达成离婚协议的；

（二）属于无民事行为能力或者限制民事行为能力人的；

（三）其结婚登记不是在中国内地办理的。

第十五条 婚姻登记机关应当对离婚登记当事人出具的证件、证明材料进行审查并询问相关情况。对当事人确属自愿离婚，并已对子女抚养、财产、债务等问题达成一致处理意见的，应当当场予以登记，发给离婚证。

第十六条 离婚的男女双方自愿恢复夫妻关系的，应当到婚姻登记机关办理复婚登记。复婚登记适用本办法关于结婚登记的规定。

第十七条 结婚证、离婚证遗失或者损毁的，中国边民可以持居民户口簿、居民身份证，毗邻国边民可以持能够证明边民身份的有效护照、国际旅行证件或者边境地区出入境通行证向原办理婚姻登记的机关或者中国一方当事人常住户口所在地的婚姻登记机关申请补领。婚姻登记机关对当事人的婚姻登记档案进行查证，确认属实的，应当为当事人补发结婚证、离婚证。

第十八条 本办法自2012年10月1日起施行。1995年颁布的《中国与毗邻国边民婚姻登记管理试行办法》（民政部令第1号）同时废止。

婚姻登记档案管理办法

（2006年1月23日民政部、国家档案局令第32号公布施行）

第一条　为规范婚姻登记档案管理，维护婚姻当事人的合法权益，根据《中华人民共和国档案法》和《婚姻登记条例》，制定本办法。

第二条　婚姻登记档案是婚姻登记机关在办理结婚登记、撤销婚姻、离婚登记、补发婚姻登记证的过程中形成的具有凭证作用的各种记录。

第三条　婚姻登记主管部门对婚姻登记档案工作实行统一领导，分级管理，并接受同级地方档案行政管理部门的监督和指导。

第四条　婚姻登记机关应当履行下列档案工作职责：

（一）及时将办理完毕的婚姻登记材料收集、整理、归档；

（二）建立健全各项规章制度，确保婚姻登记档案的齐全完整；

（三）采用科学的管理方法，提高婚姻登记档案的保管水平；

（四）办理查档服务，出具婚姻登记记录证明，告知婚姻登记档案的存放地；

（五）办理婚姻登记档案的移交工作。

第五条　办理结婚登记（含复婚、补办结婚登记，下同）形成的下列材料应当归档：

（一）《结婚登记审查处理表》；

（二）《申请结婚登记声明书》或者《申请补办结婚登记声明书》；

（三）香港特别行政区居民、澳门特别行政区居民、台湾地区居民、出国人员、华侨以及外国人提交的《婚姻登记条例》第五条规定的各种证明材料（含翻译材料）；

（四）当事人身份证件（从《婚姻登记条例》第五条规定，下同）复印件；

（五）其他有关材料。

第六条　办理撤销婚姻形成的下列材料应当归档：

（一）婚姻登记机关关于撤销婚姻的决定；

（二）《撤销婚姻申请书》；

（三）当事人的结婚证原件；

（四）公安机关出具的当事人被拐卖、解救证明，或人民法院作出的能够证明当事人被胁迫结婚的判决书；

（五）当事人身份证件复印件；

（六）其他有关材料。

第七条　办理离婚登记形成的下列材料应当归档：

（一）《离婚登记审查处理表》；

（二）《申请离婚登记声明书》；

（三）当事人结婚证复印件；

（四）当事人离婚协议书；

（五）当事人身份证件复印件；

（六）其他有关材料。

第八条　办理补发婚姻登记证形成的下列材料应当归档：

（一）《补发婚姻登记证审查处理表》；

（二）《申请补领婚姻登记证声明书》；

（三）婚姻登记档案保管部门出具的婚姻登记档案记录证明或其他有关婚姻状况的证明；

（四）当事人身份证件复印件；

（五）当事人委托办理时提交的经公证机关公证的当事人身份证件复印件和委托书，受委托人本人的身份证件复印件；

（六）其他有关材料。

第九条　婚姻登记档案按照年度——婚姻登记性质分类。婚姻登记性质分为结婚登记类、撤销婚姻类、离婚登记类和补发婚姻登记证类四类。

人民法院宣告婚姻无效或者撤销婚姻的判决书副本归入撤销婚姻类档案。

婚姻无效或者撤销婚姻的，应当在当事人原婚姻登记档案的《结婚登记审查处理表》的“备注”栏中注明有关情况及相应的撤销婚姻类档案的档号。

第十条　婚姻登记材料的立卷归档应当遵循下列原则与方法：

（一）婚姻登记材料按照年度归档。

（二）一对当事人婚姻登记材料组成一卷。

（三）卷内材料分别按照本办法第五、六、七、八条规定的顺序排列。

（四）以有利于档案保管和利用的方法固定案卷。

（五）按本办法第九条的规定对案卷进行分类，并按照办理婚姻登记的时间顺序排列。

（六）在卷内文件首页上端的空白处加盖归档章（见附件1），并填写有关内容。归档章设置全宗号、年度、室编卷号、馆编卷号和页数等项目。

全宗号：档案馆给立档单位编制的代号。

年度：案卷的所属年度。

室编卷号：案卷排列的顺序号，每年每个类别分别从"1"开始标注。

馆编卷号：档案移交时按进馆要求编制。

页数：卷内材料有文字的页面数。

（七）按室编卷号的顺序将婚姻登记档案装入档案盒，并填写档案盒封面、盒脊和备考表的项目。

档案盒封面应标明全宗名称和婚姻登记处名称（见附件2）。

档案盒盒脊设置全宗号、年度、婚姻登记性质、起止卷号和盒号等项目（见附件3）。其中，起止卷号填写盒内第一份案卷和最后一份案卷的卷号，中间用"－"号连接；盒号即档案盒的排列顺序号，在档案移交时按进馆要求编制。

备考表置于盒内，说明本盒档案的情况，并填写整理人、检查人和日期（见附件4）。

（八）按类别分别编制婚姻登记档案目录（见附件5）。

（九）每年的婚姻登记档案目录加封面后装订成册，一式三份，并编制目录号（见附件6）。

第十一条　婚姻登记材料的归档要求：

（一）当年的婚姻登记材料应当在次年的3月31日前完成立卷归档；

（二）归档的婚姻登记材料必须齐全完整，案卷规范、整齐，复印件一律使用A4规格的复印纸，复印件和照片应当图像清晰；

（三）归档章、档案盒封面、盒脊、备考表等项目，使用蓝黑墨水或碳素墨水钢笔填写；婚姻登记档案目录应当打印；备考表和档案目录一律使用A4

规格纸张。

第十二条 使用计算机办理婚姻登记所形成的电子文件，应当与纸质文件一并归档，归档要求参照《电子文件归档与管理规范》(GB/T 18894-2002)。

第十三条 婚姻登记档案的保管期限为100年。对有继续保存价值的可以延长保管期限直至永久。

第十四条 婚姻登记档案应当按照下列规定进行移交：

(一)县级(含)以上地方人民政府民政部门形成的婚姻登记档案，应当在本单位档案部门保管一定时期后向同级国家档案馆移交，具体移交时间由双方商定。

(二)具有办理婚姻登记职能的乡(镇)人民政府形成的婚姻登记档案应当向乡(镇)档案部门移交，具体移交时间从乡(镇)的规定。

乡(镇)人民政府应当将每年的婚姻登记档案目录副本向上一级人民政府民政部门报送。

(三)被撤销或者合并的婚姻登记机关的婚姻登记档案应当按照前两款的规定及时移交。

第十五条 婚姻登记档案的利用应当遵守下列规定：

(一)婚姻登记档案保管部门应当建立档案利用制度，明确办理程序，维护当事人的合法权益；

(二)婚姻登记机关可以利用本机关移交的婚姻登记档案；

(三)婚姻当事人持有合法身份证件，可以查阅本人的婚姻登记档案；婚姻当事人因故不能亲自前往查阅的，可以办理授权委托书，委托他人代为办理，委托书应当经公证机关公证；

(四)人民法院、人民检察院、公安和安全部门为确认当事人的婚姻关系，持单位介绍信可以查阅婚姻登记档案；律师及其他诉讼代理人在诉讼过程中，持受理案件的法院出具的证明材料及本人有效证件可以查阅与诉讼有关的婚姻登记档案；

(五)其他单位、组织和个人要求查阅婚姻登记档案的，婚姻登记档案保管部门在确认其利用目的合理的情况下，经主管领导审核，可以利用；

(六)利用婚姻登记档案的单位、组织和个人，不得公开婚姻登记档案的内容，不得损害婚姻登记当事人的合法权益；

（七）婚姻登记档案不得外借，仅限于当场查阅；复印的婚姻登记档案需加盖婚姻登记档案保管部门的印章方为有效。

第十六条 婚姻登记档案的鉴定销毁应当符合下列要求：

（一）婚姻登记档案保管部门对保管期限到期的档案要进行价值鉴定，对无保存价值的予以销毁，但婚姻登记档案目录应当永久保存。

（二）对销毁的婚姻登记档案应当建立销毁清册，载明销毁档案的时间、种类和数量，并永久保存。

（三）婚姻登记档案保管部门应当派人监督婚姻登记档案的销毁过程，确保销毁档案没有漏销或者流失，并在销毁清册上签字。

第十七条 本办法由民政部负责解释。

第十八条 本办法自公布之日起施行。

附件：（略）

收养登记档案管理暂行办法

（2003年12月17日民政部、国家档案局公布 根据2020年10月20日民政部公告第490号《关于修改部分规范性文件的公告》修正）

第一条 为了加强收养登记档案的规范化管理，更好地为收养工作服务，根据《中华人民共和国民法典》、《中华人民共和国档案法》、《中国公民收养子女登记办法》、《外国人在中华人民共和国收养子女登记办法》、《华侨以及居住在香港、澳门、台湾地区的中国公民办理收养登记的管辖以及所需要出具的证件和证明材料的规定》等法律、法规，制定本办法。

第二条 收养登记档案是指收养登记机关在依法办理收养登记过程中形成的记载收养当事人收养情况、具有保存价值的各种文字、图表、声像等不同形式的历史记录。

收养登记档案是各级民政部门全部档案的重要组成部分。

第三条　收养登记档案由各级民政部门实行集中统一管理，任何个人不得据为己有。

第四条　收养登记档案工作在业务上接受上级民政部门和同级档案行政管理部门的指导、监督和检查。

第五条　收养登记文件材料的归档范围是：

（一）成立收养关系登记材料：

1. 收养登记申请书；

2. 询问笔录；

3. 收养登记审批表；

4. 《中国公民收养子女登记办法》第五、六条，《华侨以及居住在香港、澳门、台湾地区的中国公民办理收养登记的管辖以及所需要出具的证件和证明材料的规定》第三、四、五、六、七条，《外国人在中华人民共和国收养子女登记办法》第十条规定的各项证明材料；

5. 收养登记证复印件；

6. 收养协议；

7. 其他有关材料。

（二）解除收养关系登记材料：

1. 《中国公民收养子女登记办法》第九条规定的各项证明材料；

2. 解除收养关系证明复印件；

3. 其他有关材料。

（三）撤销收养登记材料：

1. 收缴的收养登记证或者因故无法收缴收养登记证而出具的相关证明材料；

2. 其他有关材料。

第六条　收养登记文件材料的归档应当符合以下要求：

（一）凡应当归档的文件材料必须齐全完整。

（二）归档的文件材料中有照片或复印件的，应当图像清晰。

（三）在收养登记工作中形成的电子文件，应当按照《电子文件归档和管理规范》（GB/T 18894－2002）进行整理归档，同时应当打印出纸质文件一并归档。

（四）收养登记文件材料应当在登记手续办理完毕后60日内归档。

（五）归档的文件材料除居民身份证、户籍证明、回乡证、旅行证件、护照等身份证明和收养登记证为原件的复印件外，其余均为原件。

第七条　收养登记文件材料的整理应当符合以下规则：

（一）成立收养关系登记类文件材料、解除收养关系登记类文件材料和撤销收养登记类文件材料均以卷为单位整理编号，一案一卷。

（二）每卷收养登记文件材料按照以下顺序排列：

1. 文件目录；
2. 收养登记申请书；
3. 询问笔录；
4. 收养登记审批表；
5. 撤销收养登记材料；
6. 收养人证明材料；
7. 被收养人证明材料；
8. 送养人证明材料；
9. 其他有关材料；
10. 备考表。

第八条　收养登记档案的分类和类目设置为：

收养登记档案一般按照年度—国籍（居住地）—收养登记性质来分类。其中，国籍（居住地）分为内地（大陆）公民，华侨，居住在香港、澳门、台湾地区的中国公民，外国人等类别；收养登记性质分为成立收养关系登记类、解除收养关系登记类和撤销收养登记类。

第九条　收养登记档案的保管期限为永久。

第十条　收养登记档案主要供收养登记管理机关使用；其他单位、组织或个人因特殊原因需要查借阅时，须经主管领导批准，并办理查借阅手续。

第十一条　对查借阅的档案严禁损毁、涂改、抽换、圈划、批注、污染等，如发生上述情况时，依据有关法律、法规进行处罚。

第十二条　档案管理人员要严格遵守《中华人民共和国档案法》和《中华人民共和国保守国家秘密法》的有关规定，严密保管档案，同时维护当事人的隐私权，不得泄露档案内容，未经批准不得擅自扩大查借阅范围。

第十三条　在办理外国人来华收养子女登记手续之前，形成的外国收养人档案,以及国内送养人和被送养人档案的管理由民政部另行规定。

第十四条　各省(自治区、直辖市)民政部门可根据当地实际情况制定本办法的具体实施细则。

第十五条　本办法自发布之日起施行。

附录三　典型案例

一方在结婚后将其婚前房产为另一方“加名”，离婚分割夫妻共同财产时，人民法院可以判决房屋归给予方所有，并综合考虑共同生活情况等因素合理补偿对方

——崔某某与陈某某离婚纠纷案①

【基本案情】

崔某某与陈某某(男)于2009年1月登记结婚。2009年2月，陈某某将其婚前购买的房屋转移登记至崔某某、陈某某双方名下。陈某某为再婚，与前妻育有一女陈某。崔某某与陈某某结婚时，陈某15岁，平时住校，周末及假期回家居住。崔某某与陈某某未生育子女。2020年，双方因家庭矛盾分居，崔某某提起本案诉讼，请求判决其与陈某某离婚，并由陈某某向其支付房屋折价款250万元。陈某某辩称，因崔某某与其女儿陈某关系紧张，超出其可忍受范围，双方感情已破裂，同意离婚。崔某某对房屋产权的取得没有贡献，而且，婚后陈某某的银行卡一直由崔某某保管，家庭开销均由陈某某负担，故只同意支付100万元补偿款。诉讼中，双方均认可案涉房屋市场价值600万元。

【裁判结果】

审理法院认为，崔某某与陈某某因生活琐事及与对方家人矛盾较深，以

---

①　摘自最高人民法院官网2025年1月15日，https://www.court.gov.cn/zixun/xiangqing/452761.html。下同。

致感情破裂，双方一致同意解除婚姻关系，与法不悖，予以准许。案涉房屋系陈某某婚前财产，陈某某于婚后为崔某某“加名”系对个人财产的处分，该房屋现登记为共同共有，应作为夫妻共同财产予以分割。至于双方争议的房屋分割比例，该房屋原为陈某某婚前个人财产，崔某某对房屋产权的取得无贡献，但考虑到双方婚姻已存续十余年，结合双方对家庭的贡献以及双方之间的资金往来情况，酌定崔某某可分得房屋折价款120万元。该判决作出后，双方均未提出上诉，判决已发生法律效力。

【典型意义】

根据民法典第1065条规定，男女双方可以约定婚姻关系存续期间所得的财产以及婚前财产归各自所有、共同所有或者部分各自所有、部分共同所有。夫妻对婚姻关系存续期间所得的财产以及婚前财产的约定，对双方具有法律约束力。婚姻关系存续期间，夫妻一方将其个人所有的婚前财产变更为夫妻共同所有，该种给予行为一般是以建立、维持婚姻关系的长久稳定并期望共同享有房产利益为基础。离婚分割夫妻共同财产时，应当根据诚实信用原则妥善平衡双方利益。本案中，双方共同生活时间较长，但婚后给予方负担了较多的家庭开销，人民法院综合考虑共同生活情况、双方对家庭的贡献、房屋市场价格等因素，判决房屋归给予方所有，并酌定给予方补偿对方120万元，既保护了给予方的财产权益，也肯定了接受方对家庭付出的价值，较为合理。

婚姻关系存续期间，一方父母将其房产转移登记至夫妻双方名下，离婚分割夫妻共同财产时，人民法院可以判决房屋归出资方子女所有，并综合考虑婚姻关系存续时间、共同生活情况等因素合理补偿对方

——范某某与许某某离婚纠纷案

【基本案情】

2019年12月，许某某（男）父母全款购买案涉房屋。2020年5月，范某某与许某某登记结婚。2021年8月，许某某父母将案涉房屋转移登记至范某某、许某某双方名下。范某某与许某某婚后未生育子女。2024年，因家庭矛盾较大，范某某提起本案诉讼，请求判决其与许某某离婚，并平均分割案涉房屋。许某某辩称，同意离婚，但该房屋是其父母全款购买，范某某无权分割。诉讼中，双方均认可案涉房屋市场价值为30万元。

【裁判结果】

审理法院认为，范某某起诉离婚，许某某同意离婚，视为夫妻感情确已破裂，故依法准予离婚。关于案涉房屋的分割，虽然该房屋所有权已在双方婚姻关系存续期间转移登记至范某某和许某某双方名下，属于夫妻共同财产。但考虑到该房屋系许某某父母基于范某某与许某某长期共同生活的目的进行赠与，而范某某与许某某婚姻关系存续时间较短，且无婚生子女，为妥善平衡双方当事人利益，故结合赠与目的、出资来源等事实，判决案涉房屋归许某某所有，同时参考房屋市场价格，酌定许某某补偿范某某7万元。

【典型意义】

根据民法典第1087条规定，离婚时，夫妻的共同财产由双方协议处理；协议不成的，由人民法院根据财产的具体情况，按照照顾子女、女方和无过错方权益的原则判决。婚姻关系存续期间，由一方父母全额出资购置的房屋转移登记至夫妻双方名下，离婚分割夫妻共同财产时，可以根据该财产的出资来源情况，判决该房屋归出资方子女所有，但需综合考虑共同生活及孕育共同子女情况、离婚过错、离婚时房屋市场价格等因素，确定是否由获得房屋一方对另一方予以补偿以及补偿的具体数额。本案中，人民法院综合考虑婚姻关系存续时间较短、未孕育共同子女、房屋市场价格等因素，判决房屋归出资方子女所有，并酌定出资方子女补偿对方7万元，既保护了父母的合理预期和财产权益，也肯定和鼓励了对家庭的投入和付出，较好地平衡了双方利益。

父母一方或者其近亲属等抢夺、藏匿未成年子女，另一方向人民法院申请人格权侵害禁令的，人民法院应予支持

——颜某某申请人格权侵害禁令案

【基本案情】

2015年，颜某某与罗某某（男）登记结婚。2022年7月，颜某某生育双胞胎子女罗大某（男）、罗小某（女）。罗大某、罗小某出生后，与颜某某、罗某某共同生活居住在A省。因家庭矛盾未能得到有效调和，2024年3月，罗某某及其父母、妹妹等人将罗大某强行带离上述住所并带至B省。此后，罗大某与罗某某的父母在B省共同生活居住。经多次沟通，罗某某均拒绝将罗大某送回。颜某某遂提起本案申请，请求法院裁定罗某某将罗大某送回原住所并禁止罗某某抢夺、藏匿未成年子女。

【裁判结果】

审理法院认为,父母对未成年子女抚养、教育和保护的权利是一种重要的身份权,抢夺行为严重侵害未成年子女的人格权益和父母另一方因履行监护职责产生的权利。颜某某以其对儿子罗大某的监护权受到侵害为由向人民法院申请禁令,人民法院依法应予受理并可以参照民法典第 997 条的规定进行审查。因抢夺子女形成的抚养状态,是一种非法的事实状态,不因时间的持续而合法化。该抢夺子女的行为强行改变未成年子女惯常的生活环境和亲人陪伴,不利于未成年人身心健康,严重伤害父母子女之间的亲子关系。人民法院裁定罗某某自收到裁定之日起七日内将罗大某送回原住所,并禁止罗某某实施抢夺、藏匿子女或擅自将子女带离住所等侵害颜某某监护权的行为。本案裁定发出后,人民法院组织对双方当事人开展家庭教育指导,并现场督促罗某某购买车票将罗大某从 B 省接回 A 省。

【典型意义】

解决分居状态下抢夺、藏匿未成年子女问题的前提是及时快速制止不法行为,尽量减少对未成年人的伤害。签发人格权侵害禁令,可以进行事先预防性保护,避免权利主体受到难以弥补的损害。民法典第 1001 条规定,对自然人因婚姻家庭关系等产生的身份权利的保护,在相关法律没有规定的情况下,可以根据其性质参照适用人格权保护的有关规定。父母对未成年子女抚养、教育和保护的权利是一种重要的身份权,人民法院针对抢夺、藏匿未成年子女行为参照适用民法典第 997 条规定签发禁令,能够快速让未成年子女恢复到原来的生活状态,是人格权保护事先预防大于事后赔偿基本理念的具体体现,对不法行为形成有力的法律震慑。

夫妻一方在婚姻关系存续期间违反忠实义务将夫妻共同财产赠与第三人的行为无效，另一方请求第三人全部返还的，人民法院应予支持

——崔某某与叶某某及高某某赠与合同纠纷案

【基本案情】

崔某某与高某某(男)于2010年2月登记结婚。婚姻关系存续期间，高某某与叶某某存在不正当关系，并于2019年3月至2023年9月向叶某某共转账73万元。同期，叶某某向高某某回转17万元，实际收取56万元。崔某某提起本案诉讼，请求判令叶某某返还崔某某的夫妻共同财产73万元。叶某某辩称，高某某转给其的部分款项已消费，不应返还。高某某认可叶某某的主张。

【裁判结果】

审理法院认为，在婚姻关系存续期间，夫妻双方未选择其他财产制的情况下，对夫妻共同财产不分份额地共同享有所有权。本案中，高某某未经另一方同意，将夫妻共同财产多次转给与其保持不正当关系的叶某某，违背社会公序良俗，故该行为无效，叶某某应当返还实际收取的款项。对叶某某关于部分款项已消费的主张，不予支持。

【典型意义】

根据民法典第1043条规定，夫妻应当互相忠实，互相尊重，互相关爱。婚姻关系存续期间，夫妻一方为重婚、与他人同居以及其他违反夫妻忠实义务等目的，私自将夫妻共同财产赠与他人，不仅侵害了夫妻共同财产平等处理权，更是一种严重违背公序良俗的行为，法律对此坚决予以否定。权益受到侵害的夫妻另一方主张该民事法律行为无效并请求返还全部财产的，人民

法院应予支持。不能因已消费而免除其返还责任。该判决对于贯彻落实婚姻家庭受国家保护的宪法和民法典基本原则,践行和弘扬社会主义核心价值观具有示范意义。

雷某某诉宋某某离婚纠纷案[①]

(最高人民法院审判委员会讨论通过　2016 年 9 月 19 日发布)

关键词　民事　离婚　离婚时　擅自处分共同财产

裁判要点

一方在离婚诉讼期间或离婚诉讼前,隐藏、转移、变卖、毁损夫妻共同财产,或伪造债务企图侵占另一方财产的,离婚分割夫妻共同财产时,依照《中华人民共和国婚姻法》第四十七条的规定可以少分或不分财产。

相关法条

《中华人民共和国婚姻法》第 47 条

基本案情

原告雷某某(女)和被告宋某某于 2003 年 5 月 19 日登记结婚,双方均系再婚,婚后未生育子女。双方婚后因琐事感情失和,于 2013 年上半年产生矛盾,并于 2014 年 2 月分居。雷某某曾于 2014 年 3 月起诉要求与宋某某离婚,经法院驳回后,双方感情未见好转。2015 年 1 月,雷某某再次诉至法院要求离婚,并依法分割夫妻共同财产。宋某某认为夫妻感情并未破裂、不同意离婚。

雷某某称宋某某名下在中国邮政储蓄银行的账户内有共同存款 37 万元,并提交存取款凭单、转账凭单作为证据。宋某某称该 37 万元,来源于婚前房屋拆迁补偿款及养老金,现尚剩余 20 万元左右(含养老金 14 322.48

---

① 摘自最高人民法院官网 2016 年 9 月 30 日,https://www.court.gov.cn/shenpan/xiangqing/27821.html。

元)，并提交账户记录、判决书、案款收据等证据。

宋某某称雷某某名下有共同存款25万元，要求依法分割。雷某某对此不予认可，一审庭审中其提交在中国工商银行尾号为4179账户自2014年1月26日起的交易明细，显示至2014年12月21日该账户余额为262.37元。二审审理期间，应宋某某的申请，法院调取了雷某某上述中国工商银行账号自2012年11月26日开户后的银行流水明细，显示雷某某于2013年4月30日通过ATM转账及卡取的方式将该账户内的195 000元转至案外人雷某齐名下。宋某某认为该存款是其婚前房屋出租所得，应归双方共同所有，雷某某在离婚之前即将夫妻共同存款转移。雷某某提出该笔存款是其经营饭店所得收益，开始称该笔款已用于夫妻共同开销，后又称用于偿还其外甥女的借款，但雷某某对其主张均未提供相应证据证明。另，雷某某在庭审中曾同意各自名下存款归各自所有，其另行支付宋某某10万元存款，后雷某某反悔，不同意支付。

裁判结果

北京市朝阳区人民法院于2015年4月16日作出(2015)朝民初字第04854号民事判决：准予雷某某与宋某某离婚；雷某某名下中国工商银行尾号为4179账户内的存款归雷某某所有，宋某某名下中国邮政储蓄银行账号尾号为7101、9389及1156账户内的存款归宋某某所有，并对其他财产和债务问题进行了处理。宣判后，宋某某提出上诉，提出对夫妻共同财产雷某某名下存款分割等请求。北京市第三中级人民法院于2015年10月19日作出(2015)三中民终字第08205号民事判决：维持一审判决其他判项，撤销一审判决第三项，改判雷某某名下中国工商银行尾号为4179账户内的存款归雷某某所有，宋某某名下中国邮政储蓄银行尾号为7101账户、9389账户及1156账户内的存款归宋某某所有，雷某某于本判决生效之日起七日内支付宋某某12万元。

裁判理由

法院生效裁判认为：婚姻关系以夫妻感情为基础。宋某某、雷某某共同生活过程中因琐事产生矛盾，在法院判决不准离婚后，双方感情仍未好转，经法院调解不能和好，双方夫妻感情确已破裂，应当判决准予双方离婚。

本案二审期间双方争议的焦点在于雷某某是否转移夫妻共同财产和夫妻双方名下的存款应如何分割。《中华人民共和国婚姻法》第十七条第二款规定："夫妻对共同所有的财产，有平等的处理权。"第四十七条规定："离婚时,一方隐藏、转移、变卖、毁损夫妻共同财产,或伪造债务企图侵占另一方财产的,分割夫妻共同财产时,对隐藏、转移、变卖、毁损夫妻共同财产或伪造债务的一方,可以少分或不分。离婚后,另一方发现有上述行为的,可以向人民法院提起诉讼,请求再次分割夫妻共同财产。”这就是说,一方在离婚诉讼期间或离婚诉讼前,隐藏、转移、变卖、毁损夫妻共同财产,或伪造债务企图侵占另一方财产的,侵害了夫妻对共同财产的平等处理权,离婚分割夫妻共同财产时,应当依照《中华人民共和国婚姻法》第四十七条的规定少分或不分财产。

本案中,关于双方名下存款的分割,结合相关证据,宋某某婚前房屋拆迁款转化的存款,应归宋某某个人所有,宋某某婚后所得养老保险金,应属夫妻共同财产。雷某某名下中国工商银行尾号为4179账户内的存款为夫妻关系存续期间的收入,应作为夫妻共同财产予以分割。雷某某于2013年4月30日通过ATM转账及卡取的方式,将尾号为4179账户内的195 000元转至案外人名下。雷某某始称该款用于家庭开销,后又称用于偿还外债,前后陈述明显矛盾,对其主张亦未提供证据证明,对钱款的去向不能作出合理的解释和说明。结合案件事实及相关证据,认定雷某某存在转移、隐藏夫妻共同财产的情节。根据上述法律规定,对雷某某名下中国工商银行尾号4179账户内的存款,雷某某可以少分。宋某某主张对雷某某名下存款进行分割,符合法律规定,予以支持。故判决宋某某婚后养老保险金14 322.48元归宋某某所有,对于雷某某转移的19.5万元存款,由雷某某补偿宋某某12万元。

女童罗某某诉罗某抚养权纠纷案

——人身安全保护裁定制止儿童虐待①

(一)基本案情

2007年,原告余某某与被告罗某离婚,婚生女孩罗某某(2001年12月26

① 摘自《人民法院报》2014年2月28日第3版。下同。

日出生)由被告罗某抚养。2011 年 12 月 28 日,原告向法院诉称,被告长期在外打工,女儿罗某某与祖母和大伯共同生活期间,罗某某经常遭受殴打和辱骂,且罗某某与离异的大伯同住一室,随时可能遭受性侵犯。原告向法院提供了女儿的伤情鉴定书及其要求与母亲共同生活的书信等证据,并请求法院判令变更女儿罗某某由原告抚养。诉讼过程中,罗某某向法院申请人身安全保护。

(二)裁判结果

法院经审理认为,申请人罗某某在与被申请人余某金、罗某衡共同生活期间多次无故遭受殴打,且有法医学人体损伤程度鉴定书为证。申请人罗某某的申请符合法律规定。据此,依法裁定禁止被申请人余某金、罗某衡殴打、威胁、辱骂、骚扰、跟踪申请人罗某某,裁定有效期为六个月。之后,经法院调解,双方变更了抚养权,此案在一周内结案,未成年人罗某某在最短的时间摆脱了家庭暴力。

郑某丽诉倪某斌离婚纠纷案

——威胁作为一种家庭暴力手段的司法认定

(一)基本案情

原告郑某丽与被告倪某斌于 2009 年 2 月 11 日登记结婚,2010 年 5 月 7 日生育儿子倪某某。在原、被告共同生活期间,被告经常击打一个用白布包裹的篮球,上面写着“我要打死、打死郑某丽”的字句。2011 年 2 月 23 日,原、被告因家庭琐事发生争执,后被告将原告殴打致轻微伤。2011 年 3 月 14 日,原告向法院提起离婚诉讼,请求法院依法判令准予原、被告离婚;婚生男孩倪某某由原告抚养,抚养费由原告自行承担;原、被告夫妻共同财产依法分割;被告赔偿原告精神损失费人民币 30 000 元。

(二)裁判结果

法院经审理认为,原告郑某丽与被告倪某斌婚前缺乏了解,草率结婚。

婚后被告将一个裹着白布的篮球挂在家中的阳台上,且在白布上写着对原告具有攻击性和威胁性的字句,还经常击打篮球,从视觉上折磨原告,使原告产生恐惧感,该行为构成精神暴力。在夫妻发生矛盾时,被告对原告实施身体暴力致其轻微伤,最终导致了原、被告夫妻感情的完全破裂。因被告存在家庭暴力行为不宜直接抚养子女,且婚生男孩倪某某未满两周岁随母亲生活更有利于其身心健康。被告对原告实施家庭暴力使原告遭受精神损害,被告应承担过错责任,故被告应酌情赔偿原告精神损害抚慰金。据此,依法判决准予原告郑某丽与被告倪某斌离婚;婚生男孩倪某某由原告郑某丽抚养,抚养费由原告承担;被告倪某斌赔偿原告郑某丽精神损害抚慰金人民币 5000 元。该判决已生效。

陈某转诉张某强离婚纠纷案

——滥施“家规”构成家庭暴力

(一)基本案情

原告陈某转、被告张某强于 1988 年 8 月 16 日登记结婚,1989 年 7 月 9 日生育女儿张某某(已成年)。因经常被张某强打骂,陈某转曾于 1989 年起诉离婚,张某强当庭承认错误保证不再施暴后,陈某转撤诉。此后,张某强未有改变,依然要求陈某转事事服从。稍不顺从,轻则辱骂威胁,重则拳脚相加。2012 年 5 月 14 日,张某强认为陈某转未将其衣服洗净,辱骂陈某转并命令其重洗。陈某转不肯,张某强即殴打陈某转。女儿张某某在阻拦过程中也被打伤。2012 年 5 月 17 日,陈某转起诉离婚。被告张某强答辩称双方只是一般夫妻纠纷,保证以后不再殴打陈某转。庭审中,张某强仍态度粗暴,辱骂陈某转,又坚决不同意离婚。

(二)裁判结果

法院经审理认为,家庭暴力是婚姻关系中一方控制另一方的手段。法院查明事实说明,张某强给陈某转规定了很多不成文家规,如所洗衣服必须让张某强满意、挨骂不许还嘴、挨打后不许告诉他人等。张某强对陈某转的控制还可见于其诉讼中的表现，如在答辩状中表示道歉并保证不再殴打陈某转，但在庭审中却对陈某转进行威胁、指责、贬损，显见其无诚意和不思悔改。遂判决准许陈某转与张某强离婚。一审宣判后，双方均未上诉。

一审宣判前，法院依陈某转申请发出人身安全保护裁定，禁止张某强殴打、威胁、跟踪、骚扰陈某转及女儿张某某。裁定有效期六个月，经跟踪回访确认，张某强未违反。

李某娥诉罗某超离婚纠纷案

——优先考虑儿童最佳利益

（一）基本案情

原告李某娥、被告罗某超于1994年1月17日登记结婚，1994年8月7日生育女儿罗某蔚，2002年6月27日生育儿子罗某海。双方婚后感情尚可，自2003年开始因罗某超经常酗酒引起矛盾。2011年起，罗某超酗酒严重，经常酒后施暴。女儿罗某蔚在日记中记录了罗某超多次酒后打骂李某娥母子三人的经过。2012年1月5日，李某娥第一次起诉离婚。因罗某超提出双方登记离婚，李某娥申请撤诉。但之后罗某超反悔，酗酒和施暴更加频繁。2012年7月30日，罗某超酒后扬言要杀死全家。李某娥母子反锁房门在卧室躲避，罗某超踢烂房门后殴打李某娥，子女在劝阻中也被殴打，李某娥当晚两次报警。2012年8月底，为躲避殴打，李某娥带子女在外租房居住，与罗某超分居。2012年9月21日，李某娥再次起诉离婚并请求由自己抚养一双子女。罗某超答辩称双方感情好，不承认自己酗酒及实施家庭暴力，不同意离婚，也不同意由李某娥抚养子女。

（二）裁判结果

法院经审理认为，罗某超长期酗酒，多次酒后实施家庭暴力。子女罗某蔚、罗某海数次目睹父亲殴打母亲，也曾直接遭受殴打，这都给他们身心造成严重伤害,同时也可能造成家庭暴力的代际传递。为避免罗某蔚、罗某海继续生活在暴力环境中,应由李某娥抚养两个子女,罗某超依法支付抚养费。遂判决准许李某娥与罗某超离婚,子女罗某蔚、罗某海由李某娥抚养,罗某超每月支付抚养费共计900元。罗某超可于每月第一个星期日探视子女,探视前12小时内及探视期间不得饮酒,否则视为放弃该次探视权利,李某娥及子女可拒绝探视。一审宣判后双方均未提起上诉。

郝某某诉郝某华赡养纠纷案

——人身安全保护裁定制止子女虐待老人

(一)基本案情

申请人郝某某与其妻王某某(已故)育有五个子女。现郝某某已丧失劳动能力,除每月的低保金320元外,无其他经济来源,其日常生活需要子女照顾。申请人郝某某轮流在除被告郝某华之外的其他子女处居住生活。因其他子女经济情况一般,住房较为紧张,申请人郝某某遂要求被告郝某华支付赡养费,并解决其居住问题。被申请人郝某华对原告郝某某提出的要求不满,经常用激烈言辞对郝某某进行言语威胁、谩骂,致使郝某某产生精神恐惧,情绪紧张。郝某某诉至法院,要求被告郝某华支付赡养费,并解决其居住问题。经法院多次通知,被告郝某华仍不到庭应诉,反而对原告恫吓威胁,致使原告终日处在恐惧之中。原告遂在诉讼期间向本院申请人身安全保护裁定,要求法院采取措施,制止被告郝某华对郝某某威胁、谩骂侮辱行为。

(二)裁判结果

针对申请人提出的人身安全保护裁定申请,法院经审理认为,被申请人郝某华对申请人郝某某经常进行言语威胁、谩骂等行为,导致申请人终日生活在恐惧之中,故其申请符合法律规定,应予支持。法院裁定:禁止被申请人郝某华对申请人郝某某采取言语威胁、谩骂、侮辱以及可能导致申请人产生心理恐惧、担心、害怕的其他行为。同时,法院对被申请人进行了训诫,告知其在有效期内，若发生上述行为，则视情节轻重对被申请人采取拘留、罚款等强制措施。经跟踪回访，被申请人对申请人再无威胁行为。对原告请求被告履行赡养义务的请求，法院判决被告郝某华每月向原告郝某某支付赡养费600元。

钟某芳申请诉后人身安全保护案

——诉后人身安全保护裁定制止“分手暴力”

（一）基本案情

申请人钟某芳与被申请人陈某于2010年2月2日经法院判决离婚，子女由钟某芳抚养。判决生效后，陈某拒不搬出钟某芳房屋，还要求与钟某芳同吃、同睡，限制钟某芳的人身自由和社会交往。钟某芳稍有不从，就遭其辱骂和殴打，并多次写字条威胁钟某芳。法院强制其搬离后，他仍然借探视子女为由，多次进入钟某芳家中对其实施威胁，还经常尾随、监视钟某芳的行踪，不仅使钟某芳的身体受到伤害，还使其处于极度恐惧之中。钟某芳于2010年5月6日向法院提出了人身安全保护裁定的申请，并提交了报警证明、妇联的来访记录、被申请人威胁申请人的字条、被撕烂的衣物、照片等证明材料。

（二）裁判结果

法院经审理认为，申请人钟某芳在离婚后仍然被前夫陈某无理纠缠，经常遭其辱骂、殴打和威胁，人身自由和社会交往仍受前夫的限制，是典型的控制型暴力行为受害者。为保护申请人的人身安全，防止“分手暴力”事件从民事转为刑事案件，法院裁定：禁止被申请人陈某骚扰、跟踪、威胁、殴打申请人钟某芳，或与申请人钟某芳以及未成年子女陈某某进行不受欢迎的接触；禁止被申请人陈某在距离申请人钟某芳的住所或工作场所200米内活动；被申请人陈某探视子女时应征得子女的同意，并不得到申请人的家中进行探视。该保护令的有效期为六个月。经跟踪回访，申请人此后再没有受到被申请人的侵害或骚扰。

邓荣萍故意伤害案

——长期对养女实施家暴获刑

(一)基本案情

被害人范某某(女,时年 7 岁)出生后不久即由被告人邓荣萍收养。在收养期间,邓荣萍多次采取持木棒打、用火烧、拿钳子夹等手段虐待范某某,致范某某头部、面部、胸腹部、四肢多达百余处皮肤裂伤,数枚牙齿缺失。2010 年 3 月 26 日上午,因范某某尿床,邓荣萍便用木棒殴打范某某腿部,致范某某左股骨骨折,构成轻伤。案发后,邓荣萍向公安机关投案。

(二)裁判结果

法院经审理认为,被告人邓荣萍故意伤害他人身体的行为已构成故意伤害罪。邓荣萍为人之母,长期对养女范某某进行虐待,又因琐事持木棒将范某某直接打致轻伤,手段残忍,情节恶劣,后果严重,应依法惩处。鉴于邓荣萍自动投案后,如实供述自己的罪行,具有自首情节,依法可对其从轻处罚。据此,贵州省关岭布依族苗族自治县人民法院依法以故意伤害罪判处被告人邓荣萍有期徒刑二年二个月。

汤翠连故意杀人案

——经常遭受家暴致死丈夫获刑

(一)基本案情

被告人汤翠连与被害人杨玉合(殁年 39 岁)系夫妻。杨玉合经常酗酒且酒后无故打骂汤翠连。2002 年 4 月 15 日 17 时许，杨玉合醉酒后吵骂着进家，把几块木板放到同院居住的杨某洪、杨某春父子家的墙脚处。为此，杨某春和杨玉合发生争执、拉扯。汤翠连见状上前劝阻，杨玉合即用手中的木棍追打汤翠连。汤翠连随手从柴堆上拿起一块柴，击打杨玉合头部左侧，致杨玉合倒地。杨玉洪劝阻汤翠连不要再打杨玉合。汤翠连因惧怕杨玉合站起来后殴打自己，仍继续用柴块击打杨玉合头部数下，致杨玉合因钝器打击头部颅脑损伤死亡。案发后，村民由于同情汤翠连，劝其不要投案，并帮助掩埋了杨玉合的尸体。

（二）裁判结果

法院经审理认为，被告人汤翠连故意非法剥夺他人生命的行为已构成故意杀人罪。被害人杨玉合因琐事与邻居发生争执和拉扯，因汤翠连上前劝阻，杨玉合即持木棍追打汤翠连。汤翠连持柴块将杨玉合打倒在地后，不顾邻居劝阻，继续击打杨玉合头部致其死亡，后果严重，应依法惩处。鉴于杨玉合经常酒后实施家庭暴力，无故殴打汤翠连，具有重大过错；汤翠连在案发后能如实供述犯罪事实，认罪态度好；当地群众请求对汤翠连从轻处罚。综上，对汤翠连可酌情从轻处罚。据此，云南省施甸县人民法院依法以故意杀人罪判处被告人汤翠连有期徒刑十年。

肖正喜故意杀人、故意伤害案

——长期实施家暴并杀人获死刑

（一）基本案情

被告人肖正喜和被害人肖海霞（殁年 26 岁）于 1998 年结婚并生育一女一子。2005 年，肖正喜怀疑肖海霞与他人有染，二人感情出现矛盾。2009 年 4 月，肖海霞提出离婚，肖正喜未同意。2010 年 5 月 22 日，肖正喜将在外打工的肖海霞强行带回家中，并打伤肖海霞。肖海霞的父母得知情况后报警，将肖海霞接回江西省星子县娘家居住。

2010年5月25日下午,肖正喜与其表哥程某欲找肖海霞的父亲肖某谈谈。肖某拒绝与肖正喜见面。肖正喜遂购买了一把菜刀、一把水果刀以及黑色旅行包、手电筒等物品,欲杀死肖海霞。当日16时许,肖正喜不顾程某劝阻,独自乘车来到肖海霞父亲家中,躲在屋外猪圈旁。23时许,肖正喜进入肖海霞所住房间,持菜刀砍击肖海霞头部、脸部和手部数下,又用水果刀捅刺肖海霞前胸,致肖海霞开放性血气胸合并失血性、创伤性休克死亡。肖正喜扔弃水果刀后逃离。肖某及其妻子李某听到肖海霞的呼救声后,即追赶上肖正喜并与之发生搏斗,肖正喜用菜刀砍伤肖某,用随身携带的墙纸刀划伤李某。后肖正喜被接到报警赶来的公安民警抓获。

(二)裁判结果

法院经审理认为,被告人肖正喜故意非法剥夺他人生命的行为已构成故意杀人罪,故意伤害他人身体的行为又构成故意伤害罪,应依法数罪并罚。肖正喜不能正确处理夫妻矛盾,因肖海霞提出离婚,即将肖海霞打伤,后又携带凶器至肖海霞家中将肖海霞杀死,将岳父、岳母刺伤,情节极其恶劣,后果极其严重,应依法惩处。据此,依法对被告人肖正喜以故意杀人罪判处死刑,剥夺政治权利终身;以故意伤害罪判处有期徒刑二年,决定执行死刑,剥夺政治权利终身。经最高人民法院复核核准,罪犯肖正喜已被执行死刑。

薛某凤故意杀人案

——养女被养父长期性侵杀死养父获刑

(一)基本案情

被告人薛某凤自幼被薛某太(被害人,殁年54岁)收养。自1999年薛某凤11岁起,薛某太曾多次对薛某凤强行实施奸淫。2004年3月,薛某凤因被薛某太强奸导致怀孕,后引产。2005年1月,薛某凤与他人结婚。2007年11月11日晚,薛某太酒后将薛某凤叫至其房间内,持刀威胁薛某凤,要求发生性关系。薛某凤谎称同意,趁机用绳子将薛某太双手、双脚捆住,薛某凤离开房间。次日3时许，薛某凤返回房间，采取用扳手击打薛某太头部等手段，致薛某太颅脑损伤死亡。后薛某凤将薛某太的尸体浇油焚烧。

（二）裁判结果

法院经审理认为，被告人薛某凤故意非法剥夺他人生命的行为已构成故意杀人罪。薛某凤持械击打被害人薛某太头部致其死亡，后果严重，应依法惩处。鉴于薛某太利用其养父身份，在薛某凤还系幼女时即长期奸淫并导致薛某凤怀孕引产，对薛某凤的身心健康造成巨大伤害。在薛某凤与他人结婚后，薛某太仍持刀欲强行奸淫薛某凤，具有重大过错；河北省临漳县人民检察院认为，因薛某凤自幼被薛某太长期奸淫，薛某凤为反抗而杀死薛某太，故意杀人情节较轻，建议对薛某凤适用缓刑；当地村委会及数百名群众以薛某凤实施杀人行为实属忍无可忍，其家中又有两个年幼子女和一个呆傻养母需要照顾为由，联名请求对薛某凤从轻处罚；临漳县妇女联合会建议，为挽救薛某凤的家庭，减少社会不和谐因素，尽量从轻处罚；案发后薛某凤认罪态度较好，有悔罪表现。综上，对被告人薛某凤可从轻处罚。据此，临漳县人民法院依法以故意杀人罪判处被告人薛某凤有期徒刑三年，缓刑五年。